高职高专连锁经营管理专业规划教材

孙前进◎主编

连锁企业信息系统与管理

U0899174

孙前进　杨　洋◎编著

中国发展出版社

图书在版编目（CIP）数据

连锁企业信息系统与管理/孙前进主编；孙前进，杨洋编著. 北京:中国发展出版社，2010.11（2013.8 重印）
（高职高专连锁经营管理专业规划教材）
ISBN 978-7-80234-573-7

Ⅰ. 连… Ⅱ. ①孙… ②杨… Ⅲ. 连锁商店—企业管理：信息管理—高等学校：技术学校—教材 Ⅳ. F717.6

中国版本图书馆 CIP 数据核字（2010）第 161513 号

书　　名：连锁企业信息系统与管理
主　　编：孙前进
著作责任者：孙前进　杨　洋
出 版 发 行：中国发展出版社
（北京市西城区百万庄大街 16 号 8 层　100037）
标 准 书 号：ISBN 978-7-80234-573-7
经　销　者：各地新华书店
印　刷　者：北京广益印刷有限公司
开　　本：787×1092mm　1/16
印　　张：16.75
字　　数：320 千字
版　　次：2010 年 11 月第 1 版
印　　次：2013 年 8 月第 2 次印刷
印　　数：5001—8000 册
定　　价：32.00 元
咨 询 电 话：（010）68990642　68990692
购 书 热 线：（010）68990682　68990686
网　　址：http：//www.develpress.com.cn
电 子 邮 件：fazhanreader@163.com
fazhan02@drc.gov.cn

版权所有・翻印必究

本社图书若有缺页、倒页，请向发行部调换

总序

PREFACE

由北京物资学院北京现代物流研究基地编著的“高职高专连锁经营管理专业规划教材”紧贴我国现代流通业、连锁经营的发展方向与企业动态，具有现代流通理论、国际先进理念、企业实践案例等融为一体的鲜明特色，主要供高职高专连锁经营管理专业师生使用，同时也可作为物流专业师生的教学用书以及从事连锁企业相关工作的人员的参考书。

1. 编写本套教材的迫切性

自20世纪90年代以来，连锁经营在我国显示出了强大的生命力和发展潜力。2002年10月10日，原国家经贸委办公厅制定印发的《全国连锁经营“十五”发展规划》中明确指出，“推进连锁经营是我国流通领域带有方向性的一项改革”。2005年2月1日起施行《商业特许经营管理办法》，2007年5月1日起施行《商业特许经营管理条例》。2007年3月9日，国务院下发的《国务院关于加快发展服务业的若干意见》中明确指出，“提升改造商贸流通业，推广连锁经营、特许经营等现代经营方式和新型业态”。随着我国连锁经营业法规制度的不断完善，我国已涌现出了一批管理规范、效益显著的大型企业集团，同时，良好的投资环境吸引了国外多家连锁业巨头进入中国市场，使就业需求与空间不断扩大。所以，培养一批掌握连锁经营管理基本理论知识和职业技能，面向现代服务业，能在生产、建设、管理、服务第一线上胜任连锁经营管理工作的高素质、高技能的优秀管理人才成为该行业的迫切需要。

2. 参考日本连锁企业经营管理的必要性

本套教材结合我国连锁经营的综合环境及具体经营现状，并汲取了日本连锁经营的最新动态及发展经验。日本是一个流通产业非常发达的国家，是全球零售业发达国家之一，其流通产业在战后经济发展过程中重建、发展、成熟和体系化，并成为现代日本经济发展的重要支柱。这对我国零售连锁企业的经营管理有很好的指导与借鉴作用。因此，本套教材参考、引用的相当一部分资料直接来自于日本及其他连锁业发达国家的实践经验、企业网站及教材专著，是一套较为完整、紧贴连锁企业经营活动、紧跟我国流通市场变化的连锁企业经营管理教材。

3. 注重实践性与应用性

本套教材的编写力求突出实践性与应用性，除介绍连锁经营管理的基本原理和方法外，重点介绍了连锁企业经营管理所涉及的具体内容。编者充分考虑到高职教育对实训教学以及学生实践能力培养的要求，结合行业特点，提炼出了连锁经营的知识和技能点。

此外，本套教材的各模块根据教学内容和要求，设计编写了相关案例及思考题、开拓视野等内容，强调实用性和针对性，较好地体现高等职业教育改革对课程教学内容和教材的要求。通过本套教材的学习，为学生从事连锁企业实际管理工作打下基础。

4. 结构合理，内容丰富

本套教材设计新颖，结构合理，内容丰富。《连锁企业经营管理》、《连锁门店开发与选址》、《连锁企业信息系统与管理》、《连锁企业采购与配送管理》和《连锁企业门店管理》自成体系，又相互支撑，从不同的角度讲述了任何一个从事连锁企业经营的管理者都必须要了解和掌握重要环节。

本套教材在编写过程中，参考、引证了大量国内外专家学者的宝贵学术成果和资料，浏览了许多国内流通及零售业的门户网站，从而得到了丰富、翔实的资料，在此向各位原作者表示深深地敬意和感谢！

由于编者水平有限，加上时间仓促，教材中难免存在遗漏和不足的地方，恳请广大读者批评指正，也欢迎交流切磋。

联系邮箱：Bw1047@ hotmail. com

北京物资学院副教授、商学博士
北京现代物流研究基地首席专家 孙前进

2010 年 8 月

前言
FOREWORD

连锁经营是在流通领域中若干同业商店以直营或特许加盟的方式，用统一店名、统一标志、统一经营方式、统一管理手段连结起来，共同采购进货、统一物流配送、分散销售、共享规模效益的一种现代组织形式和经营方式。

信息系统是连锁经营企业的“神经中枢”，是提高企业竞争力的重要手段，也是流通企业特别是零售企业（包括各种服务业）能够连锁经营与扩张发展的一个重要前提条件与保障。

2002年，国务院办公厅发布了《关于促进连锁经营发展若干意见的通知》，其中提出“进一步推进和完善连锁经营企业时点销售系统、管理信息系统的建设，推广客户关系管理和供应链管理技术，加快连锁经营企业信息化建设步伐，推广品类管理、电子标牌、防损防盗等现代管理方法和手段”。2010年8月，商务部提出“以信息化加快推进我国商贸流通体系现代化”。由此看出，连锁企业信息化正在推进连锁经营企业的进程，同时信息技术的高速发展还将继续推动商业管理模式的变革以及商业管理水平的提高。

随着连锁规模的不断扩大，连锁企业在管理与运营上的升级迫切需要一批懂经营会管理并掌握现代科技装备的管理人才，特别是在信息化建设方面，更是急需一批具有较高专业素质的技术人才。本教材紧紧围绕连锁企业信息化管理者的培养目标，将最新的信息化专业理论与实践内容相结合，具有如下特点。

(1) 结构新颖合理。本教材是对连锁经营信息化的总体性介绍，根据连锁经营企业信息管理者的素质模式构建满足企业需求的连锁经营人才能力、知识结构体系。内容涉及连锁企业营销与物流信息网络、信息系统关键技术与电子货币、连锁企业总部信息系统与管理、供应链信息系统与管理、连锁门店信息系统与管理、物流配送中心信息系统与管理、电子商务与客户信息管理、典型连锁企业信息化案例、连锁企业信息系统运营及管理等。

(2) 理论技能兼并。本教材以高职学生为主要对象，既涵盖了连锁企业信息化管理方面的理论知识，也包括了信息化管理过程中有关操作技能的实践内容，为学习者今后承担连锁企业信息化管理与连锁门店信息系统维护与操作打下了基础。

(3) 案例资料丰富。本教材各模块以案例导读引入该模块的内容，通过一个模块的学习，以案例分析的形式对该模块的重点内容进行总结与巩固。此外，本教材还专门设置了模块九"典型连锁企业信息化案例"，介绍了国内有代表性的连锁店的最新经营情况，供读者参考、借鉴。通过案例阅读、案例分析及案例思考等环节的训练，提高读者分析问题、解决问题的能力。

(4) 内容简洁易懂。本教材将连锁企业信息化管理与实务融合在一起，用连锁企业管理者的角度阐释信息化、构建信息化，对连锁经营的各方面问题进行了较为全面的介绍，不仅可以作为高职高专学生和在职专业人员学习连锁企业信息系统的教学用书，也为业内人士的经营、管理和信息化建设的研究、运用提供了参考资料。

通过本教材的学习，读者不仅可以掌握连锁企业信息化过程中的各个环节，即连锁企业中总部、配送中心和门店信息系统的设计内容与方法，同时了解连锁企业信息系统的日常运营维护与操作。

在编写过程中，编者参考、引用了大量同行、企业界同仁的宝贵资料，书中未能一一列明，在此表示由衷的歉意与衷心的感谢。尽管本书在编写过程中对术语的讲解、案例的查核等做了大量的工作，但由于企业信息管理系统设计、开发领域发展的日新月异以及编者水平所限，书中难免有不尽如人意之处，期待您的批评、指正。

编　者

2010年9月

目录
CONTENTS

模块一

连锁企业信息系统管理概述

>>学习目标

1. 理解信息系统的基本概念与功能
2. 了解企业信息资源的构成及特点
3. 掌握连锁企业信息管理的基本内容
4. 掌握连锁企业信息管理系统的基本功能
5. 了解连锁企业物流信息系统的范围

【案例导读】

信息化使沃尔玛迈向成功

2002～2005年，沃尔玛连续4年蝉联全球财富500强的首位，这与先进信息系统的采用是分不开的。沃尔玛创始人山姆·尔顿曾经说过，他主张不惜代价建立先进信息管理系统的理念其实很简单，“我如果看不到每一件商品进出的财务记录和分析数据，这就不是做零售”。沃尔玛的神话无疑印证了信息化对现代零售企业的重要性。

1981年，沃尔玛开始试验利用商品条码和电子扫描器实现存货自动控制，走在了其他零售商前面。商品条码代替了大量手工劳动，大幅缩短了顾客结账的时间，更便于利用计算机跟踪商品从进货到库存、配货、送货、上架和售出的全过程。

随即，沃尔玛开始利用电子数据交换系统（EDI）与供应商建立自动订货系统。到1990年，沃尔玛已与它的5000余家供应商中的1800家实现了电子数据交换，成为全美应用EDI技术的最大用户。20世纪80年代末，沃尔玛配送中心的运行已完全实现了自动化，每种商品都有条码，由十几公里长的传送带传送商品，用激光扫描器和电脑追踪每件商品的储存位置及运送情况。到20世纪90年代，在整个公司销售的8万种商品中，85%是由这些配送中心供应的。

1. 零供系统连接

由于提供衬衫的供应商的计算机系统与沃尔玛的计算机系统连接在一起，供应商每天都会从沃尔玛的计算机里获取数据，包括销售额、销售单位数量、哪一个店铺、库存情况、销售预测、汇款建议等。

例如，一名顾客在沃尔玛的一家连锁店里购买了一件某种品牌的粗布衬衫，沃尔玛的决策支持系统会向供应商提供这种衬衫在此之前100个星期内的销售历史记录，并能跟踪这种产品在全球或者某个特定市场的销售状况。而且，这种衬衫的销售数据只提供给生产这种品牌衬衫的供应商。此后，供应商根据订单通过配送中心向沃尔玛的商店补货。从下订单到货物运到商店只需要3天时间，而在20世纪80年代中期，整个过程需要1个月的时间。

2. 供应链信息化

沃尔玛公司的管理信息系统来自强大的国际系统支持。沃尔玛在全球拥有3000多家商店、40多个配销中心、多个特别产品配销中心，它们分布在美国、阿根廷、巴西、加拿大、中国、法国、墨西哥、波多黎各等国家。公司总部与全球各家分店和各个供应商通过共同的电脑系统进行联系。它们有相同的补货系统、相同的EDI条形码系统、相同的库存管理系统、相同的会员管理系统、相同的收银系统。有这样的系统，就能从一家商店了解全世界的商店的资料。

3. 卫星监控销售网络

从沃尔玛的成功中可以看出，信息技术的采用虽然投资巨大，但它能降低成本，带来无限的收益与竞争力，可谓沃尔玛成功的一大法宝。一方面，沃尔玛通过供应链信息化系统实现了全球统一采购及供货商自己管理上架商品，使得产品的进价比竞争对手降低10%；另一方面，沃尔玛还通过卫星监控各地的销售网络，对商品进行及时的进货管理和库存分配。

沃尔玛正是正确地运用了信息技术战略，并随着市场的变化和信息技术的发展而不断改进自身的信息系统，所以能够保证高效、快速、优质的完成服务，最终取得了巨大的成功。

信息系统的基本概念

流通现代化的内容从狭义上讲包括组织规模、经营模式、管理手段和流通设施的现代化程度，广义上还包括信用体系、法治环境、产业政策、产权制度等的现代化进程。从具体模式来说，流通现代化主要强调的是连锁（特许）经营的组织形态、物流配送的服务体系和电子商务的交易模式。而支撑和体现流通现代化的重要标志就是其信息化的程度。

一、信息系统及其基本功能

1. 信息系统的概念

信息系统是一种由人、计算机（包括网络）和管理规划组成的集成化系统。

2. 信息系统的基本功能

信息系统的不同阶段和不同层次之间是通过信息流紧密地联系在一起的，因而在信息系统中，总是存在对信息进行采集、传输、存储、处理、显示和分析等环节。它的基本功能可以归纳为以下几个方面，如图 1－1。

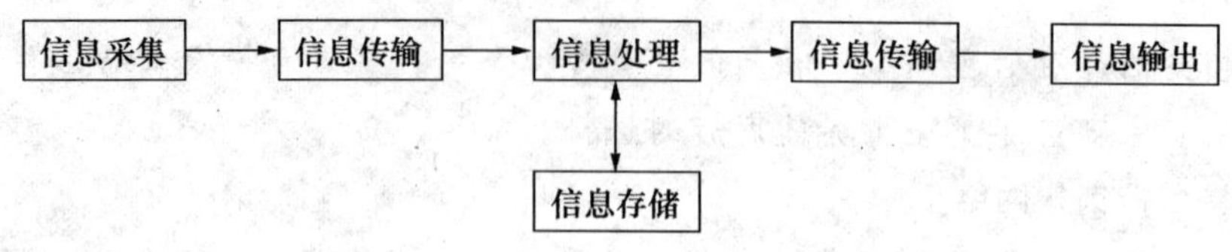

图1-1 信息系统的基本功能

(1) 信息采集与传输。数据是信息系统处理的对象。在信息系统处理流程中，首先需要对信息进行采集与传输。当信息记录在一定介质上并经校验后，即可输入系统进行处理。在实际处理中，可以通过输入设备将系统所需数据进行输入。例如，在物流信息系统中，POS系统可以完成部分数据的收集和输入，通过EDI系统完成数据传输，为零售商提供决策支持。

(2) 信息的处理。信息具有一定的抽象性、原始性，要使之成为有用的信息，必须进行加工处理。信息系统具有处理数据的作用。数据加工的方法很多，包括代数运算、统计量的计算及各种校验、各种最优算法、模拟预测、排序分立与合并等。系统的这一部分功能的强弱直接关系到信息系统的优劣，现代高级的信息系统已经能够处理数量惊人的各种数据。

(3) 信息的存储。在日常经济管理过程中往往要产生大量的各种类型的数据信息，其中又有相当一部分数据需要重复使用。大量的经过加工处理而得到的有关信息和数据也要随时存储起来，以备将来使用和更新。信息系统的这种存储数据的功能方便了管理者的日常业务处理，大大提高了工作效率。

(4) 信息传输。一般较大的信息系统都具有较大的规模，在地理上有一定的分布，此时信息传输就成为信息系统必备的一项基本功能。在信息传输过程中，要考虑信息的种类、数量、频率和可靠性等因素。实际上，传输与存储常常联系在一起。

(5) 信息输出。信息系统服务的对象是管理者，因此，它必须具备向管理者提供信息的手段和机制。信息系统将加工处理后所得到的信息，可以根据不同的需要，以不同的方式输出。有的直接供管理者使用，以报表、图形等形式输出；有的则是供计算机进一步处理、分析，如将中间结果输出到有关介质上。

【开拓视野】

商务部国内贸易办事系统（部分）

1. 商业特许经营信息管理系统

2. 生活必需品市场监测系统

3. 重点流通企业监测系统

4. 商务部市场应急管理系统

5. 商务部重要商品市场预测预警体系

6. 全国商品流通数据库

7. 中国零售业分等定级信息管理系统

8. 商务领域信用信息管理系统

9. 中国消费安全网

10. 中国反商业欺诈系统

11. 商务领域信用信息管理系统

资料来源：商务部网站（http：//www. mofcom. gov. cn/）。

二、企业信息管理概述

1. 企业信息的构成

企业信息按其来源可分为内部信息和外部信息两大类。

（1）企业内部信息。企业内部信息是指企业内部产生的各种信息，它是反映企业目前的基本状况和企业经济活动的信息。企业状况信息包括企业的基本情况，如人、财、物的构成，企业规模等。企业经济活动信息包括供、产、销等生产经营信息，财务核算信息及生产工艺、设备、安全、质量、技术改造、新产品开发等信息。

具体来说，企业内部信息包括以下几点。

①生产信息。反映生产过程的信息，如生产计划、工序管理、工业流程、库存、在制品等信息。

②会计信息。会计信息主要是资金流动信息，包括资产、负债、权益、收入、费用和利润及其相互关系。

③营销信息。营销信息主要包括订单、装运、应收款账和销售报告等一系列销售信息。它是企业信息结构的最重要的组成部分。

④技术信息。这是指有关企业产品的技术信息。从广义上讲，每个产品都有其技术含量，技术信息反映的是本企业产品是基于何种技术条件产生的，与同行相比是否领先，实现该技术的投入是多少，以及企业的技术手段、科技开发能力和组织情况等。技术信息是一种竞争能力信息，一般属于商业秘密。

⑤人才信息。人才信息反映企业各种人才的基本情况，如专长、教育背景等。是企

业经营者了解企业各种层次人才结构、分布和使用情况的依据。

（2）企业外部信息。企业外部信息是指企业以外产生但与企业运行环境相关的各种信息。其主要职能是，在企业经营决策时作为分析企业外部条件的依据，尤其在确定企业中长期战略目标和计划时起重要作用。

企业外部信息包括以下几点。

①宏观社会环境信息。包括国内政治经济形势、社会文化状况、法律环境等信息。

②科学技术发展信息。包括与企业经营相关的科学技术发展的信息，这些信息往往展示产品发展的方向，在新产品研发中发挥重要作用。

③科学技术发展信息。主要包括企业正常生产所需要的设备、原料、外购元器件和零部件、能源等物资的供应和来源分布。

④市场信息。这是营销信息的主体，它集中反映商品供需关系和发展趋势，主要包括市场需求信息、竞争信息和用户信息。

2. 企业信息资源的特点

企业的信息资源是指产生于企业内外部、企业可能得到和利用的与企业生产活动有关的各种信息，它具有以下特点。

（1）时效性。企业信息资源具有生命周期。在生命周期内，信息资源有效，否则信息资源无效。信息资源的有效性特征要求企业的信息尽可能地得到并被使用。因此，企业在收集、处理和利用信息资源时，必须保证信息传递通道的畅通和快速。

（2）有序性。有序性是指相关信息的发生在时间上具有连贯性、相关性和动态性，根据信息资源的过去可以分析现在，进而推测未来。为了保证企业信息资源的有序性，企业要连续收集信息，利用先进的存储设备建立数据库和开发高效、便捷的检索方法。

（3）共享性。共享性表现为同一信息可供多人使用。在企业信息资源中，这种共享性表现在两方面：一是企业内部的许多信息可以被各个部门使用，从而保证了决策的一致性和行为的可协调性；二是企业与外部之间的信息能够互相交换、共同利用。共享性并不排斥企业信息资源中的一部分尤其是产生于企业内部的信息资源由于某些原因而不能广泛地共享，只能由某些人专用。

（4）可存储性。可存储性表现在两个方面：首先，企业的信息资源可以以文字、图形、声音、符号等形式存在，一种信息资源必须借助于各种媒体才能存在和传输，并由此产生各种储存方式；其次，信息资源可存储性要求存储的信息内容真实、安全。

3. 企业信息管理的内容

从企业信息管理规划上看，企业信息管理涉及以下 5 个方面。

(1) 建立业务与管理流程。充分考虑信息技术的应用和企业外部环境变化对企业生产经营活动模式及其相应的管理模式的影响，尽可能合理地构建起企业的业务流程和管理流程。在此基础上，结合企业发展规划完善企业组织结构、管理制度等。

(2) 建设企业总体数据库。总体数据库一般分为两个基本部分，一是用来描述企业日常生产经营活动和管理活动中的实际数据及其关系；二是用来描述企业高层决策者的决策信息。

(3) 建立自动化及管理系统。建立相关的各种自动化及管理系统，如计算机辅助设计、计算机辅助生产、管理信息系统、制造资源规划、决策、办公自动化系统、专家系统等。它们构成企业内部信息源，主要实现企业生产经营活动及管理活动中各项信息的收集、存储、加工、传输、分析和利用，为企业高层决策提供依据。

(4) 建立企业内部网。建立企业内部网（Intranet），提供企业内部信息查询的通用平台，并利用这一网络结构，将企业的各个自动化与管理系统及数据库与网路的方式进行重新整合，进而达到企业内部信息的最佳配置。

(5) 建立企业外部网。建立企业外部网（Extranet），使企业与合作伙伴、供应商及顾客或消费者之间达成相应的信息共享。

连锁企业经营信息管理

一、连锁企业经营信息管理概述

连锁店是指经营同类商品、使用同一商号的若干门店在同一总部的管理下，采取统一采购和授予特许权等方式，实现规模效益的经营组织形式。商品连锁企业在概念上具有四个鲜明的一致性，即经营理念、企业形象、商品组合服务与经营管理。拥有这四个一致性的条件，才算具备连锁经营的基础，才能成为真正的连锁企业。

1. 连锁企业的构成

连锁企业由总部、门店和配送中心构成。

(1) 总部。总部是连锁经营管理的核心，主要具备采购、配送、财务管理、质量管理、经营指导、市场调研、商品开发、促销策划、教育培训等功能。

(2) 门店。门店是连锁企业的基础和末梢，主要按照总部的指示和服务规范要求承担日常销售业务。

（3）配送中心。配送中心是连锁企业的物流机构，承担着各个门店所需商品的进货、库存、分货、加工、集配、运输、送货等任务。配送中心可以是社会化的，也可以是企业自营的。连锁企业自营的配送中心主要为本连锁企业服务，也可以面向社会提供服务。

2. 连锁企业经营成功的关键

连锁企业的经营要取得成功，关键有三点：标准化、管理模式与信息化。

（1）标准化。标准化的基本原理通常是指统一原理、简化原理、协调原理和最优化原理。

①统一原理。为了保证事物发展所必需的秩序和效率，对事物的形成、功能或其他特性，确定适合于一定时期和一定条件的一致规范，并使这种一致规范与被取代的对象在功能上达到等效。

②简化原理。为了经济有效地满足需要，对标准化对象的结构、形式、规格或其他性能进行筛选提炼，剔除其中多余的、低效能的、可替换的环节，精炼并确定所必需的、高效能的环节，保持整体构成精简合理，使之功能效率最高。

③协调原理。为了使标准的整体功能达到最佳，并产生实际效果，必须通过有效的方式协调好系统内外相关因素之间的关系，确定为建立和保持相互一致、适应或平衡关系所必须具备的条件。

④最优化原理。按照特定的目标，在一定的限制条件下对标准系统的构成因素及其关系进行选择、设计或调整，使之达到最理想的效果。

（2）管理模式。连锁企业经营的理念，就是以满足消费者的需求出发，通过开发新商品，改善经营管理技术，不断满足顾客多品种、个性化的商品需求，创造丰裕、便利的消费生活。

现代商业连锁经营管理将企业集零为整，将商品化整为零，采销分工进一步细化，商品流转过程中的进货、送货、销售、库存及决策等分别由专业化的职能部门来完成，同时辅助以项目小组或委员会等多种形式协调各部门的工作，以系统工程的方式来进行管理，从而可以大幅度地降低商品的进价，合理调整商品结构，集中配送，减少库存积压，加速资金周转，从整体上提高商业企业的经济效益。同时，连锁经营管理还可以使资金、商品在总体上有明确的流向，商品流通各环节逐步规范化、标准化，多个环节形成一种流水化的作业活动。

（3）信息化。连锁经营信息管理主要是通过信息技术，赋予连锁企业合理化、制度化、规范化的观念，提高商品流通的效率，使物流、资金流和信息流等畅通无阻，达到最佳的有效利用，从而改善经营环境，降低中间成本，提高商品的竞争力。同时，也能更好地掌握市场趋势和创造更多的商业机会，尤其是能够快速、便利地满足顾客需求。

为了及时了解和掌握消费者对连锁企业与销售商品的各种要求，连锁企业都在投入大量资金组建现代化的信息网络，以保证能够顺时地、动态地掌握市场变化，快速组织适销对路的商品，扩大市场的占有率。

二、连锁企业经营信息的主要内容

现代商业连锁企业区别于传统零售业的明显特点，就是集中与分散相统一。连锁企业虽然是由分散的连锁分店组成的连锁群体，但是必须实行统一店名、统一标识、统一服饰、统一结算、统一进货、统一价格、统一配送、统一管理等规范化的网络式经营，以求得资源最佳配置和优化经营。因此，连锁企业中的物流、商流、资金流和信息流构成一个较庞大的网络体系。只有当它们在网络中活跃而畅通时，配送中心、各连锁分店以及连锁总店各职能部门的业务活动才能高效地联系起来，发挥出群体优势，真正实现连锁经营的规模效益。这就要求连锁企业必须借助于完善的计算机管理信息系统，而不是凭经验或零散的市场信息的传统方式来经营管理。

连锁经营信息主要包括下述几个方面。

（1）市场信息。即反映商业企业同供应厂商、消费者及其他支持方之间关系的信息，包括市场需求、市场供应、市场价格与支持等方面的信息。

（2）商品信息。包括商品种类、型号、价格、产地、厂家等。

（3）竞争对手信息。包括竞争对手名单、竞争者信息、本企业参与竞争的条件等信息。

（4）环境信息。即反映产、供、销及与消费者共处的社会经济。

（5）文化背景信息。包括自然环境、社会环境、政策环境和国际环境等信息。

（6）预测信息。包括社会、经济、科技的宏观预测，市场预测、企业发展预测以及未来发展机会和风险预测等信息。

（7）反馈信息。商业企业的任何商业活动实施之后，都需要收集来自厂家、消费者、社会等各方面的反应，并加以分析。

就商品信息来说，目前国内大中型连锁企业经营的商品有上万种，一般连锁超市商品也有七八千种。对这些商品的管理，如果采用人工管理每一个商品，其工作量是难以想象的；若不管理到每一个商品，其补货和盘点就比较困难；总部对所属各个分店的商品销售情况的汇总工作量更是巨大。因此，连锁经营必须引入先进的信息管理。从某种意义上讲，连锁经营模式的不断发展与完善是借助计算机先进的信息处理方式的结果。

连锁企业的信息处理就是利用网络、计算机等先进的信息技术对连锁商业进行运营管理，即进、销、存的管理。在实践中，必须建立信息管理系统，门店、配送中心、总部通过互联网技术在信息系统之间通信，对整个连锁企业的资金流、物流、事务流和信息流进行管理。

信息技术的应用已经成为现代企业经营的重要特点。随着市场竞争的加剧，利用信息系统增强企业的综合能力已成为共识，残酷的市场竞争也使信息系统管理成为企业生存、发展的新法则。企业能否通过数字化、信息化提升管理能力和服务水平，不仅关系到当前的客户竞争，更会影响未来持续的发展能力。

那些成功发展和壮大起来的大公司都创造性地利用了现代信息技术，如戴尔（Dell）的直销模式、亚马逊书店（Amazon. com）的网上销售、联邦快递（UPS）的包裹跟踪系统、沃尔玛的卫星订货系统等，都是信息技术应用的典型范例。

【开拓视野】

连锁“巨头”相继成功发射商用卫星

从 1983 年开始，沃尔玛共计投资 4 亿美元发射了一颗商用卫星，实现了全球联网，在全球 4000 多家门店，通过该网络可在 1 小时之内对每种商品的库存、上架、销售量全部盘点一遍，加之配套的全方位信息服务，沃尔玛对自己的经营状况了如指掌。

无独有偶，零售业中的另一家便利店巨头 7－11，同样在 1997 年发射了自己的专用卫星，用于搭建自己的情报系统，获得成功。

连锁企业信息系统

连锁企业总部是整个连锁企业的核心机构，它是为配送中心和门店提供服务的单位。通过总部的标准化、专业化、集中化管理，使门店和配送中心作业单纯化、高效化。其基本职能主要有：政策制定、店铺开发、商品管理、促销管理、店铺督导等，由不同的职能部门分别负责。

一、总部信息管理

1. 财务会计系统

财务会计部门主要用采购部门传来的商品入库数据核查供货厂商送来的催款数据，并据此给厂商付款；或由销售部门取得出货单，来制作应收账款催款单并收取账款。会计系统还制作各种财务表，供经营效果评价系统参考。财务会计系统主要包括账务系统与人事工资管理系统。

（1）账务系统。账务系统可将销售管理系统、采购入库管理系统的数据转入此系统，并制作成会计总账、分类账、各种财务报表等。

（2）人事工资管理系统。人事工资管理系统包括人事数据的建库维护、工资统计报表打印、工资单打印及与银行计算机联网的工资数据转换。

2. 经营效果评估系统

经营效果评估系统从各系统及流通业取得信息，制定各种经营政策，然后将政策内容及执行方针告知各个经营部门，并将配送中心的数据提供给流通业。经营效果评估系统包括配送资源计划、经营管理系统、效果评估系统。

（1）配送资源计划。配送资源计划是在配送中心有多个运作单位时规划各种资源及经营方向、经营内容的文件。例如，配送中心有多座仓库、多个储运中心或多个转运站时，应该设置多少仓储据点、仓库的位置如何才能满足市场开发的需求，而哪座仓库应存放哪些商品、商品存放量有多少才足以供应该区域的商品需求，所需仓库空间又需多大才足以存放该商品数量，各据点又需具备什么机械机具及人力资源，这些资源如何分配、彼此间又如何协调等，是建立配送资源计划系统的目的。

（2）经营管理系统。经营管理系统是配送中心高层管理人员用来制定各类管理政策（如车辆设备租用、采购计划、销售策略计划、配送成本分析系统、运费制定系统、外车管理系统等）的系统。它偏向于投资分析与预算分配。

（3）效果评估系统。配送中心的赢利状况除各项经营策略的正确制定与实际计划的执行外，还需有良好的信息反馈作为政策、管理及实施方法修正的依据，这就需要效果评估系统。它包括：作业人员管理系统、客户管理系统、订单处理绩效报表、库存周转率评估、缺货金额损失管理报表、拣货效果评估报表、包装效果评估报表、入库作业效果评估报表、装车作业效果评估报表、车辆使用率评估报表、月台使用率评估报表、人力使用绩效报表、机械设备使用率评估报表、仓库使用率评估报表、商品保管率评估报表等。

二、连锁企业门店信息管理

从经营功能上看，总部具有执行全面的管理计划以及商品开发、采购、配送、经营等多方面的功能，而门店在其支持和帮助下执行最终的销售功能。因此，可以说门店管理环节是连锁经营管理的核心环节。

1. 门店信息管理系统

门店计算机管理系统的目的是支持门店经理快速响应环境的变化和业务的需要，提高对客户的服务水平、降低成本、提高利润、提高数据的集成性和一致性，从而使公司更具有竞争力。它包括支持供应业务、需求业务、管理业务、经营业务的应用程序和支持经理工作的平台。根据门店的功能，门店应具有供应系统、销售系统、人员管理系统、经营管理系统。

2. 商品供应系统

供应业务和支持供应业务的应用程序控制进入门店的物流，主要有收货验货程序、库存管理应用程序和商品规划应用程序。

（1）收货验货程序。收获验货程序的目的是提高门店收货验货的效率。它主要包括：

①电子标签程序。主要功能是跟踪单品价格，并打印标签（如果商品包装印有零售价格，则不必打印标签）。

②无线射频扫描是门店自动化的收货验货方法。它用无线射频终端扫描商品上的条形码，然后与以电子方式传来的运输通知单据核对。

③提前运输通知可以加速商品上货架的速度。在商品运送到门店前就以电子方式发出运输通知（如通过 EDI 网络），使员工事先准备好货架标签和相应的标签。而且由于运输通知能够为销售人员提供准确及时的收货商品信息，进而提高了门店的信誉，增进了门店同顾客的关系。

④直接送货。即让制造商直接将商品送到门店。例如，面包生产商将新鲜面包直接送到门店，并放到正确货位，搬走过期的面包。

（2）库存管理应用程序。它是用于支持自动补货时确定定货量的应用程序，能对进货商品、商品损耗限度和库存水平等进行严格的控制。它包括以下内容：

①计算机辅助订货系统生成的订单可直接发给制造商或物流中心。

②单品档案，主要为保证 POS 机内的价格、货架标签和公司的价格一致。

③损耗跟踪，可处理因系统错误（如单品价格错误）或因商品过期而引起的商品损耗，以及因员工或顾客偷窃造成的损失。

④账面库存，即通过 POS 扫描提供的关于目前库存状况的数据。

⑤实际库存，用于定期检查商品数量以保证实际库存状况的数据。

（3）商品规划应用。它可综合反映特定单品的门店销售状况的 POS 数据，如集成关于食品及为准备这些食品所需材料的数据进行加工的规划，以保证顾客采购特定食品时有现货并且是新鲜的。

3. 终端销售系统

零售商期望能够为顾客提供增值服务，使顾客愿意在商店购物，同时也希望了解每个顾客的采购行为。销售业务和支持需求业务应用的目的就是使零售商能够向顾客提供服务，并能很好地了解顾客的需求。销售系统包括的内容有以下几点。

（1）POS 系统。它用于跟踪顾客的采购数据，包括采购商品的种类、数量和采购时间。这是最紧缺的也是最及时的顾客需求数据。它的主要作用是：

①POS 扫描能够记录单品信息。这种设备在食品零售业被广泛使用，包括许多便利店。

②POS 扫描使得变价更为灵活。门店经理可以在商品上架销售的最后一刻调整价格，但必须保证标签的价格与新价格一致。同手工定价比较，其定价的准确性得以提高。

③POS 系统所提供的数据使门店经理与总部销售部门能够了解顾客的需求和所期望的商品，可以提高对顾客的分析，从而取得竞争优势。

（2）店内布局。总部的营销部门可以确定每个门店的商品布局，门店经理可以此为依据安排商品的货位。

（3）数据自动收集系统。这是从各种带有数据磁条或芯片的卡上收集顾客信息的电子化方法。门店只完成数据收集工作，而数据处理工作则由总部或地区来处理。POS 系统和数据自动收集系统的结合使用，使顾客结账的时间更短，降低了顾客因失去耐心而放弃交易的可能，同时也提高了对顾客的服务水平。其程序包括以下几点：

①支票确认。门店发放的顾客服务卡能够加速支票确认过程，也可将顾客服务卡当做会员优惠卡或储值卡使用。

②顾客服务卡还可与 POS 系统结合，来跟踪顾客采购数据，从而支持目标营销。例如，可发放激励各科采购的会员卡，根据采购数量给予顾客一定折扣或其他形式的奖励；而门店则可以将 POS 系统所记录的顾客详细采购信息与会员卡上的顾客姓名和其

人口统计特征信息结合起来，从而了解本地市场的实际状况及单个顾客的采购偏好，开展有目的的营销活动。

③银行卡是用来简化采购的电子支付手段，它自动将用户银行账户上的资金划转来支付货款。

三、配送中心信息管理

在整个连锁经营的物流系统中，物流配送中心是一个关键的节点。连锁经营物流系统的大多数活动都是在配送中心进行的。可以说，物流配送中心的运营情况标志着整个物流系统运营的好坏。

配送中心计算机管理系统可分为销售出库管理系统、采购入库管理系统、财务会计系统与经营效果评估系统。

1. 配送中心物流活动的流程

（1）订单处理作业。查询出货日的库存状况、装卸货能力、流通加工能力、包装能力、配送负荷等是否满足客户需求。而当订单无法按客户要求交货时，业务部门需统计订货数量，并调货、分配出货程序及数量，或做退货数据处理等。另外，业务部门需指定报价计算方式，做报价历史管理，指定客户订购最小批量、订货方式或订购结账截止日。

（2）采购作业。接收订单后，配送中心需向供货厂商或制造厂商订购商品。采购作业包括商品数量需求统计、查询供货厂商的交易条件，然后根据所需数量及供货厂商提供的经济订购批量提出采购单。采购单发出后则进行进货入库程序。

（3）进货入库作业。开出采购单后，入库进货管理员可根据采购单上的预定入库日期进行入库作业调度和入库月台调度。在商品入库当日，进行入库资料核查和入库质检。当质量或数量不符合时，要进行适当修正或处理，并输入入库数据，入库管理员可按一定方式指定卸货及托盘堆砌。对于退回商品的入库，还需经过质检，分类处理后登记入库。

（4）库存管理作业。库存管理作业包括仓库区管理及库存控制。仓库区管理包括商品在仓库区域内的摆放方式、区域大小、区域分布等规划，商品所需搬运工具、搬运方式，仓储区货位的调整及变动，包装容器使用与包装容器保管维修。库存控制则按照商品出库数量、入库所需时间等指定采购数量及采购时间，并设置采购时间预警系统；指定库存盘点方法，定期负责打印盘点清单，并根据盘点清单内容清查库存，修正库存账并制作盘盈盘亏报表。

（5）补货及拣货作业。在出库日，当库存数满足出货需求量时，即可根据需求数量打印出库拣货单及各项拣货指示，进行拣货区域的规划布置、工具选用及人员调派。

（6）流通加工作业。流通加工作业包括商品的分类、过磅、拆箱、重包装、贴标签及商品组合包装。这就需要进行包装材料和包装容器的管理，以及包装规划的制定、包装工具的选用、流通加工作业的调度、作业人员的调派。

（7）出货作业处理。完成商品拣取及流通加工作业后，即可进行商品出货作业。出货作业包括打印出货单据、制定出货调度、打印出货批次报表和出货商品上所需地址标签及出货核对表。由调度人员决定集货方式，选用集货工具，调派集货作业人员，并决定运输车辆的大小与数量。由仓库管理人员或出货管理人员决定出货区域的规划布置及出货商品的排放方式。

（8）配送商品作业。配送商品作业包括商品装车并实际配送，完成这些作业则须事先规划配送区域的路线安排，由配送路线的先后次序来决定商品装车顺序，并在配送途中进行商品跟踪，控制及负责配送途中的意外情况。

（9）会计作业。商品出库后。销售部门可根据出货数据制作营收账单，并将账单转入会计部门作为收款凭据。商品入库后，则由收货部门制作入库商品统计表，以作为供货厂商催款稽核之用，并由会计部门制作各项财务报表供经营政策制定及经营管理参考。

（10）经营管理及效果评估业务。此外，还需高层管理人员通过各种考核评估来实现配送中心的效率管理，并制定经营决策及方针。而展开经营管理和效果评估业务，则需要工作人员或中层管理人员提供各种信息与报表，包括销售统计数据、客户对配送服务的反应报告、配送商品次数及所需时间报告、配送商品的失误率、仓库缺货率分析、库存损失率报告、机具设备损坏及维修报告、燃料耗材等使用分析、成本分析、退货商品统计报表、人力使用率分析等。

2. 销售出库管理系统

销售出库管理系统所涉及的作业主要包括自客户处取得订单，进行订单处理，仓库管理，出货准备到实际将商品运送至客户手中为止，均以对客户服务为主。

销售出库管理系统包括订单处理系统，销售分析与预测系统，拣货规划系统与包装、流通、加工规划系统，派车及出货配送系统，仓库管理系统，应收账款系统。

（1）订单处理系统。订单处理系统的主要内容如下：

①所需输入数据。包括客户资料、商品规格资料、商品数量等。

②日期及订单号码、报价单号码由系统自动填写，但可修改。

③按客户名称、客户编号、商品名称、商品编号、订单号码、订货日期、出货日期

等查询订单内容的功能。

④客户的多个出货地址记录，可根据不同交货地点分开发票。

⑤可查询客户信用、库存数量、设备工具使用状况及人力资源分配。

⑥具备单一订单或批次订单打印功能。

⑦报价系统具备由客户名称、客户编号、商品名称、商品编号、最近报价日期、最近订货数据等查询该客户的报价历史、订购出货状况和付款状况等资料，作为对客户进行购买力分析及信用评估的标准。

⑧可由销售主管或高层主管随时修改客户信用额度。

⑨相似产品与可替代产品资料。当库存不足无法出货时，可向客户推荐替代品，以争取销售机会。

⑩可查询未结订单资料，以利出货作业的跟踪催款。

（2）销售分析与预测系统。销售分析主要是为了让销售主管及高层主管对现有销售状况有全面的了解。销售分析与销售预测系统只读取文件内容，访问的文件包括订单数据库、出货配送控制数据库、商品目录数据库、商品明细数据库、预测工具数据库、客户对商品反应数据库、入库数据库等。此系统则提供商品销售量统计表、年度商品数量统计表、年度及月份商品数量统计比较分析报表、商品成本利润百分比分析报表，并可查询作业员销售业绩及各仓库经营业绩等数据。

销售分析与预测系统的主要内容如下：

①具有按商品、客户、作业员、仓库等查询销售量、销售金额、成本、利润等数据，并打印各种汇总报表的功能。

②在固定期间比较不同时期的资料并制作百分比评估表。

③由使用者自定各项预测模式。

④注意检索与排序的算法，以缩减处理时间。

（3）拣货规划系统与包装、流通、加工规划系统。这两个系统都是根据客户的订购内容所做的出货前的准备工作，通常由仓库管理员或生产工作规划人员来使用。管理人员在一定时间调用此系统，输入配送日期或者包装流通加工日期，由计算机自动检索定单数据库、库存控制数据库、设备调用数据库、工具调用数据库、人力资源调用数据库、自动拣货机数据控制对照数据库、拣货产能调用数据库、自动包装机数据控制对照数据库、包装材料数据库、包装标准数据库、流通加工标准数据库、包装产能调用数据库等，来计算工作需求、人力需求和库存量需求等。

（4）派车及出货配送系统。商品经捡取、包装流通加工之后，即可集中在出货区内准备装车配送。此阶段作业包括商品集中、分类，指定运送车辆及实际装车，配送及配送途中的跟踪管理等作业。出货配送管理部门执行派车计划系统，即由管理人员调用订单数据库，将当日预定出货订单汇总，查询车辆数据库、车辆调用数据库、客户数据库、地图数据库等，先将客户按其配送地址进行划分区域，然后统计该区域出货商品的体积与重量，以体积最大者或重量最重者为首选配送条件来分配配送车辆的种类及派车数量。

（5）仓库管理系统。为完成商品的销售和配送工作，还需规划机具设备的搬运装卸和仓库内部空间的有效使用。

（6）应收账款系统。当商品配送出库后，订货数据即由订单数据库转入应收账款数据库，会计管理人员于结账日调用此系统，将应收账款按客户进行统计并打印催款单及发票。收到的账款可由会计人员确认并记录，作为应收账款的款项并转为收支会计系统的进项。该系统还可打印应收账款统计表、应收账款收入状况一览表等。

3. 采购入库管理系统

采购入库管理系统负责处理与生产厂商的相关作业，包括商品实际入库、根据入库商品内容做库存管理、根据需求商品向供货厂商下订单。采购入库管理系统的工作包括入库作业处理系统、库存控制系统、采购管理系统、应付账款系统。

（1）入库作业处理系统。入库作业发生在与生产厂商交货之时，输入数据包括采购单号、厂商名称、商品名称、商品数量等。输入采购单号，可查询商品名称、内容及数量是否符合采购内容并用以确定入库月台，然后由仓库管理人员制定卸货地点及摆放方式并将商品堆叠于托盘上。仓库管理人员检验后将修正入库数据输入，包括修正采购单并转入库存数据库及调整库存数据库。

（2）库存控制系统。库存控制系统主要完成库存数量控制和库存量规划，以减少因库存积压过多造成的利润损失。它包括商品分类分级、订购批量与订购时点确定、库存跟踪管理以及库存盘点作业。

库存控制系统具备按商品名称、货位、仓库、批号等数据分类查询的功能，并设有定期盘点或循环盘点时点设定功能，使系统在设定时间自动启动盘点系统，打印各种表单协助盘点作业。当同一种商品有不同储存单位时，系统应具备储存单位自动转换功能。在移库整顿或库存调整作业时，系统应具备大量货位及库存数据批量处理功能。

（3）采购管理系统。采购管理系统是为采购人员提供的一套快速而准确的系统，它可以使采购人员适时、适量地向供货厂商开立采购单，使商品能在出货前准时入库，无库存不足或积压太多等情况发生。此系统包括四个子系统：采购预警系统、供应厂商管理系统、采购单据打印系统、采购跟催系统。

（4）应付账款系统。采购商品入库后，采购数据即由采购数据库转入应付账款数据库。会计人员可据此为供货厂商开立发票及催款单，按供货厂商做应付账款统计表作为金额核准之用。账款支付后，会计人员将付款数据记录，更改应付账款文件内容。高层管理人员可据此制作应付账款一览表、应付账款已付款统计报表等。

4. 连锁企业物流系统

在现代连锁企业中，它的门店、配送中心和总部并不局限在一个地方的。所以，连锁企业的物流系统必须要保证连锁企业各门店的订货需求能够得到及时满足，同时要使配送中心的配货成本达到最小。

连锁经营中的物流主要是指由总部统一指导下进行的运输、保管、装卸、包装、库存管理、流通加工等各种物流活动。在连锁发展初期业的务运转过程中，经常将这些活动割裂开进行。随着信息技术的出现，利用信息技术可以将这些活动有机地结合起来，成为有效达成物流目的的机制，这就是连锁物流系统。

与物流系统有关联的部门主要有连锁门店、连锁总部、连锁集团信息中心、供货厂商、物流配送中心等。

（1）连锁门店。门店通过 POS 系统终端来收集销售信息，预测订货数量，然后通过电子订货系统向连锁总部订货。连锁分店通过电子订货系统向总部订货，原则上有固定的订货时间。

（2）连锁总部。连锁总部一般设有计算机信息管理系统（后台），与门店一起进行 POS 终端的管理，同时起指挥、协调的作用，从整体上把握连锁店的经营和管理。连锁总部在收到各个连锁分店发来的电子订货后，也以 EOS 的形式传至连锁集团的信息中心。

（3）连锁企业信息中心。信息中心根据总部发来的电子订单，通过计算机联网指示物流中心出货，同时与厂商的信息中心保持密切联系；有时也可以将信息发给厂商，进行直接订货。

（4）供货厂商。在规定的时间内，各厂商接受不同客户、不同商品种类的订货指示单，将各个订货指示单汇总，开始制造所订商品或是调度库存，做好出货准备。

（5）物流配送中心。大部分的物流活动将在这一环节完成。物流配送中心将从各个厂商运来的货物入库，并根据各连锁店的订货要求，通过自动分货、拣货，再将各家门店的货物集中起来，安排卡车配送。

物流中心还会调查各连锁店的到货情况以及运输车辆的有效利用情况。例如，调查商店是否准确，及时地接到商品；在运输中是否有效地装卸货物；运输路线是否合理；等等。

【开拓视野】

伊藤洋华堂的商品配送管理

日本大型连锁公司伊藤洋华堂对配送商品的交接货实行高效率管理方式，具体的手段是设立定时配送划卡制度，即每一台配送车辆到店时要划卡，离店时也要划卡，到店至离店的时间为卸货和验货的时间，配送中心根据 POS 系统获取的信息，分析交接货的作业效率。

如果发现配送车辆比按规定的时间早到或晚到店 15 分钟（早到无人接货，晚到会使商店失去最佳销售机会），总部的职能部门就要按照合同规定，对运输公司的当事者处以惩罚。对配送车辆每到一店都实行同样的划卡制度，这样，负责商品配送的物流中心就能掌握车辆的在途时间，从而规划较为合理的配送路线，以确保物流的通畅，使各个连锁店能够顺利地运营。

项目四

我国连锁企业信息化建设现状

一、我国零售企业信息化的发展沿革

1. 我国零售企业信息化的过去

20 世纪 80 年代中期，收银机、条形码、基于 POS 服务的管理信息系统、财务管理软件等广泛应用于零售业。

20 世纪 90 年代后期，现代通讯技术、网络技术和数据管理技术得到极大发展，其中 IBM 第三代 POS 及 RS6000 小型机在大型零售企业中的使用，标志着高端企业资源计划（Enterprise Resource Planning，ERP）软件系统在零售领域的开发和应用成为可能。

1998 年，富基旋风科技有限公司推出中国第一个基于组件开发的商业自动化 ERPV3.0 系统，标志着中国零售信息化结束了简单管理信息系统阶段，步入高端企业资源计划阶段。

2001 年底至今，在资金、技术、管理等方面落后的情况下，中国零售企业选择重组、扩张等扩大规模的方式来抵御外资进入，但存在的问题是没有对信息技术给予足够的重视。

随着商业智能（Business Intelligence，BI）、供应链管理（Supply Chain Management，SCM）等高端产品在零售企业的不断推广，大批量、多品类的统一采购和分散销售成为可能，逐步取代传统零售业中大量存在的手工制单和纸质化交易结算方式。

2. 我国零售企业信息化的现状

目前，从信息化技术应用的角度看，中国零售企业普遍在操作层面采用信息化技术的比较多，比如收银、收货、库房管理等环节；在管理层，主要是在销售统计分析方面采用一些 IT 技术；在决策层，应用最少，一般用在采购和资金利用环节。尽管“信息技术是核心竞争力”已经成为绝大多数现代零售企业决策者的共识，但在运用这一利器上仍存在许多障碍，表现在以下方面。

（1）观念影响着零售企业信息化。企业首席执行官习惯用眼前的投资回报来衡量投资的优劣，如买一套软件能增加多少销售额、降低多少成本。如果看不出明显的回报，他就不会追加投资。这种观念制约着零售企业信息化的进程，拉大了中国零售企业与发达国家零售企业的差距。

（2）资金制约着零售企业信息化。受资金实力的影响，大多数零售企业在软件系统的投资额约 10 万 ~50 万元，投资额超过 100 万元的零售企业在国内不到两成。一般来说，零售企业上 ERP 系统，软件投资额都会超过 100 万元，这个比例充分说明了我国零售企业的信息化水平还处在一个起步阶段。

（3）IT 解决方案供需不对接。零售企业和软件开发商在信息技术应用上的矛盾和认识上的不统一对零售企业信息化造成了很大的负面影响，也严重制约了我国零售软件开发行业的发展。在未来几年内，这种情况若不能得到改进，将有可能成为中国零售业发展的“瓶颈”之一。

（4）对实施服务不满意。据调查显示，近 90% 的零售企业表示对目前所用的软件“比较满意”或“还过得去”，很少有对软件非常满意的企业，也很少有对软件“很不满意”的企业。不同于有形资产，软件购买者最看重的是软件的功能和售后服务，所以没有良好的售后服务，软件功能再强也没办法很好的发挥。

二、零售业正向连锁化信息管理转移

零售业信息化在经历了初级阶段的大量上马 IT 系统后，开始面临着一次重大的转型。目前，企业家和专家学者纷纷指出，中国零售业正在面临从连锁化门店向连锁化信息管理的战略转折，深挖 IT 价值将成为今后一段时间零售业信息化的主流。

1. 零售业 IT 价值尚未充分发挥

过去的十几年，中国零售企业在信息化建设中尝到了甜头，企业经营管理、流程及效益都得到很大提升，已成为企业发展中不可或缺的部分。“零售业在做强的过程中，信息化起到了至关重要的作用。”中国连锁经营协会会长郭戈平表示。

但是，一个客观事实是，信息化的价值却没有完全凸显，信息化的建设也没有全力推进零售企业的发展。苏宁电器总裁指出，“没有哪一家零售企业的信息化目前是完全成功的”。从信息化技术应用的程度上看，中国零售企业普遍在操作层面采用的信息化技术比较多，而在管理层和决策层的应用较少。

2. 从连锁门店到连锁信息管理

随着中国经济的持续快速增长，零售业也体现出了强劲的发展势头。随着市场的成熟和消费者的日趋理性，连锁零售业的竞争重心转移到了成本、效率和用户满意度上，信息化系统成为连锁零售企业赢得竞争优势的必要途径。零售行业内的竞争已经由以规模扩张为代表的量变，逐步过渡到追求效率、寻求差异化竞争的质变阶段。在这个过程中，快速扩张也给企业带来了较大的管理压力，百货业的信息化管理网络面临巨大挑战。为了解决这一问题，更多的企业对信息系统进行了全面改造，在继承了原有系统的集中编码、单品管理、重点管理等优点的基础上，分步骤实现进销分离和连锁经营。

连锁化管理，势必对信息的集中与分配提出了更高的要求，特别是与人们日常生活紧密联系的餐饮、酒店行业，更是需要对消费者的信息做出及时、准确的处理。因此，电子商务平台成为提升企业服务水平的重要手段。

3. 数据挖掘提升零售业 IT 效益

在零售企业的信息化建设中，真正的价值并不是拥有价值不菲的 IT 设备和系统，而是利用这些设备和系统采集到的信息支持企业决策，加强企业运营管理，使零售企业能更加健康地发展，创造更多的利润，并最终推动零售行业的信息化建设。

专家分析指出，从零售业的现状来说，企业迫切需要分析消费者的消费习惯，应该通过深入的数据分析来了解自己的消费群体。而从信息化建设来说，应该推进信息化应用向深度发展，把企业内部原来分散的小系统整合到一起，组建更大、更完整的系统，进一步挖掘数据管理、系统管理的深度，使系统为企业创造更大的效益。

据了解，一些零售企业已经在数据挖掘方面进行了尝试，它们不再仅仅用信息化来掌握销售信息，进行库存管理和供应商关系管理，而是进入了尝试用信息化进行营销的更高阶段。

三、2009 年我国零售业信息化概况

我国零售业信息化应用已经逐步进入普及阶段。根据 2009 年底统计数据，我国大中型零售商业企业 80% 采用了计算机管理，其中绝大多数是实行连锁经营的零售企业。有 70% 以上的连锁企业建立了系统开发的前台 POS 销售时点系统和后台 MIS/ERP 管理系统，30% 左右率先进入了商业自动化技术、现代通信技术和网络信息化技术相结合的数字化管理系统集成的阶段。

计世资讯（CCW Research）《2010 年中国流通行业信息化建设与 IT 应用趋势研究报告》显示，2009 年中国零售行业信息化投入为 83.2 亿元，与 2008 年相比，增长 14.3%。中国零售行业信息化建设的重点驱动因素主要贯穿在“零售业下乡”、“门店扩张”和“电子商务”三个主题内。

四、信息化已成为竞争发展的必备条件

信息已成为现代零售企业竞争发展的必备条件，若连锁企业占有了准确的市场需求信息，将会使经营出现如下变化。

1. 使商品经营出现差异化

当一个连锁企业将准确的商品需求信息提供给供应商时，供应商就可按其要求，确保商品的提供和相关服务。在销售同样商品的场合，如一个没采取连锁经营的单体店与连锁店都销售同一品牌的啤酒时，单体店经常会因缺货使消费者失望而归，而作为连锁经营并拥有先进信息系统的店铺，由于与供应商保持持续性的需求信息交换，一直陈列着多种热销品牌的啤酒。

2. 使卖场经营出现差异化

连锁经营企业只要充分灵活地运用具有价值竞争力的信息系统，使准确的需求信息快速与企业的市场营销、竞争需求有机结合，并牢牢把握商品质量关，开展优良品质的商品设计、加工或采购优良品质的商品，使连锁店经营的商品与竞争对手出现差异化，并具有竞争力，才能确保顾客在店内得到满意的消费，否则无论怎样向顾客提供热情的服务，都将遭到不同程度的贬值。

3. 使库存成本产生差异化

有信息做导航的现代零售企业，一旦掌握了准确的经营信息，其经营竞争力、市场份额、扩张速度等都将高于竞争对手。如当零售连锁经营企业的规模扩大并介入批发业

务时，商品流通将进入生产企业或零售企业直接构建的交易渠道，出现生产企业直接销售渠道或大型零售、餐饮等企业直接采购源头货，而那些中小生产企业、中小零售企业、分散经营的大型店（包括连锁店）和商业欠发达或产品短缺的地方，对有批发商业介入的渠道依赖性依然很强。这之间就存在着成本差异化的问题，经营规模较大、介入批发业务的零售连锁企业在这样的流通环境中，如果不与生产制造业建立准确而及时的信息反馈系统，即使减少流通环节，也很难降低流通成本。

4. 物流效率化离不开信息

近几年，我国流通领域竞争日趋激烈，加速了商业向连锁化、集团化、集约化经营方向发展，为适应消费结构的不断变化，商品的生命周期也越来越短。市场的发展，消费结构的变化，要求现代流通企业应与快节奏的商品流通相适应；而大多数的物流企业根据政府或城市发展有关规划，将物流或配送中心建在大城市的城乡结合部、郊区或地价相对较便宜的主要交通干线处，在这些物流设施中，首要的技术装备应是信息系统化，其次再考虑自动化。由于物流业的发展是为适应市场竞争变化和满足消费需求而存在的，所以提高商品流通效率、降低经营成本，都离不开信息系统的应用与支持。

5. 信息化促进行业互动

新型工业化道路的形成是以需求为导向的，而作为连锁经营组织化的现代流通产业是介于生产制造业和消费需求之间的，以其掌握的大量第一手市场需求信息和拥有的连锁经营多网点及大量的销售能力为优势，将集中、大量、品种单一的产品与多样化、个性化、少量化的分散需求，通过实时电子数据交换，在有限的时间内，使需求商品有机构成、合理配置，实现商品有效流通。这是因为连锁经营的现代化商品流通，需要规格化、标准化、均质化、丰富的商品群予以支持，而现代化新型工业恰好可以解决传统加工业不能支持现代流通发展的弊端。

6. 信息应用有待加强

从经营发展趋势看，零售店差异化经营在某种程度上是从供应商的生产企业和批发商那儿就带来了商品的差异化，而不是到零售店才形成的。而供应商反馈的有用信息是这种差异化的前提条件。目前，国内多数采取新业态经营的企业，都不同程度地导入了信息系统，但在应用上不重视信息的加工、分析和对交易方及零售店的反馈，而将信息有效地应用于预测市场、预测销售和预测定货方面的企业更少。

【开拓视野】

日本批发业的计算机使用业务范围

顺序	使用范围	全体（1060家企业）	A（331家企业）	B（63家企业）
1	销售管理	94.4%	97.3%	95.2%
2	进货管理	71.8%	81.9%	63.5%
3	在库管理	60.1%	70.1%	49.2%
4	物流管理	21.0%	29.9%	7.9%
5	财务管理	38.1%	47.4%	25.4%
6	工资管理	32.8%	42.3%	19.0%
7	文书管理	20.3%	25.1%	9.5%

【开动脑筋】

计算机技术的发展和普及、各种应用软件的开发与使用、企业信息系统的建设等与连锁经营企业的发展有什么紧密联系？

>>本模块小结

本模块首先讲述了信息系统的基本概念与内容，这是对本书基本内容的导入和铺衬。接下来分别介绍了连锁企业信息管理的主要内容、连锁企业信息系统以及我国连锁企业信息化建设现状。

本模块的学习重点在项目二和项目三，因为它们是连锁企业信息系统的基本内容和整体框架。而学习难点是项目四，因为现状是经常变化的一个动态，且从不同的角度观察可能会得出不同的结论。

>> 本模块参考

浏览网址

[1] 国家发展和改革委员会 http：//www. sdpc. gov. cn/

[2] 工业和信息化部 http：//www. miit. gov. cn/

[3] 商务部 http：//www. mofcom. gov. cn/

[4] 中国经济信息网 http：//www. cei. gov. cn/

[5] 国家信息中心 http：//www. sic. gov. cn/

>> 课后思考

1. 企业信息系统的基本功能是什么？
2. 连锁经营企业信息管理的主要构成是什么？
3. 简述销售出库管理系统。
4. 想想企业经营信息系统与连锁企业信息系统有什么区别？
5. 谈谈你浏览国家信息中心（http：//www. sic. gov. cn/）网站后的感受。

>> 案例分析题

医药连锁企业信息化需求浅析

医药连锁企业信息化工作，需要解决医药行业所存在的如下一些特殊问题。

1. 药品的编码名称须规范

由于药品的品种较多，药品名称复杂，有中文名、商品名、英文名、拉丁名等。所以，编码名称统一工作极为繁重，但却是信息化工作的基础，必须加以解决。

2. 药品有效期须进行严格控制

药品作为一种特殊的商品，时效性强，需要严格控制其有效期，对批次号的管理也要求严格，而手工管理很难做到及时、准确。

3. 销售模式特殊

医药产品作为一种特殊商品，其销售模式也较特殊，国家对此有严格的管理，如对首营审批流程、质检流程、退货流程、库房养护流程、销毁流程均有严格的规定，而这些规定对医药商品的销售影响巨大，手工处理困难，常出现要么违反 GSP 规定，要么影响企业的销售的困境。

4. 业务量大，数据处理困难

由于药品品种多、客户数量多，造成业务量很大。同时，随着货物数量的增加及出入库频率的剧增，手工管理模式会严重影响正常的运行工作效率，致使仓储管理的准确率和效率极低。同时，医药商品包装及主辅计量单位的频繁变化，给统计工作带来巨大的挑战，财务及管理部门所需的各种经营数据及经营分析报表无法及时报送到决策者手中。

5. 配送中心与连锁店的信息集成问题

对于大的连锁企业，建立自己的配送中心是必然的趋势。然而配送中心如何快速获取连锁药店的库存变化，并及时主动地配货，成了连锁药店信息化建设必须解决的问题。随着市场竞争的日趋激烈，要求连锁企业必须对市场做出快速反应。而要做到这一点，各分店数据必须及时、真实、完整、有效地传递到连锁总部，零售的前台销售和后台必须无缝相联。

6. 药品品种价格管理问题

随着连锁企业的扩张，跨地区经营已不可避免。不同的区域，其消费特性不同，因此制定不同的价格政策或者经营不同的品种才能满足不同区域顾客的需求。在连锁企业的扩张中，多样化的连锁模式如直营连锁及加盟连锁都是可能的选择，特别是随着这些加盟店的加入，对药品品种的价格可能会有多样化需求。

基于上述对医药连锁门店业务的简要分析，医药连锁门店管理系统在设计时应对以上问题给出合理的解决方案。

问题：

1. 除了以上案例列举的几点，你认为医药连锁企业还有哪些发展信息化的需求？
2. 谈谈你所熟悉行业的连锁经营企业对信息化发展的需求和必要性。
3. 为什么连锁企业需要大力发展信息化？
4. 通过在网上查阅资料，谈谈你对我国连锁企业信息化发展现状的描述和评价。

模块二

连锁企业营销与物流信息网络

>>学习目标

1. 理解流通产业中的流通主体
2. 了解流通业中物流的基本流程
3. 掌握连锁物流网络的基本构成
4. 了解连锁企业信息系统的基本构成
5. 了解连锁企业物流的基本活动

【案例导读】

真功夫餐饮管理有限公司

真功夫餐饮管理有限公司（以下简称“真功夫”）创立于1994年，现直营店300多家，是中国直营店数最多、规模最大的中式快餐连锁企业。

1997年，真功夫自主研发电脑程控蒸汽柜，全球率先攻克中餐“标准化”难题，探索出中式快餐发展的新路，实现了整个中餐业“工业化生产”、“无需厨师”、“千份快餐一个品质”的夙愿。

15年来，真功夫创建了中式快餐三大标准运营体系——后勤生产标准化、烹制设备标准化、餐厅操作标准化，在品质、服务、清洁三个方面，全面与国际标准接轨。

自第一家餐厅起，真功夫一直主营米饭快餐，凭借在标准化上的“精耕细作”，真功夫从发源地东莞，先后进驻广州、深圳、上海、杭州、北京、沈阳、武汉等多个城市，成功走出了区域发展模式，成为首家全国连锁发展的中式快餐企业。

真功夫在全国拥有华南、华东、华北三大后勤中心，总占地面积42704平方米，负责所有餐厅的采购、加工与配送。2006年，真功夫通过了HACCP食品安全管理体系及ISO9001质量管理体系的国际认证；2008年，真功夫通过了ISO22000标准认证。

流通与流通网络的构成

商品流通网络是指多条商品流通渠道交织而成的网状流通渠道体系。商业企业是构成商品流通网络的连接点，商业企业间和商业企业同生产者、消费者之间的购销关系是形成商品流通网络的连接线。因此，没有商业企业及其购销关系，就没有商品流通网络。商品流通网络中的单个商业企业就是我们通常所说的商业网点，也就是在商品由生产领域向消费领域运动过程中的流通环节，各环节之间的交换共同构成商品流通渠道，各种流通渠道的有机结合就形成了商品流通网络。

一、流通与物流主体

流通机构有广义与狭义之分。狭义的流通机构是指专门从事流通活动的组织机构，主要指批发业和零售业。广义的流通机构是指所有参与商品流通活动的组织结构。

物流主体主要包括以下方面。

1. 生产者

生产者是指从事提取、种植及制造产品的各种机构，既包括自然人、家庭手工业者，也包括各种类型和规模的企业。为了完成商品从生产领域向消费领域的转移，生产者必须参与商品流通活动。

2. 消费者

这里所讲的消费者是最终消费者。最终消费者分为个人最终消费者和产业（团体）用户。其中，前者是指那些满足自身及家庭成员的需要而购买商品的人；后者则是指所有非个人消费者的团体组织，包括工业企业、商业企业、服务企业、政府机构、民间团体等。

3. 批发商

批发商是从生产者或其他经营者那里购进商品，然后转售给其他批发商、零售商、产业用户和事业用户的专业流通组织。批发商是商品流通过程的中间环节，其上游联结商品的生产者，而下游则与商品的再销售者（下游批发商和零售商）、各种产品用户和事业用户相联系。

批发商主要有三种类型：商人批发商、经纪人和代理商、制造商及零售商的分店和销售办事处。

（1）商人批发商。商人批发商是指自己进货，取得产品所有权后再批发出售的商业企业，也就是人们通常所说的独立批发商。商人批发商是批发商的最主要类型。按职能和提供的服务，它又可分为以下两种类型：

①完全服务批发商。这类批发商执行批发商业的全部职能，提供的服务主要有保持存货、提供信贷和物流及协助管理等。他们又可分为批发商人和工业分销商两种。批发商人主要是向零售商销售，并提供广泛的服务；工业分销商是向制造商销售产品。

②有限服务批发商。为了减少成本费用、降低批发价格，这类批发商只执行一部分服务。他们又可分为六种类型，即现购自运批发商、承销批发商、卡车批发商、托售批发商、邮购批发商和农场主合作社。

（2）经纪人和代理商。经纪人和代理商是从事购买或销售或二者兼备的洽商工作，但不取得产品所有权的商业单位。与商人批发商不同的是，它们对其经营的商品没有所有权，所提供的服务比有限服务商人批发商还少，其主要职能在于促进产品的交易，借此收取佣金作为报酬。与商人批发商相似的是，它们通常专注于某些产品种类或某些顾客群。

经纪人和代理商主要分为产品经纪人、制造商代表、销售代理商、采购代理商、佣金商等。

(3) 制造商及零售商的分店和销售办事处。这种方式由买方或卖方自行经营批发业务，而不通过独立的批发商进行。它又有以下两种类型：

①销售分店和销售办事处。生产者往往设立自己的销售分店和销售办事处，以改进其存货控制、销售和促销业务。销售分店持有自己的存货，大多数经营木材和自动设备零件等；销售分店不持有存货，在纺织品和针线杂货业最为突出。

②采购办事处。许多零售商在大城市设立采购办事处。这些办事处的作用与经纪人或代理商相似，但却是买方组织的一个组成部分。

4. 零售商

零售商是将商品直接销售给个人、家庭、事业团体等最终消费者的专业流通机构，它是连接生产着与消费者或批发商与消费者的重要中间机构。通过零售商的经营活动，商品才真正进入最终消费领域，从而完成商品流通过程。

5. 物流活动的承担者

按照物流活动的主体，物流可分为企业自营物流、专业子公司物流和第三方物流。

(1) 企业自营物流。企业自营物流是指企业自备车队、仓库、场地、人员，以自给自足的方式经营企业的物流业务。

(2) 专业子公司物流。专业子公司物流一般是指从企业传统物流运作功能中剥离出来，成为一个独立运作的专业化实体（子公司）。它与母公司（或集团）之间的关系是服务与被服务的关系。它以专业化的工具、人员、管理流程和服务手段为母公司提供物流服务。

(3) 第三方物流。第三方物流是由供方与需方以外的物流企业提供物流服务的模式。企业为了更好地提高物流运作效率以及降低物流成本，而将物流业务外包给第三方物流公司。

二、物流网络的构成要素

物流网络结构是指产品从原材料起点到市场需求终点的整个流通渠道的结构，包括物流节点的类型、数量与位置，节点所服务的相应客户群体、相应产品类别以及产品在节点之间的运输方式等。

1. 厂商

在物流网络结构中，厂商作为产品或原材料的生产者和供应商，是物流网络的始点。物流网络系统的核心功能就是实现原材料或产品从产地到消费地之间的空间转移。因此，物流 网络结构实质上就是在既定的自然和社会环境下，通过中间节点的布局配置，有效地实现物流始点和终点的联结。因此，厂商的分布不但作为物流网络结构的一个构成因素，而且还影响着物流网络中的其他要素。

厂商分布与物流网络结构有着互动的影响。当大规模的厂商分布既定的时候，物流网络结构往往会把厂商分布作为一个约束条件。而当物流网络初具规模的时候，新的厂商在选址时则会把已有的物流网络作为约束条件。

2. 客户

客户作为物流网络的终点，也是物流网络的重要组成部分。只有有了网络始点和终点的存在，物流网络的存在才有实际意义，物流网络构建的目标才能够明确。客户自身特征和分布的特点直接决定着物流网络的内部结构，即如何适应特定的客户分布和客户的需求。

客户既是物流网络结构的一部分，也是物流网络服务的对象。物流网络系统是否高效的直接评价标准就是能否为物流客户提供所需的服务。换句话说，物流网络系统是客户的导向系统。

3. 物流节点

根据不同物流节点的功能和规模，确定合适的物流节点配置，为物流网络功能的实施提供支撑。物流中心和配送中心是物流网络系统的重要节点。

在物流网络系统中，可能存在几个功能不同的物流中心，也可能存在同时具有几种功能的物流中心。物流中心作为物流网络的一个关键部分，其功能和效率对整个物流网络系统具有重要的影响，因此，在进行物流网络设计时，物流中心的规划设计是一个关键问题，它决定着整个物流网络系统的效率。

配送中心与物流中心一样，也是物流网络系统建设的关键，两者的区别在于，物流中心的规划建设与厂商联系紧密，而配送中心的规划建设与客户联系紧密。配送中心的效率不仅影响着整个物流网络系统的效率，而且影响着客户对整个物流系统的感受和满意度。因此，配送中心的选址、布局、规模等，都要受到客户分布、需求、规模等的直接影响。

4. 运输线路

厂商、物流节点和客户构成了物流网络结构的主要构架，要想使这些要素形成一个网络系统，必须有效地把它们连接起来。而这些节点之间的实体连接需要通过运输来实现，它包括运输线路和运输方式的选择。

在一个物流网络系统中，不同层级的物流中心与配送中心的连接也需要通过运输来实现。显然，只要涉及产品的空间转移，就必须通过运输来实现。提高不同节点之间运输的有效性是物流网络规划中运输线路选择的目标。

5. 信息系统

物流网络各节点之间不仅存在产品实体的流动，而且存在大量物流信息的传递。在物流网络系统内，物流信息的及时传递、共享以及信息的处理，都会对整个物流网络系统的效率产生重要影响。在构建物流网络构架时，既要考虑有形的硬件节点建设，也要考虑无形的信息网络体系建设。只有有了物流信息管理体系的支持，物流网络才能够真正激活，才能真正发挥效用。

6. 物流网络组织

物流网络的运行离不开人力资源与组织管理。因此，在进行物流网络资源配置时，不仅要考虑节点配置，还要考虑人力资源的配置以及对整个物流网络的组织管理。只有建立一套有效的组织管理和运行机制，物流网络系统才可能实现持续的、良性的运转。

【开拓视野】

中小企业信息化推进工程

2005 年，我国启动和实施了中小企业信息化推进工程。实施中小企业信息化推进工程的主要目的是，探索市场经济条件下政府营造环境、制定政策、搭建平台、强化服务，调动和发挥市场主体积极性，引导社会各界广泛参与，实现信息、技术、人才、资金等信息化要素集聚和优化配置，促进供需互动、合作双赢的信息化推进方法与途径。

2009 年 9 月 19 日，国务院《关于进一步促进中小企业发展的若干意见》中明确提出，要继续实施中小企业信息化推进工程，加快推进重点区域中小企业信息化试点，引导中小企业利用信息技术提高研发、管理、制造和服务水平，提高市场营销和售后服务能力。鼓励信息技术企业开发和搭建行业应用平台，为中小企业信息化提供软硬件工具、项目外包、工业设计等社会化服务。

1. “两化融合”试验区

以试验区形式推进信息化与工业化融合（简称“两化融合”），是工业和信息化部落实党的十七大精神的重要举措。在首批“两化融合”试验区，中小企业信息化推进工作重点围绕传统产业改造提升、特色优势产业发展、现代物流发展、工业园区建设，做强主导和优势产业，推动信息技术和应用软件的普及应用，促进中小企业管理、生产、营销过程的信息化改造，提高技术装备水平和生产过程自动化水平，支持中小企业利用互联网开展洽谈、采购、销售、支付、物流等商务活动，促进产品研发、管理咨询、技术培训、商务交易、物流信息、软件租用、在线咨询等服务平台建设等方面进行探索和实践，取得了重要进展。

2. 现状调研结果

2009 年，工信部中小企业司组织对全国 10 万家中小企业管理信息化状况进行了调研，结果表明，我国中小企业信息化发展的总体水平不高，东部、中部和西部区域之间的发展不均衡，东部较发达，中部和西部处于发展阶段。当前中小企业信息化存在的主要问题是：仍有相当数量的中小企业对信息化的作用、效果和国家有关政策了解不够、理解不深；人才缺乏、资金不足是制约中小企业信息化的瓶颈；信息技术应用与企业业务结合不紧密，应用的深度、广度和集成度较低等问题依然比较突出。

连锁经营企业营销网络

近年来，随着销售市场竞争的日趋激烈，销售网络与渠道成为诸多企业竞争制胜的切入点。如何使企业的信息系统和网络与销售网络的扩大、完善、重新整合有机地结合在一起，成为企业关注的话题。

一、连锁经营零售业信息系统的基本功能

1. 计算机技术对于零售企业

（1）速度快。计算机对于数据的处理速度越来越快，它可以在短时间内处理众多数据。

（2）准确性高。计算机与其他相关技术的联合应用，可以保证采集、处理和加工的数据准确、可靠，从而成为核算和分析的依据。

（3）自动处理。计算机信息技术提供的自动处理机制，在零售业的自动订货、事务报警、库存报警等方面提供了强有力的支持。

（4）智能分析。计算机可以根据各种分析模型对历史数据进行聚类、“清洗”和挖掘处理，从而洞悉市场的潜在规律。

计算机信息系统所具有的优势恰好是零售企业所面临的困难，所以，通过计算机信息技术的应用，建立信息系统是零售企业发展的必由之路。

2. 零售业信息化的八项基本功能

一般认为，在经济全球化、大流通的环境和背景下，连锁经营零售业的信息系统必须具备下述八项基本功能。

（1）系统管理。即对组织架构、安全权限等进行管理。

（2）品类管理。即对品类组合、商品和供应商引入等进行管理。

（3）计划管理。包括销售计划、资金预算、计划跟踪等。

（4）供应管理。包括采购、配送、调拨、库存管理等。

（5）营销管理。包括 POS 销售监控、调价折让促销等管理。

（6）财务管理。包括财务核算、厂家结算、税务处理等。

（7）人事管理。包括人员档案、岗位薪资等管理。

（8）统计分析。包括统计分析、数据挖掘等。

【开拓视野】

宝岛眼镜

截止 2010 年 7 月 5 日，宝岛眼镜在大陆地区共有 890 家连锁分店，员工 11000 多名。1956 年，陈国富夫妇以 2000 元台币，在一间 5 平方米大的店里，逐渐发展成钟表业之龙头。1979 年，宝岛光学股份有限公司的开创者及现任董事长王国胜先生也分别在全省经营 5 家眼镜店。在双方基于互惠合作的理念下，于 1981 年 1 月 6 日，由陈志贤先生（现任常务董事长）代表陈家与王家兄弟共同以“宝岛眼镜公司”的名字，开创了眼镜专业的连锁经营。宝岛眼镜经营团队历经多年的不断努力，如今已是世界著名的华人眼镜连锁集团。宝岛眼镜有限公司于 1997 年 3 月开始投资大陆，在武汉开设了首家大陆分公司，随后厦门、天津、北京、上海、青岛、长沙、西安、海口、南昌等 50 多家分公司相继成立。

二、谷歌推出商业搜索服务

2009 年 11 月，谷歌推出了“商业搜索”（Commerce Search）服务，服务对象是网上零售商和电子商务网站。2010 年 6 月 17 日，谷歌对商业搜索产品进行了升级，添加了数项新功能，同时下调了入门级产品的价格，使更多的小企业能够有机会使用谷歌商业搜索。

使用该服务的商家可以在他们的页面上定制嵌入谷歌搜索功能。谷歌商业搜索开放API，允许零售商完全定制他们网站上的搜索结果和添加与他们界面匹配的配饰。而且，零售商可以选择搜索页面上不显示谷歌的标志。该服务有以下四个特点。

1. 超级快速和准确

谷歌在零售商的网站上提供“超级快速和准确”的谷歌搜索技术。商业搜索也使用自定义排名技术，来分析每个数据系统中的产品和提供最相关的搜索结果。谷歌表示，更快的搜索速度将帮助提高商品的购买率，因为顾客可以快速找到特定的产品，不需要浏览复杂的搜索页面。

2. 为电子商务定制搜索

该服务提供一系列为零售产品搜索而优化的功能，如参数化搜索、整理结果、拼写检查和相似搜索的推荐。这可以帮助用户优化和对准他们的搜索目标；同时还提供产品推广的功能，零售商可以将促销产品的搜索结果放到搜索页的最上方，并允许零售商将需要促销的产品加上特定的标签。

3. 网站搜索可升级

因为该商业搜索是由谷歌提供，所以网站的搜索升级很容易。比如，在假日消费高峰流量会突增的情况，谷歌则帮助零售商管理突增的流量和扩大搜索应用。谷歌还说，只要将所有的产品信息放入数据库，在任何一个电子商务网站建立搜索都可以很快。

4. 可利用谷歌其他的产品

将谷歌其他产品，如谷歌分析（Google Analytics）和谷歌产品搜索（Google Product Search）整合到商业搜索中。使用商业搜索的零售商可以统计点击量、产品调换量、交易量、平均订单值和其他谷歌分析可以提供的数据。电子商务商可以提供产品和目录，帮助其产品在谷歌产品搜索上建立索引。

谷歌已经与鞋类品牌 Birkenstock USA 达成了合作。谷歌此次推出该搜索产品表明，谷歌将大举进军网上零售业。虽然谷歌产品搜索还没有形成规模，但是新的商业搜索势必影响谷歌产品搜索。

【阅读案例】

上海医药商贸信息系统

向电子商务领域迈步较早的国有企业应该是上海医药。上海医药作为主要发起人，和第一大股东共同投资创办的上海医药信息股份有限公司，率先在国内建立集药品电子交易和结算、医药信息查询、网上购药等功能于一身的上海医药商贸信息系统。

该系统采用先进的管理和信息技术，支持医药商业企业采用计算机网络沟通生产、经营、客户三者之间的供求信息，逐步实现医药商品交易电子化，促进和完善医药商品采购、仓储、调拨、销售、流通等环节的物流、商流和信息流的规范化和现代化，积极探索并发展成为医药商品交易电子中介系统。此外，公司还组建了“上海华卫医药保健网络公司”，通过互联网开展网上保健咨询和购药业务。

【开拓视野】

国内大型连锁企业

1. 金象大药房

金象大药房是中国提供医药零售的标志品牌、北京十大商业品牌。旗下的连锁店共300余家，覆盖了北京、天津、四川、山东、河北、山西、内蒙古等多个省、市、自治区，会员人数超过60万。

金象大药房拥有15000平方米的现代化物流配送中心，通过计算机全程管理和科学规范的运作程序为各连锁店提供高质量的、安全稳定的商品服务。

2. 国美电器

国美电器是中国的一家连锁型家电销售企业，也是中国内地最大的家电零售连锁企业。

1987年1月1日，从第一家国美电器店正式挂牌至1995年底，国美电器商城从1家变成了10家；到2004年底，国美电器已在全国及香港和东南亚地区，拥有了190个门店；2006年，门店达到587家，总营业面积约为222万平方米。2007年上半年，在全国范围内的门店数量已经增至654家，营运利润8.94亿元人民币。2009年，国美电器入选中国世界纪录协会中国最大的家电零售连锁企业。

3. 苏宁电器

截至2009年，苏宁电器在全国30个省、直辖市、自治区，300多个城市拥有1000

家连锁店、80多个物流配送中心、2000多个售后网点，经营面积500万平方米，员工12万人，年销售规模突破1000亿元。品牌价值455.38亿元，蝉联中国商业连锁第一品牌。2004年7月，苏宁电器（002024）在深圳证券交易所上市。它是全球家电连锁零售业市场价值最高的企业之一。

苏宁电器将电器连锁店面划分为旗舰店、社区店、专业店、专门店4大类、18种形态，采取“租、建、购、并”四位一体、同步开发的模式。

【阅读案例】

沃尔玛全球采购中心信息管理

物流信息化提供了一套先进的、集成化的现代物流管理系统，通过对发货仓库和在途的库存量进行及时监控、对运输货物在途状况进行追踪查询、对物流运送各个环节实行自动报警机制并提高整个流程自动化程度，有效地实现了系统之间、上下游企业之间以及资金流、物流、信息流之间的无缝连接，更好地协调生产与销售、运输、储存等各环节的联系，优化供货程序、缩短物流时间及降低库存，提高资金周转率。

从沃尔玛全球采购中心现行的信息管理系统可以发现，先进的信息技术在供应商的管理方面发挥了强大的功效。

1. 信息收集查询

首先，沃尔玛全球采购中心收集了丰富的市场信息和产品信息，使得供应商的选择更加具有目的性和针对性。在与沃尔玛全球采购中心合作之前，供应商需要提供一份供应商基本状况表，以供采购中心的数据库保存。这个表的信息为选择供应商带来了方便。

其次，供应商可以通过零售链接实时了解到自己的产品在沃尔玛各个商店的销售情况，达到供应商的自我管理。通过这个系统，供应商可以查询到自己的产品在沃尔玛的每个商店、每个时段（最细可以查到日销售）的销售情况。沃尔玛全球采购中心将这些情况定期生成报告传给供应商，当供应商发现自己的商品快要缺货时，还可以向采购员发出提醒订货的通知，化被动为主动。

2. 信息跟踪分析

通过对供应商数据的跟踪和分析，沃尔玛全球采购中心可以方便地提取各个供应商的验厂报告、销售记录以及及时装船率等重要信息。综合这些信息，对每一个供应商进行评分，从而为管理供应商提供了客观依据，也加强了与供应商的谈判能力。通过对供应商的评估体系，还可以挑选出合作顺利、服务优良、产品畅销的供应商作为公司的关键供应商。沃尔玛对这些高水平的供应商采取更宽松、简单的采购程序（如实行供应商质量自检），甚至推行 VMI 的管理模式。这种方式可以建立供应商与零售商新的合作模式，密切与供应商的关系，达到降低供应链综合成本的目的。

3. 信息无缝连接

由于涉及远洋运输，沃尔玛采用了第三方物流的方式——选择马士基公司作为海运的合作伙伴，来完成产品从产地到目的地的传输。信息技术的应用使沃尔玛与第三方物流实现了无缝联接，使得整个全球采购的供应链条顺畅而紧凑。供应商可以事先依据零售链接的一个计算工具方便地计算出海上运输日期，为买家进行采购决策提供方便。这个计算工具是马士基和沃尔玛共同开发的，方便了供应商制作报价单，减少了很多不必要的与马士基协商沟通环节。此外，沃尔玛在核对供应商的装船单、运输提单等重要文件时，由于沃尔玛和马士基系统的联网，船务协调员可以方便、快捷地核对文件，从而为货款结算的顺利、快捷进行提供了支持。

三、大型连锁超市监控系统建设

大型连锁超市监控系统（以下简称“监控系统”）具有多级网络级联（网络级联是指综合利用各种技术，实现层次化网络结构。它是组建大型局域网最理想的方式，现在已经广泛用于各种局域网和城域网中）的特征，也具有自己独特的行业需求。在建设过程中，有下述五个方面需要注意。

1. 如何实现大系统的优化管理

连锁超市建设涉及各种社会资源的接入模式，监控点遍布整个城市，监控点位和使用用户数量巨大。如何有效地管理这些资源，实现系统的合理布置和管理是一个关键。有专家提出了分组的概念，即系统首先将各种资源归类，形成用户组和设备组，在设备组和用户组之间进行权限的映射管理，任何人对任何设备的操作将遵循权限管理的准则。这样，一个大的系统就被划分成若干个小系统，每个域管理员只负责该子系统的管理任务，而不必关心整个系统的布置，降低了系统的管理复杂度，实现了大系统的优化管理。

2. 如何响应众多用户对系统的操作

面对大型连锁超市监控这样一个庞大的系统，可能涉及的用户众多，所以系统如何应对这些用户的操作对系统的安全性至关重要。监控系统提供了用户权限管理模式，并配备强大的日志记录功能，能满足各种用户权限需求，并保留详细的操作日志记录，这对于系统恢复，定位问题具有很大的帮助。

3. 系统扩容

大型连锁超市这样一个系统很难一次做完，往往要经过几轮施工才能建立起来。如何解决系统不断扩容的问题，对于系统的完整性非常重要。监控系统采用了树型目录管理的模式，每个监控域设置了数据库和代理转发服务器，同时完成了本地的数据和管理又实现了和系统的级联。

这样，当系统扩容的时候，只是增加了系统中某一个数据库中的一条记录，而对系统的结构没有造成任何影响。系统扩容带来的只是一个更加丰满的树，系统保持了完整性和透明管理的简单性。

4. 海量存储

根据要求，系统应该具有保存 30 天的录像能力，对于重点路段的连锁店，还需要 24 小时录像。如何解决录像文件存储问题关乎系统的应用价值。监控系统采用分布式录像的设计思想，在各个二级监控中心设置集中录像主机，各中心只负责本片区监控点的录像任务。每台录像主机的录像容量可以达到 200 路，采用扩展磁盘阵列或 IP SAN 等存储模式，具有热备份功能。

5. 监控与报警

大型连锁超市监控系统除了视频监控外还要处理大量的报警信息，如何有效地将这些信息利用起来，对于及时发现并处理问题至关重要。监控系统提供了电子地图双屏显示的功能。在电子地图显示中，用户可以随意地选中某个监控点，使其在另一个显示器上显示出来。同时，在电子地图上，用户还可以实时获得报警信息，准确定位报警地点。

【阅读案例】

水果连锁超市打造现代化信息信息平台

深圳百果园实业发展有限公司适时抓住商机，从沿街散卖、超市零售的传统水果营销模式中另辟蹊径，以水果专卖连锁的方式，掀起鹏城水果零售市场营销革命。通过一年多的发展，百果园公司很快发展成为拥有十余家直营店、数十家加盟店的连锁经营企业。

随着百果园规模不断扩大，门店不断增加，连锁结构也越来越复杂，如何实现企业内外部翔实准确的基础信息管理；如何实现总部统一采购、统一结算；如何建立起总部、门店的配送体系，保证果品的新鲜；如何支持门店的快速扩张；如何建立完善的查询、分析及数据挖掘体系，为企业的决策提供可靠依据等问题摆在了百果园的面前。

为突破水果专卖连锁经营的困局，百果园强调水果销售中的管理流程，导入了科学营销管理理念，借助信息化手段加强企业管理，给国内的水果经营开辟了一条新路。经多方遴选，百果园最终选定双汇软件基于B－S架构的商业连锁供应链管理系统，为自己的水果连锁超市打造现代化的信息平台。

百果园提供的信息化解决方案的部分系统模块及功能包括：企业系统管理、基础数据管理、库存管理、配送管理、门店管理、采购管理、账务查询、基础数据查询、权限管理、供应商管理、应收管理、应付管理、存货管理、会员管理、促销管理。通过信息系统，实现了百果园的业务需求，包括总部和自营门店、加盟门店等之间的所有业务关系，实现了多级配送和各种直供业务的处理。

系统提供了供应商管理平台，来解决百果园和供应商之间的关系。通过系统平台，供应商可以实时查看订单情况，自己提供的产品的到货情况、销售情况、库存情况以及结算信息等，真正体现客户和供应商之间的联合经营理念。

连锁经营企业物流信息网络

物流信息作为物流过程的“中枢神经”，极大地影响着全体物流组织者的决策，控制着物流基础设施资源的使用。随着信息技术、网络科技的飞速进步，物流信息网络化发展的趋势日益显著。如何在新的时间断面上对物流信息网络中存在的问题进行深入研究，成为国内外学者共同的关注。

一、物流信息化的含义

物流信息化是指利用电子信息手段，尤其是利用互联网技术完成物流全过程的协调、控制和管理，实现从网络前端到最终客户端的所有中间过程服务。具体地说，物流信息化是一个整合性物流管理平台，它将产、供、销各个环节中的信号、数据、消息、情况等通过信息技术，如条码技术、电子数据交换技术、全球定位系统、射频技术、地理信息系统等，进行系统的智能采集和分析处理，并配合决策支持技术，对企业物流系统中涉及的各个流通环节及部门进行有效的组织和协调，从而实现企业物流管理和决策的高效率和高质量，进而降低物流成本。

连锁化的推行，更使这些业界的管理者们认识到信息化不仅仅是硬件与软件的集成，还可借助系统推动他们的管理模式；软件不仅给应用者带来效率，还承载着管理规范化的重任。

二、物流信息网络

物流信息网络是指一个物流企业建立的有关用户需求信息、市场动态、企业内部业务处理情况等信息共享的网络，是依靠现代信息网络技术建立起的运输节点间的信息网络。物流信息网络指伴随物流基础设施网络而相应传递各类信息的通信网络。物流信息网络可分为企业内部网络和企业外部网络，两者可以再继续往下细分，具体见图 2－1。

三、物流信息网络的功能和构成

1. 物流信息网络的功能

物流信息网络的功能主要包括：它是物流实体网络的重要支撑；可以有效地管理物流服务的各个环节；能够提供结算功能；能够提供实时的客户查询功能；提供各种接口模块。

2. 物流信息网络的构成

（1）综合信息网络。包括物流费用管理信息系统、综合信息系统、进销存综合信息系统等。

（2）运输信息系统。运输信息系统主要处理各种运输问题，它应当支持多网点、多机构、多功能作业的立体网络运输。特别对于网络机构庞大的运输体系，运输信息系统能够协助管理。

（3）库存信息系统。库存信息系统是物流信息系统中应用较为广泛的系统，可以说它是各类型物资及物流管理信息系统的基础系统。无论进行何种管理，库存信息都是首先要掌握和收集的。

（4）配送信息系统。配送信息系统有一定的综合性，同时它也是物流信息系统的重要功能，配送的成败决定着企业和经营部门对市场的占有和控制。

（5）订单处理系统。一个企业从发出订单到收到货物的时间称为订货提前期，而对于供货方，这段时间称为订货周期。在订货周期中，企业要相继完成五项重要活动：订单准备、订单传输、订单录入、订单履行、订单状况报告，这也是订单处理的流程。

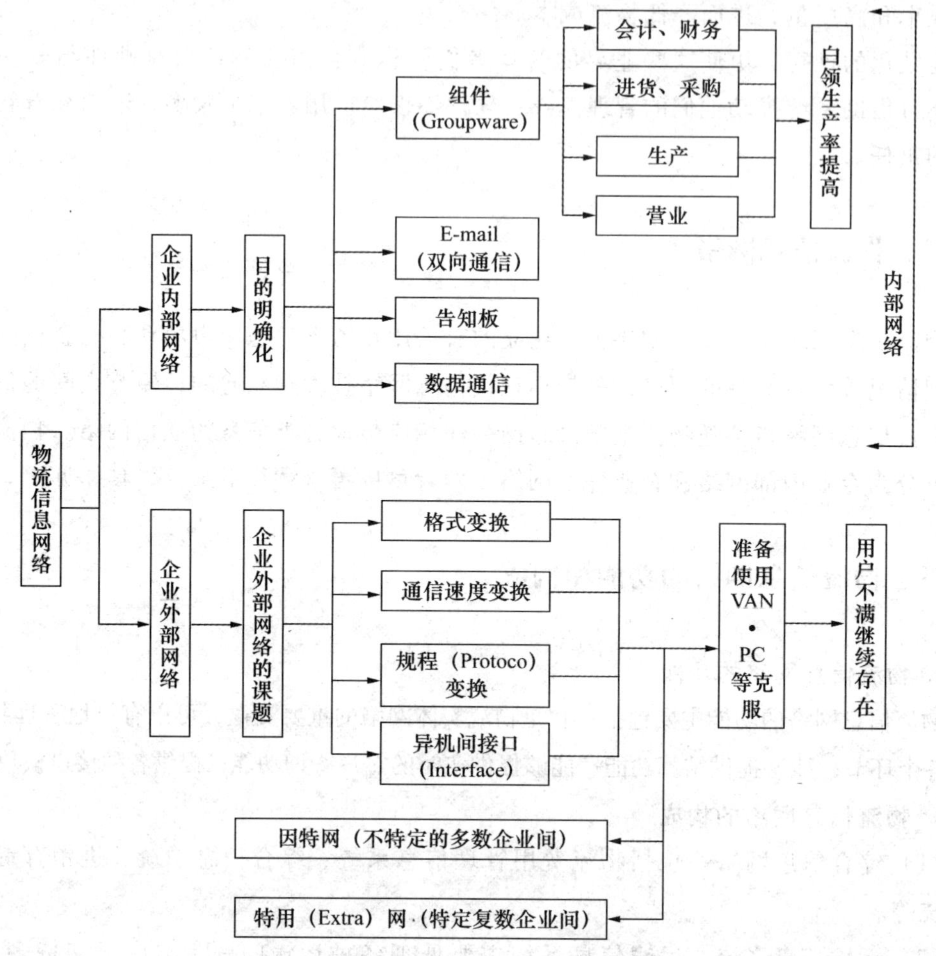

图 2－1　物流信息网络的构成

3. 物流信息网络的特点

（1）网络专业性强。与国家信息网络相比，物流信息网络主要应用于流通领域，属专业性强的商用信息网，担负着对运输、储存、包装、装卸、流通、加工过程中生成信息的处理、传输、发布职能。

（2）信息来源的广泛性。与一般专业信息网络相比，物流信息网传递的信息来源很广，有来自商品采购、生产、流通、供应、销售、消费等环节上的物流信息。

（3）地域的广袤性。与地区信息网相比，物流信息网跨部门、跨地区，甚至跨国界，覆盖面较大，适宜建设成区域网或广域网。

（4）网络信息的实时性、动态性强。物流信息直接影响着生产企业、商业企业的生产经营活动，对网上物流信息传递与交换的时效性、准确性要求高。

【阅读案例】

惠普零售信息化升级

2009 年，随着中国零售企业不断发展壮大，企业管理面临如何加强总部、物流中心以及门店之间的统一管理，同时增强赢利能力、提升效率、进一步降低成本等一系列挑战，显然，信息化是重要手段。

正如专家所说，针对零售行业的特性，零售企业需要确立完整的联网式零售行业解决方案，实现完整覆盖企业总部、物流中心、店面的标准化解决方案，进而通过强大的 ERP 系统软件和硬件支持之间的无缝配合，支撑信息化的有效进行。

惠普于 2010 年率先推出了革命性的惠普简化 IT 零售解决方案。该方案涵盖智能化、系统化、个性化、可持续性、安全性、服务六大方面，基于零售业务的环境，提供从整体 IT 架构咨询、实施、运行、维护的全方位 IT 解决方案，旨在帮助零售商构建丰富的零售环境，优化企业效率并拉动销售。

这些方案通过惠普在国内的独立软件开发商合作伙伴实施，针对每个商户的环境和需求进行定制化的开发和部署，更加强化了解决方案的针对性和适用性。与此同时，为缓解零售门店的销售压力，惠普提出了视觉吸引（Point-of-Attraction）、店内展示（Point-of-Entry）、选购考虑（Points-of-Consideration）、购物付款（Point-of-Purchase）等简化且生动的店面零售信息化手段。通过这些手段，可以轻松的吸引顾客并简化销售环节，提升店面赢利率。

物联网的出现与发展

物联网（The Internet of Things，IOT）是通过射频识别（RFID）、红外感应器、全球定位系统、激光扫描器等信息传感设备，按约定的协议，把任何物品与互联网连接起来，进行信息交换和通讯，以实现智能化识别、定位、跟踪、监控和管理的一种网络。

物联网的概念是 1999 年提出的，即“物物相连的互联网”。这有两层意思：第一，物联网的核心和基础仍然是互联网，是在互联网基础上延伸和扩展的网络；第二，其用户端延伸和扩展到了任何物品与物品之间，进行信息交换和通讯。所以，物联网被称为继计算机、互联网之后世界信息产业的第三次浪潮。业内专家认为，物联网一方面可以提高经济效益，大大节约成本；另一方面可以为全球经济的复苏提供技术动力。目前，美国、欧盟、中国等都在投入巨资深入研究物联网。

一、物联网的影响

技术的革新无疑会带来商业的革新。以流通业为例，条形码的出现，让流通环节上的主导权从制造商向零售商转移，因为零售商对商业的销售行情（如赚钱与否，登广告的时机、费用、价格、折扣、地点、专门推销、运输量等）了如指掌。如今，物联网在各个行业中都是一场技术革命，会对商业模式带来什么样的改变呢？

1. 引发零售业再革命

例如，去超市买猪肉，只要用手机里的读卡器读一下猪肉上的 RFID 芯片，就可以知道所购买的猪肉产自何处，是吃什么饲料长大的。这是一般消费者对物联网在流通环节应用的最通常想象。

麦肯锡新出台的物联网报告，把兴起的物联网应用分为两大类：信息和分析、控制和自动化。在“信息和分析”类别中，麦肯锡首先提到了行为跟踪。麦肯锡举例称，乐购利用传感器，通过会员卡收集购物者数据。

在 IBM、富士通零售业的解决方案演示中，都曾看到过类似的应用：当你推着满满一车东西走出超市大门，不会再看到收银员，因为通过收银系统时，RFID 读取器已在瞬间识别出所有商品的数量和价格，银行转账系统据此从你的账户上划出了相应的金额。以前，超市是用条形码来加快收费速度的，当消费者在收银台付过账后，商品上的磁条就失去效用了。但是与磁条不同的是，RFID 标签在视线范围之外还能被继续识别。商家和银行就可以联合起来勾画出你的个人生活方式、行动路线图，以此来作出商业决策。

沃尔玛是全球最大的商业帝国，麦德龙则是欧洲最为重要的零售商。它们几年前就斥巨资投到了 RFID 技术上来，并成为全球 RFID 革命的推动引擎，因为 RFID 技术将带来流通业更深远的革命。

【开拓视野】

麦肯锡物联网报告（摘录）

在这种称为物联网的信息系统中，嵌入各种实物——从公路路面到心脏起搏器——

之中的传感器和制动装置，通过有线和无线网络，并通常利用与连接互联网同样的互联网协议（IP）彼此连接。这些网络生产大量数据，并流入计算机中进行分析。当物品既可以感知环境，又可以进行通讯时，它们就成为能了解复杂性并迅速对其做出反应的工具。在所有这一切中，具有革命性意义的是，这些实物信息系统现在正开始被部署运用，它们有的甚至可以在基本无人干预的情况下工作。

与遥感卫星和地面传感器收集的数据无线联接的精密农机设备，可以考虑作物的生长条件，并调整农田各个不同部分的种植方式，如对那些需要更多营养的地块增加施肥量。在日本，广告牌可以对路过的人进行观察，评估他们符合哪种消费者特征，并根据这些评估结果马上改变显示的广告内容。

2. 物流可视化

零售业两个最大的难题就是商品断货和损耗。传感技术就可以解决这个问题，目前大型的物流公司都已经能做到实时监测，可向企业随时报告货物停留在哪个港口、是否已经报关等常规信息。麦肯锡列举了通过传感器跟踪 RFID 标签的例子，这些标签放置在产品上，随着供应链流动而流动，就能实现可视化供应链。

二、物联网发展需要解决的前提条件

专家认为，物联网以高调的姿态进入公众的视野，不管是媒体、企业甚至官方，都将它视为下一个经济增长点，但要想全面投入物联网社会的建设，还有三大问题不容忽视。

1. 成本矛盾

沃尔玛是第一个强推 RFID 标签的零售商，它在 2004 年 4 月 30 日发表声明，“RFID 能帮助我们在短期内提高满意度，并最终在成本控制和持续保持低价格方面发挥重要作用”，并要求供货商为所有的商品打上 RFID 标签。沃尔玛乐观地预计，在 2005 年底便能完成这项物流管理的改革。然而直到 2007 年 1 月 1 日，为其供货的 100 家大型供货商才陆续完成 RFID 标签的提供。其主要原因是：RFID 标签太贵。波士顿 ARM 市场研究中心预计，仅仅为了满足沃尔玛的要求，普通消费品的生产商将要花费130 万 ~ 230 万美元来实行 RFID 标签，这么高昂的成本，小型供货商当然不愿意承担。目前，RFID 标签的成本大约为 20 美分。RDIF 标签生产商美国 Alien 科技公司表示，年生产量超过 100 亿个，标签成本才能降到 10 美分以下。这样的价格对于汽车、冰箱、电视、手机等商品可能不值一提，但对于灯泡、牙膏等低价商品来说，依旧太高了。对于 RFID 生产商来说，成本问题更是一个两难问题，成本太高，应用压力大；成本压得太低，制造业又失去利润。

2. 安全性

物联网时代中，人类会将基本的日常管理统统交给人工智能去处理，从而从烦琐的低层次管理中解脱出来，将更多的人力、物力投入到新技术的研发中。但是，假如物联网遭到病毒攻击，也许就会出现工厂停产，社会秩序混乱，甚至直接威胁人类的生命安全。

3. 隐私权

这也许将是物联网推行过程中的最大障碍，当你的智能身份证或者说智能手机卡上打上你的一切信息，在全世界任何一个读卡器上都能随便读取你的信息时，你就可能没有隐私而言。尽管有人提出根据不同权限人读取不同信息来保障个人的隐私权，但是在拥有高权限的社会管理部门，你依然“赤裸裸”的向他们提供一切。

这三大硬伤得不到真正有效地解决，物联网还只能是一个概念，哪怕它真有互联网100倍的市场价值，那也是可望而不可即的海市蜃楼。

三、物联网工作组成立推进标准制定

2010年3月10日，中国物联网标准联合工作组筹备会议在北京召开，工作组旨在整合国内物联网相关标准化资源，联合产业各方共同开展物联网技术的研究，积极推进物联网标准化工作，加快制定符合我国发展需求的物联网技术标准，为政府部门的物联网产业发展决策提供全面的技术和标准化服务支撑。

联合工作组组长、工信部电子科技委副主任张琪介绍，工作组将坚持自主创新与开放兼容相结合的标准战略，加快推进物联网国家标准体系的建设和相关国家标准的制定，同时积极参与相关国际标准的制定，以掌握发展的主动权。

近年来，国家发改委、科技部、工信部等相关部门分别支持了一批RFID、传感器网络和智能传感器项目，金卡工程还启动了一批RFID行业（地方）应用试点工程，但大多应用项目是以闭环应用为主，规模化的应用还处于起步阶段。

四、中国迅速形成物联网大发展的社会环境

2009年8月7日，温家宝总理在无锡考察时明确指出，一是把传感系统fn3C中的TD技术结合起来；二是在国家重大科技专项中，加快推进传感网发展；三是尽快建立中国的传感信息中心，或者叫“感知中国”中心。11月，温总理在科技持续发展的重要讲话中，提出要着力传感网、物联网关键技术，及早部署后IT时代的关键技术研发，使信息网络产业成为推动产业升级、迈向信息社会的“发动机”。

自温总理的两次重要讲话以来，中央相关部委立即行动，积极认真地贯彻落实温总理的讲话精神，国家发改委在物联网应用示范试点方面、科技部在863计划等重大专项方面、工业与信息化部在物联网的技术标准和产业政策引导方面都在最短的时间内出台了针对性的宏观举措。工业与信息化部李毅中部长在撰文中明确提出：开展传感网的应用，积极发展战略性信息产业；突破关键技术，开展应用示范，加强TD-SCDMA与传感网的结合，推进传感网与物联网的融合发展。

在中央领导的高度重视和国家相关部委齐声协力的推动下，电信运营商、高校和科研机构看到了商机，纷纷行动起来。

2009年11月12日，中国移动与无锡市人民政府就“共同推进TD-SCDMA与物联网融合”签署战略合作协议，中国移动将在无锡成立中国移动物联网研究院，重点开展TD-SCDMA与物联网融合的技术研究与应用开发。

2009年11月12日，江苏省政府、中科院与无锡市政府签署协议，共建中国物联网研究发展中心。

2009年11月23日，中国电信物联网技术重点实验室、中国电信物联网应用和推广中心在江苏无锡成立。

2009年11月23日，北京邮电大学和无锡市政府签署协议，在无锡市组建北邮感知技术与产业研究院；随后，东南大学传感器网络技术研究中心、南理工无锡传感网应用开发中心、清华无锡智能传感网研究中心陆续在无锡成立。

2009年11月24日，中国联通集团和无锡市政府签署物联网合作协议，双方共同加强基础网络设施建设、传感网络技术标准研究、传感器技术研究与产业化推动；加强传感网络与现有公众运营网络结合的标准及应用研究与开发。

【开拓视野】

百度与日本电子商务网建网购商城

2010年1月27日，中文搜索引擎百度公司宣布，携手日本最大的电子商务网站乐天，在未来3年内斥资5000万美元共同打造一家综合类B to C网络购物商城。

日本乐天将持有网购商城51%的股份，成为合资公司的控股股东，而百度占股49%。百度表示，该网购商城将在2010年年内上线，并在引入国内外知名品牌入驻的同时，积极引入乐天日本平台的现有商户到中国开展业务。百度还向《每日经济新闻》透露，双方将共同委派资深人士组成管理团队，但由日本乐天委派CEO，百度期待在未来几年里有几百名员工加入合资公司。

乐天集团高级副总裁表示，将通过运营合资公司为用户提供最好的网络购物环境，也将努力创造一个优秀电子商务平台。而百度市场和商务拓展副总裁也发表声明称，百度和乐天携手建立的 B to C 平台将带给用户更多样化的互联网购物体验，也将进一步促进中国电子商务产业的繁荣。

【开动脑筋】

物流网络和物流信息网络的异同点在何处？你想象中的物联网发展前景是怎样的？

>> 本模块小结

本模块主要讲述了流通与流通网络、连锁企业营销网络与连锁企业物流信息网络的基本知识，同时对物联网的出现与发展做了简单介绍。

上述三个网络之间有着必然的联系和业务关系，特别是连锁企业营销网络与连锁企业物流信息网络，绝大部分是重叠和一致的，因为物流业务是紧密跟随营销网络活动并为其服务的，而物流活动是需要物流信息来支撑的。

>> 本模块参考

浏览网址

[1] 宝岛眼镜 http：//www. baodao. com. cn/

[2] 北京快的客 http：//www. bjkuaike. com/

[3] 真功夫餐饮管理有限公司 http：//www. zkungfu. com/cn

[4] 北京金象大药房 http：//jx. jxdyf. com/

[5] 食草堂文化饰品有限公司 http：//www. chouniu. com/

[6] 物联网时代 http：//www. wlwsd. Com/wulianwang/

>> 课后思考

1. 连锁经营企业的连锁网络是怎样的?
2. 思考你所在城市或地区某个连锁企业的门店分布和布局。
3. 连锁企业的物流信息网络有哪些优点?
4. 谈谈连锁经营门店分布和物流配送网络的关系。
5. 描述你在某网上商店购物的体验和体会。
6. 思考流通网络、营销网络、物流网络、信息网络间的联系与交叉问题。

>> 案例分析题

百安居信息化服务一条龙

上海百安居装饰工程有限公司（以下简称“百安居装潢”），系世界500强企业之一——翠丰集团下属百安居（中国）装饰工程企业。在创业之初，其借鉴英国总部在全球零售系统所建立的先进的信息化管理系统，重视搭建数据基础平台，积极开展信息化建设；在公司的高速发展过程中，经过不断更新和完善，逐步形成了一套符合国情和公司特点的企业管理信息系统，在信息化建设方面居于行业领先地位。

百安居装潢于2001年12月3日开始采用ERP—SAP R/3管理系统和CALYPSO（POS）系统来管理公司的整个业务，支持整个公司的采购、销售和财务。该项目的总投资额近200多万美元。百安居（中国）成为国内第一家采用SAP系统的零售企业。

通过实施SAP解决方案，全面理顺了公司的销售、服务和物流仓储（包括促销管理、自动补货、采购计划和配送管理、商品定价等），完全集成了物流模块与财务管理控制模块，实现了灵活的报表自动生成功能；企业的管理团队可以随时获得关于业务最新的、实时的和全面的信息，进而对业务过程实行更有效的内部控制，企业整体管理水平和市场竞争力得到进一步提升。

2010年8月，百安居装潢每天施工数达到2159户，全国各个分部与总部信息联网，所有的工程信息、材料购买、工程进度追踪、退货原因、供应商信息、产品价格、投诉处理等，均能够通过SAP系统及时反馈、汇总到总部，构成统一的数据平台，为企业的生产、经营、管理、决策提供充分、可靠的依据。

SCM 国美电器信息化

国美电器实施的“金力供应链系统 JLSCM”，从现代企业理念、物流体系和全方位服务的角度，完全解决了企业的决策、计划、管理、核算、经营、物流、服务、人事及电子商务等问题。

在整个供应链系统中，数据库系统选择了 Sybase 强大的企业智能型关系数据库产品 Adaptive Server Enterprise 12.5（ASE12.5）及复制服务器产品 Sybase Replication Server。

ASE 是一个深受用户欢迎的高性能企业智能型关系数据库，它具有一个开放的、可扩展的体系结构，易于使用的事务处理系统，以及低廉的维护成本。

该信息化方案的优势主要表现在，企业集团—分公司—经营门店的管理模式上，在经营手段、管理方式、物流体系、售后服务、电子商务，以及涉及资金、库存、促销、计划、考核、分析、往来、返利、物流、服务等各个方面。

经过实施应用，解决了集团本部、各地分公司、连锁公司、加盟店的经营管理问题，以及企业的决策、计划、管理、核算、经营、物流、服务、人事及电子商务等问题，为“集中控制、分散经营、统一核算、库存共用、统一配送、规范服务”，利用系统实现“资源优化、低成本扩张”的集团化管理模式奠定技术基础。

问题：

1. 连锁企业的信息化主要包括哪些内容？
2. 信息化服务为什么需要一条龙服务形式？
3. 请在网上查找《SCM 国美电器信息化》资料，谈谈你的感想。

模块三

信息系统关键技术与电子货币

>>学习目标

1. 了解条形码与 RFID 的知识
2. 了解 POS 的工作原理及使用方法
3. 理解 EDI 的工作原理与重要作用
4. 掌握 EOS 的使用方法
5. 整体掌握信息系统的关键技术
6. 了解电子货币技术的相关知识

【案例导读1】

日本三越百货公司

1904年创立的日本三越百货公司是日本最高档的大型百货商场，它以高档消费服务闻名于世界，是莅临日本的各国要人、富翁的购物之处，也是国际上著名的连锁百货集团之一。在经营方面，公司于1968年使用了计算机技术，并于1979年首次引进了POS系统，这在百货店的经营方面始终处于行业前列。2004年，三越百货在全国18个连锁店铺全面升级了POS系统，从根本上促进了经营手法的革新。

POS系统的生命周期大概是5～7年，每次的系统更新都是对目前的经营手法和管理方式的一个再修正过程，是对经营方式革新的重要契机。2004年升级的POS系统有这样一些特点：能让顾客感到好用；能让销售人员感到好用；容易运营管理；适合百货店卖场；成本低。

这些特点都是根据卖场里实际接待顾客的需要而设计的，并且尽可能地减少了不必要的系统操作步骤，使顾客的满意度达到较高水平。

在硬件方面，作为一个完整的POS系统，每个店铺的POS终端都连接着POS服务器。通过POS服务器对数据进行管理，提高了系统的效率。对于百货店这样的劳动集约性行业来说，对工作人员有很高的要求，如果把大部分的工作人员放到前台去接待顾客，后台办公室的人员自然会减少，所以，一个高性能的POS系统是使各店铺业务正常运作的必要要素。

【案例导读2】

日本麒麟啤酒公司

日本的麒麟啤酒公司（以下简称“麒麟公司”）从1980年就开始构建公司的EDI系统，使经营业务更加效率化。2003年，面对急剧变化的商业环境，麒麟公司的系统开发部对EDI系统进行了重新构建。新系统有这样几个特点：365天24小时不间断的安全运行；对于数据项目的追加和更改可以不影响以后业务的流程；构建时间短且构建成本低。

2003年11月，麒麟公司在众多的系统提案中选择了富士通公司的系统提案。富士通公司提供的系统使用了EDI软件包ACMS B 2 B，即服务方面使用了Linux服务器，在数据交换上选择了Oracle数据库。数据库的硬件使用了富士通开发的Power Gres PLus。

这样的系统配置实现了新系统的三个要求，在成本、系统性能、信赖性等方面都达到了标准，并实现了不间断无故障运行。

条形码与 RFID

信息技术是信息化的基础，信息化只有在高度发达的信息技术的支持下才能实现。同样，物流要想实现管理的信息化和现代化，必须依赖物流信息技术的高度发展。

物流信息技术不是一种独立的技术，它是现代信息技术在物流中的具体应用。为了节约篇幅，下面对部分信息技术不再做详细介绍。

一、条形码概述

1. 条形码的定义

条形码（Bar code）是将宽度不等的多个黑条和空白，按照一定的编码规则排列，用以表达一组信息的图形标识符。常见的条形码是由反射率相差很大的黑条（简称条）和白条（简称“空”）排成的平行线图案。条形码可以标出物品的生产国、制造厂家、商品名称、生产日期、图书分类号、邮件起止地点、类别、日期等许多信息，因而在商品流通、图书管理、邮政管理、银行系统等许多领域都得到了广泛的应用。

2. 条形码技术的优点和种类

（1）条形码技术的优点。条形码是迄今为止最经济、实用的一种自动识别技术。条形码技术具有以下几个方面的优点：

①输入速度快。与键盘输入相比，条形码输入的速度是键盘输入的 5 倍，并且能实现“即时数据输入”。

②可靠性高。键盘输入数据的出错率为三百分之一，利用光学字符识别技术的出错率为万分之一，而采用条形码技术的误码率低于百万分之一。

③采集信息量大。利用传统的一维条形码一次可采集几十位字符的信息，二维条形码更可以携带数千个字符的信息，并有一定的自动纠错能力。

④灵活实用。条形码标识既可以作为一种识别手段单独使用，也可以和有关识别

设备组成一个系统实现自动化识别，还可以和其他控制设备连接起来实现自动化管理。

另外，条形码标签易于制作，对设备和材料没有特殊要求，识别设备操作容易，不需要特殊培训，且设备也相对便宜。

一般来说，从国外进口的商品上的条形码都比较符合规范，可以直接使用。但国内商品上的条形码由于种种原因，不符合规范的条形码、重码等现象累有发生，由于印刷的原因或条码颜色搭配不当，使条码阅读器无法阅读的现象经常出现。因此，在使用条形码扫描销售商品前，必须对一种商品的条形码进行仔细的检查。最简便的方法就是，用条形码阅读器对每一种商品进行扫描，剔除重码或无法读出的条形码，并对该类商品重新贴上由用户自己制作的“店内码”。

在使用条形码管理的商场中，有两种做法：一种是无论商品上原来有无条形码，一律使用用户自己制作的“店内码”；另一种是充分利用商品上原有的条形码，对没有条形码的商品才标上用户自己制作的“店内码”。全部使用“店内码”的好处是，可以根据用户自己对管理商品的要求来编制“店内码”，从而达到管理的要求，还可以采用流水作业自动生成“店内码”，提高条形码制作的效率。

（2）条形码的分类。条形码按码制，可分为以下几种，见表 3－1。

表 3－1　　条形码的种类及说明

名　称	条形样样式	解　　说
EAN 码	9780198297796	1977 年，欧洲经济共同体各国按照 UPC 码的标准制定了欧洲物品编码 EAN 码，与 UPC 码兼容，而且两者具有相同的符号体系。EAN 码的字符编号结构与 UPC 码相同，也是长度固定的、连续型的数字式码制，其字符集是数字 0～9。它采用四种元素宽度，每个条或空是 1、2、3 或 4 倍单位元素宽度
39 码	*C－9*	39 码是第一个字母数字式码制，1974 年由 Intermec 公司推出。它是长度可变的离散型自校验字母数字式码制。其字符集为数字 0～9、26 个大写字母和 7 个特殊字符（－、。、Space、/、%、￥），共 43 个字符。每个字符由 9 个元素组成，其中有 5 个条（2 个宽条，3 个窄条）和 4 个空（1 个宽空，3 个窄空），是一种离散码

续

名　称	条形样样式	解　说
库德巴码	0404987167026147	库德巴码（Code Bar）出现于1972年，是一种长度可变的连续型自校验数字式码制。其字符集为数字0～9和6个特殊字符（－、:、/、。、＋、¥），共16个字符。常用于仓库、血库和航空快递包裹中
128码	COMPUTER	128码出现于1981年，是一种长度可变的连续型自校验数字式码制。它采用4种元素宽度，每个字符有3个条和3个空，共11个单元元素宽度，又称（11，3）码。它有106个不同条形码字符，每个条形码字符有3种含义不同的字符集，分别为A、B、C。它使用这3个交替的字符集，可将128个ASCII码编码，常用在物流中
93码	CODE93	93码是一种长度可变的连续型字母数字式码制。其字符集为数字0～9、26个大写字母、7个特殊字符（－、。、Space、/、＋、%、¥）及4个控制字符。每个字符有3个条和3个空，共9个元素宽度

【开拓视野】

QR条形码

QR条形码，是1994年由日本Denso公司的开发部门开发的，是矩阵型二元条形码。它用白和黑的格子书的图形表示信息。QR是英文Quick Response的缩写，意为高速读出，广泛应用于日本。

QR条形码在开发当初，是使用在汽车零部件生产的现场，后来广泛用于管理各种各样的商品。同时，在日本销售的手机上，都装配了QR条形码的读码器，并在手机上显示QR条形码的信息，方便使用者快速地了解商品的具体信息。

二、RFID概述

RFID是Radio Frequency Identification的缩写，即射频识别，常称为感应式电子晶片或近接卡、感应卡、非接触卡、电子标签、电子条码等。

一套完整的 RFID 系统由阅读器（Reader）与应答器（Transponder）两部分组成，其工作原理为由阅读器发射某特定频率之无限电波能量给应答器，用以驱动应答器电路将内部的 ID Code 送出，此时阅读器便接收此 ID Code。应答器的特殊在于免用电池、免接触、免刷卡，不怕脏污，且晶片密码为世界上唯一无法复制的密码，安全性高、寿命长。

RFID 是一种非接触式的自动识别技术，主要通过射频信号自动识别目标对象并获取相关数据，识别工作无须人工干预，所以可用于各种恶劣环境。

1. RFID 产品的基本组成

（1）标签。由耦合元件及芯片组成，每个标签具有唯一的电子编码，附着在物体上标识目标对象。这跟条形码的原理一样，只不过标签更智能，如用在动物跟踪识别领域的耳标标签。

（2）阅读器。它是读取（有时还可以写入）标签信息的设备，可设计为手持式或固定式读写设备。

（3）天线。在标签和阅读器间传递射频信号。

2. RFID 的工作原理

RFID 跟条形码识别系统类似，当附着标签的目标对象进入磁场后，阅读器发出的射频信号凭借感应电流将所获得的能量发送出并存储在芯片中，或主动发送某一频率的信号；然后解读器读取信息并解码，再送至中央信息系统进行数据处理，详见图 3－1。

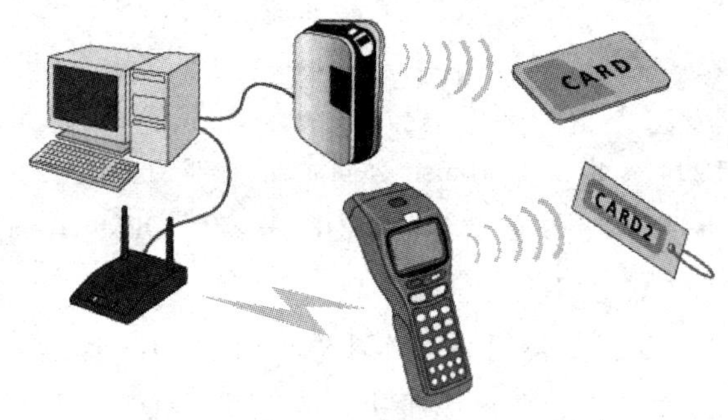

图 3－1　RFID 系统的工作原理示意图

3. RFID 与条形码系统的区别

射频技术与条形码是两种不同的技术，有不同的适用范围，但目的都是快速准确地确认追踪目标物体，有时会有重叠。两者的最大区别有以下几点。

（1）条形码是“可视技术”，扫描仪在人的指导下工作，只能接收它视野范围内的条形码。而射频识别不要求看见目标，只要在接收器的作用范围内就可以被读取。

(2) 条形码只能识别生产者和产品，并不能辨认具体的商品，贴在所有同一种产品包装上的条形码都一样，无法辨认哪些产品先过期。而射频标签的芯片内存有该产品的详细信息：产品的名称、产地、材料、批次、生产日期，以及产品有效等信息。

(3) 条形码成本较低，有完善的标准体系，已在全球广为应用；而射频技术只被局限在有限的市场份额之内。

除此之外，RFID 的优势还表现在以下方面。

- 能够轻易嵌入或附着在不同形状、类型的产品上，应用面广。
- 可以工作在恶劣的环境中，适应性较强。
- 可以透过外部材料读取数据，读取距离远，而且不需要光源支持。
- 在写入及存取数据时，比打印条形码所花的时间更少。
- 能够同时处理多个标签，并可对 RFID 标签所附着的目标对象进行追踪定位。
- 标签的数据存取具有密码保护，更具安全性。

RFID 与条形码的比较见表 3－2。

表 3－2　RFID 和条形码的比较

	RFID	条形码		RFID	条形码
非接触认证	○	○	多数同时认证	○	×
抗污染性	○	×	改写性	○	×
信息量	8Kbyte	2Kbyte	导入价格	比较高	低

4. RFID 系统的适用环境

RFID 可以降低生产成本，提高零售效率。在需要对物品进行跟踪或分类管理的任何场合，RFID 都有用武之地，随着技术的不断完善，它被认为将最终取代目前的条形码识别技术。

目前，RFID 技术的应用范围有：动物晶片、门禁控制、航空包裹识别、文档追踪管理、包裹追踪识别、畜牧业、后勤管理、移动商务、产品防伪、运动计时、票证管理、汽车晶片防盗器、停车场管制、生产线自动化、物料管理等。

具体来说，在零售业中 RFID 技术的运用，使得数以万计的商品种类、价格、产地、批次、货架、库存、销售等环节被管理得井然有序；采用车辆自动射频识别技术，使得路桥、停车场等收费场所避免了车辆排队通关的现象，减少了时间浪费，从而极大地提高了交通运输效率及交通运输设施的通行能力；在自动化的生产流水线上，RFID 技术使整个产品的生产流程均被置于严密的监控和管理之下；在粉尘、污染、寒冷、炎热等恶劣环境中，远距离射频识别技术的运用，改善了卡车司机必须下车办理手续的不便；

在公交车的运行管理中，RFID 技术准确地记录着车辆在沿线各站点的到发站时刻，为车辆调度及全程运行管理提供实时可靠的信息。

三、RFID 实际应用的概况

20 世纪 90 年代后期，RFID 技术在物联网、安保领域开始广泛使用，北京 2008 年奥运会的 1000 多万张门票里，每一张门票都内置着一枚 RFID 电子芯片，可以有效识别持票人的信息。而之前的中国第Ⅱ代身份证项目——这个世界上最大的 RFID 应用项目，更是把 RFID 带入了我国人民的生活。

1. 我国 RFID 产业的发展现状

在我国，虽然对于移动 RFID 期望值很高，但事实上整体 RFID 产业还处于一种“含而不露”的状态，移动 RFID 更是距离市场大规模普及的水平相差很远。

目前，虽然 RFID 政策、标准、产业链格局与竞争态势、用户需求等极其复杂，但随着产业链的基本成熟，各环节产品基本稳定的情况下，移动 RFID 进行规模发展进入最佳的时机，这个时期参与的企业，既避免了标准制定早期的进展缓慢、长期投入，又可赶上标准出台的高峰期，可将企业自身优势注入行业标准中，树立行业领先者地位，构筑比较高的进入门槛。

2. 手机与 RFID 的整合应用

在过去，RFID 大多应用在闭环的产业链中，随着智能卡应用的不断扩展，RFID 开始走向开放式应用，国外移动运营商已开始尝试手机与 RFID 的整合应用，将 RFID 整合为通信、身份识别、电子支付“三合一”技术，当移动运营商把持信息的控制权后，便可以开展资产托管等多种增值业务。目前，国外运营商已经开始着手摸索适合自身定位的 RFID 业务模式，届时，手机将会成为人们生活中的万能钥匙，在支付、娱乐、识别、证件等功能领域发挥巨大的作用。

RFID 应用有一个原则：个性化越强，越需要 RFID。而手机这种个性化的物品更与 RFID 密不可分，手机势必会成为用户数码生活中必不可少的一部分。装有 RFID 芯片的手机可拥有更多的个人功能，如可以成为工作证、电视遥控器、门匙、信用卡等。RFID 手机在日本得到了广泛发展，基本上所有新款手机都嵌有 RFID 芯片，除去常用的电子钱包、电子票证和信用卡等用途外，还开发出很多实用服务，如三菱公司在 2007 年在日本高新技术博览会上就推出了用于东日本铁路的交通旅行信息传送的服务，乘客通过手机可及时得到列车的经过站点、到达和停留时间、站点经过列车等信息，每条信息又通过超级链接方式，使乘客获得更详细的信息。

3. 制约 RFID 发展的“瓶颈”

标准、成本、缺乏应用成为制约 RFID 发展的“瓶颈”。其中，最重要的就是标准之争，目前 RFID 主要存在两个技术标准阵营，一个是总部设在美国麻省理工学院的 Auto - ID Center，另一个是日本的 Ubiqu ITous ID Center（UID）。两大标准组织互不兼容。另外，单件成本偏高和缺乏大规模应用也制约着 RFID 的发展。

RFID 整体产业蓄势待发，移动 RFID 在面临机遇的同时，也面临着挑战。以作为移动 RFID 杀手级的应用——移动支付来说，就面临着安全等诸多方面的难题：现有的移动支付需要第三方认证来保证其整个环节的安全，但非接触 RFID 应用以射频信号为载体，这就需要完善其保密方案来确保交易的安全，但 RFID 在成本和安全方面难以两全，因此需要在安全和价格之间进行取舍。

【开拓视野】

中国射频识别 RFID 技术政策白皮书

2006 年 6 月 9 日，中国政府 15 个部委联合发表了《中国射频识别 RFID 技术政策白皮书》。据科技部高技术司负责人介绍，众多部委联合制定并发表技术政策，在中国技术发展史上是第一次，其重要性非同一般。

中国在《中国射频识别 RFID 技术政策白皮书》中宣布，RFID 技术的实施可分阶段进行。

第一阶段为培育期（2006 ~ 2008 年）：跟踪国际最新共性技术的研发，结合重点行业应用，研发具有自主知识产权的 RFID 技术，按照国家 RFID 标准体系框架，制定相应技术标准与应用标准，开展应用示范工程。

第二阶段为成长期（2007 ~ 2012 年）：突破应用与产业化关键技术，加快相关技术标准及行业应用标准制定，基本形成中国 RFID 标准体系，拓展应用领域。

第三阶段为成熟期：形成国际同期先进水平的技术体系，实现 RFID 技术的广泛应用及与其他技术的融合。

中国 RFID 技术发展与应用已被列入《国家中长期科学和技术发展规划纲要》。国家项目注重共性基础及前瞻性技术研究，优先发展产业化关键技术和应用关键技术，建立 RFID 标准体系，推进重点行业应用。中国发展 RFID 产业的总体思路是：企业为主，政府推动，构建产业联盟，形成掌握自主知识产权技术的 RFID 产业链；通过产业基地建设，发挥群体优势，打造具有国际竞争力的民族品牌；开展国际交流与合作，提高中国 RFID 产业整体水平。

【阅读案例】

沃尔玛 RFID 试点店应用研究报告

由沃尔玛委托阿肯色大学独立进行的一项研究，这项为期 29 个星期的研究分析了沃尔玛的 12 个 RFID 试点商店和 12 个不采用 RFID 的商店在商品脱销方面的情况，包括沃尔玛所有运营模式——特大购物中心、减价商店和邻里商场。

研究发现，由于沃尔玛的一些商场采用了以 RFID 技术支持的电子产品代码（Electronic Product Code，EPC），与没有采用这种技术的普通商场相比，商品的脱销率降低了 16%。研究还表明，相同的货物脱销，有 EPC 的货物补充的速度比用条形码的快 3 倍。同样重要的是，沃尔玛人工订货减少了，从而使库存量降低了。

为了确定研究的基线及测定 RFID 的影响，在整个研究期间，研究人员每天在这 24 个商场扫描缺货的商品。

沃尔玛从最初启动 RFID 项目以来，就一直与厂商联系，希望一旦可购到 Gen2 标准的 EPC 标签，就过渡到 Gen2。Gen2 是一个真正的全球标准，世界各地都适用，它将使技术成本降低更快，加速推广过程。

POS 系统

一、POS 系统概述

1. POS 系统的概念

一般来说，POS 是 Point Of Sale 的简称，是能自动读取商品销售时刻发生的当前数据的收款系统。广义上说，它除了销售时刻读取数据以外，还是以商品为单位进行对其采购和库存等数据一元管理的信息系统。

POS 系统是由一个 POS 服务器对多数的 POS 终端收款机进行一元管理的。在连锁店铺销售新商品时，首先要读取新商品上标注的条形码信息，以商品为单位进行管理。这些数据通过互联网发送到 POS 服务器终端，以单一商品为单位，对其进货量、销售额、库存量等数据进行收集，以利于各店铺的管理和运营。

2. POS 系统的组成

（1）POS 系统的硬件组成。主要包括：PC－BASE386 或 486DX/33 以上主机；640KB 十 1MB 内存（可扩充）；80MB 以上的硬盘；9 英寸黑白显示器，支持 VGA；专业的打印机，有双联加平推打印机或单联打印机；多插槽主板，可插网卡及各种专业卡；有标准的键盘口、串口、并口；专业键盘，兼容标准键盘；银箱；顾客显示屏；多档位，安全可靠的钥匙锁；磁卡阅读器（可阅读两轨或三轨）；软盘驱动器；选配件，包括网卡、扩充内存、各种键盘。

POS 系统的硬件除了能完成 PC 机功能以外，主要是和相应的应用软件相配合完成其收款操作等功能。

（2）POS 收款机的外部设备。由于 POS 收款机是基于 PC—BASE 的，它应包含所有的计算机标准接口，所以可以和许多设备相连。

①条码设备。条码由一些有规律的黑白线条组成。条码阅读器将这些线条读入，并按约定的协议解码。在商场中，常用的条码阅续器有两类：激光或 CCD 型手持条码阅读器（采用 RS232 接口或键盘接口）和激光卧式条码阅读器。

②电子秤和条码电子秤。对于一些零售的商品，可使用电子秤称重量，并将重量数据传到收款机，通过收款机计算出该商品价格后，完成收款操作。

③磁卡及磁卡阅读器。它是由内部发行的，在磁卡上记录简单的不变信息，使用时实时查询。磁卡阅读器可读两轨或三轨的数据。

④IC 卡及 IC 卡阅读器。可以记录几十千兆的信息，并且可以实时修改信息；IC 卡阅读器可以读入此卡上的信息，并将新的信息写到 IC 卡上，或利用 IC 卡上存储的运算式进行运算。

⑤与银行联网的授权机。通过读入由银行发行的各种信用卡的卡号，实时查询银行系统，以得到银行的授权。

⑥内置通讯卡或外置 MODEM。通过通讯网卡或连接 MODEM，达到与远程通讯、传送数据的目的。

（3）店铺前台收银系统。前台收银系统是商场商品零售过程中不可缺少的部分，因为后台的销售数据统计、销售数据分析、商场销售利润的实现等都依赖于前台系统的正常运行和操作。前台收银系统也是商场后台管理功能的基础和商场管理人员进行调度、决策的依据。

（4）商业后台管理系统。商业后台管理系统可有效地对商品流通的各个环节及与之相关的各个部门进行全面、系统的管理，商场运作中产生的各种动态数据均可在后台管理系统中得到实时地反映，从而使商场领导能够随时掌握商场的实际运作情况，为正

确决策提供各种量化依据

3. POS 系统的主要特征

以 POS 系统为基础的经营信息系统，不仅提高了收款的效率，而且在以下方面取得了很好的效果。

（1）在店铺业务的管理上，也促进了基于以时间段销售额决定新商品加工指令和操作时间表的制作、人员的工作时间管理、顾客信息的储存和加工及通过销售单的广告宣传等。

（2）在商品的管理上，了解商品销售额数据，可以实现对滞销商品的在库量削减，并控制热销商品的适当采购。

（3）在连锁店本部，可以实现对各店铺商品的进货量、销售额和库存信息的一元化管理，提高连锁店操作中心业务的效率，并实现对各店铺不同顾客提供服务。

（4）采购人员利用查询和报表，更直接、有效地获得商品情况，了解到商品是否畅销和滞销。

（5）销售人员根据商品的销售情况进行分析，以进行下一次的销售计划。

（6）财务人员能更加清楚地了解库存情况、货款余额、毛利贡献等财务数据，通过更好地控制成本和费用，提高资金周转率。

（7）管理者把握住商品的进、销、存动态，对企业各种资源的流转进行更好的控制和发展。

4. POS 系统的基本操作

为最大限度地满足商业的需要，POS 系统增加了许多功能，这些功能操作简单、明了，使用安全可靠，易学易懂。

（1）基本控制操作。能进行退格、上下箭头移动光标、输入确认、数量乘空格等操作。

（2）快速键输入。可以将使用率高的商品定义在键盘上，也可以将类码定义在键盘上。

（3）功能操作。主要包括：

- 交易、培训、退货、在线价格查询等操作；
- 开启系统、暂退系统和退出系统；
- 更正输入，用上下箭头定位修改记录；
- 在线操作的取消；
- 重复商品输入、数量乘商品输入、增加商品输入；
- 销售可以按商品编码、自编条码、原条码以及商品类码进行；

- 打印可以进行中西文切换，支持重复打印和与平推打印有关的操作；
- 支持多种销售模式的切换；
- 销售信息的合计和小计操作；
- 可增加服务费，也可取消服务费；
- 存备用金和支取银箱有效票证；
- 折扣输入分折扣率和折扣额，且可以多次进行；
- 支持挂账和唤醒挂账；
- 满足特殊功能需求，增加开放性。

5. POS 系统的功能

POS 机结账基本功能均能适应现金、支票、信用卡、购物券、会员卡、签单等方式。除此之外，还有以下诸多功能。

(1) 机盘点。POS 收款机可以实现盘点的功能，在停业盘点时可以利用条码阅读器读入商品信息，然后输入商品数量，收款机将这些数据传到后台进行盘点统计。

(2) 到货确认。当商品入店时，POS 收款机可以实现到货输入的功能，可以利用条码阅读器读入商品信息，然后输入商品数量，收款机将这些数据传到后台进行到货处理。

(3) 验货。POS 收款机可以实现验货的功能，可以输入商品编码找到商品，显示商品的基本信息，此时可以输入商品条码，修改商品价格。

(4) 商品信息库。商品信息库是 POS 收款机最重要的数据库，是收款机管理销售的基础，而且与 POS 前台软件直接相关。它的设计一定要合理，可扩充性要强。它包含商品编码、类码、品名、自编条码、原条码、售价及其他辅助信息。

(5) 商品类码库。商品类码库是生成商品信息库的关键，是商品进行分类管理所不可缺少的。另外，POS 前台程序还支持商品按类码销售，所以应包含商品分类码和类码描述。

(6) 操作信息记录库。收款员进入系统后所做的任何操作都会记录在数据库中，当发现收款过程有问题时，可以通过查阅该库了解操作过程，这需要记录收款员的编码及所做的操作。

(7) 内存数据记录库。该库的建立使得 POS 机的安全性得到了保障，并使操作保持连贯性。该库在每笔交易结束后保存在磁盘上，每次开机首先读取该库，这样能保证关机数据不丢失。

(8) 人员库。收款员登录及密码的查询都来自该库，它包括操作人员信息，如人员编码、姓名口令等。

（9）销售库。销售库记录收款机所做的每一笔交易，它是进行商品单品销售管理的最重要的数据库，所有与收款有关的数据均可在本库中得到，包括收款日期、时间、收款机号、收银员编码、商品编码、商品类码、商品数量、商品销售价格、商品变更价格、商品销售金额数、付款方式、商品折扣位、商品销售折扣率预置，以及其他与统计相关的标志位。

（10）交易流水号库。每次交易时，交易号累加并记录到该库中。每次开机则要到该库取出新的交易号。

6. POS 数据的活用

在连锁店形式的零售业数据分析中，顾客的购物分析是一种最为行之有效的方法，其目的是在顾客的购买交易中分析出能够同时购买一类产品或一组产品的可能性。POS 系统记录的顾客购物信息，使经营者经过分析后可以更准确地抓住商机，减少损失，通过销售管理、畅销商品计划、店面陈列管理、促销管理和订单采购管理五个方面，达到提高店铺销售额、提高商品在库回转率和确保销售收益的目的，见图 3－2。

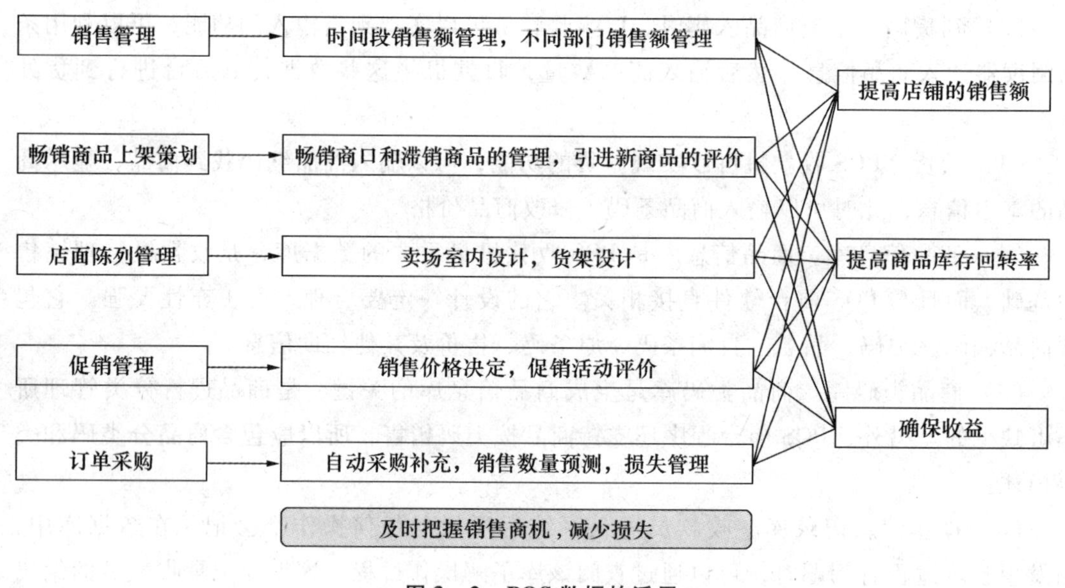

图 3－2　POS 数据的活用

【开拓视野】

POS 系统的灵活应用

在连锁店铺的经营中，引进 POS 系统的同时，对于操作人员的培训也花费了很多的时间与金钱。对于那些人员变动很多的店铺，操作简单易于掌握的 POS 系统就是非常必须的。其中，一部分 POS 系统的操作是通过触摸屏幕的，这增加了系统本身的可操作性。比如，日本的便利店 7－11、日本的麦当劳店铺就使用触摸屏幕的 POS 系统，缩短了操作人员的培训时间，同时使每个顾客的交钱时间大大缩短。有的 POS 系统带有自动找零功能，可以降低操作人员找零时的错误，日本的大荣超市使用的就是自动找零的 POS 系统。

二、零售商 POS 硬件采购要点

面对激烈的市场竞争，通过商店自动化来提升运营效率和管理水平是信息化社会零售企业的必由之路。通常，选择适合的 POS 软件系统是采用或升级商店前端系统的首要步骤。而一旦完成了软件选购，零售商就应该考虑采购硬件。零售商在选择最佳的 POS 硬件方案时应着重考虑以下五大要素。

1. 强大的投资保护功能

POS 主机要能够提供强大的投资保护。它应该在基于广泛认可的标准之上，使用“开放性”技术，以确保零售商在较大的范围内选择外设设备和软件供应商。此外，它还应该具备可扩展性，能够使零售商轻而易举地扩展终端内存和数据存储容量，从而确保 POS 系统满足业务快速发展的需求。

2. 注重总体拥有成本

POS 的整体拥有成本和购置成本同等重要。POS 主机需要经过严格的设计和测试，满足各种苛刻零售环境的要求，以降低成本。如果零售商在几年之内还会安装新的 POS 系统，则应考虑系统供应商的“平台稳定性”——如果供应商每几个月就改变一次内部组件（通常和 PC 一起），零售商就会遭遇同时维护多种不同系统的尴尬。因此，零售商一定要确保 POS 系统在寿命期内能够获得维护所需的备件和服务。

3. 高水平的零售集成度

POS 主机要为零售系统外设设备提供足够的接口，包括银箱、发票打印机、用户显示器、信用卡/借记卡度卡器等，并为这些外设产品提供电力供应，而无需其他外部变压器和单独的电源连接。POS 硬件还要经过多种配置环境下的测试，能够与各种不同外设设备以及软件结合使用，以确保系统内所有的组件能够在一起协调运转。

4. 合理的占地面积

除了功能方面的要素，零售商还应考虑 POS 主机能否被轻松地安装在现有的柜台区域，并帮助商店尽可能地扩大销售机会，以及 POS 主机是否充分利用了空间并且不会使外设设备的选择和扩展受到限制。此外，电缆的放置要整洁，让消费者赏心悦目。

5. 兼顾商店前端系统的其他硬件设备

除了考虑 POS 终端本身的性能和特性之外，零售商还应该兼顾商店前端系统的其他硬件设施。

条形码扫描仪能够高效、准确地收集消费者购买产品的详细信息，帮助零售商进行库存管理、销售规划以及营销决策。高质量的扫描仪具有强大的记录功能，能在首次读取条码后记录该条码，从而加快结账速度，同时协助收银员轻松完成结账工作。

对于柜台另一端的消费者，大多数的 POS 主机可以提供客户显示器的选件——从只显示一两行数据的显示器到能显示彩色图像的全彩色显示器。全彩色的显示器可以使消费者在查看自己交易信息的同时，了解更多有关商店、销售规划以及特价促销的信息。

电子支付设备能使零售商从容高效地处理包括信用卡/借记卡等交易在内的电子付款。其中，有专门用来读取磁条卡和智能卡并获取持卡人个人信息（如密码）的终端，也有结合读卡器的签名读取器，提供了输入密码的另外一种方式，也包括客户键入其他信息（如消费者调查）和播放图像广告的显示器。

三、零售商选择 POS 软件的要点

随着零售业信息化步伐的不断加快，国内零售业普遍应用 POS 系统势在必行，而 POS 软件是零售商配备 POS 系统的首要环节。

零售商选购适合的 POS 软件可以分为以下几个步骤。

首先，在与可能的软件供应商签订合同之前，先写下零售店基本的业务要求。例如，需要记录哪些类型的交易，是否允许员工在 POS 上修改商品的价格等。换言之，要以本零售店所希望的方式进行交易，需要哪些程序。

其次，向价值取向明确的消费者进行销售时，零售商需要了解什么在变化，什么没有变化。这些是 POS 应用在信息方面起到的作用。零售商需要了解卖出了哪些商品，以什么价格卖出的，并且要尽可能以 100% 的准确度来获取这些信息。管理者可能还需要将这些信息发给其他员工，以便他们利用这些信息做出决策。从这点上说，POS 应用软件是为销售分析、销售规划和库存管理提供信息的应用软件。

除此之外，还要考虑系统的集成性。零售店需要集成许多不同的应用软件，并让它们一起工作。零售商应该选择能够提供集成解决方案的软件——能集成从 POS 软件到商店各种后台应用软件，如销售分析、销售规划或者库存管理，以及其他更加普通的业

务应用软件，如付款和普通分类账等。要确保每一个应用或模块都经过测试并且能相互配合。

提供软件的公司大都会提供所有基本的软件。并且从系统的角度来看，各种特殊类型的零售商的许多要求在本质上可能是相同的。尽管如此，一些软件供应商显然具备这些专门行业的专业知识。

作为 POS 系统硬件和软件的供应商，应该为客户进行成本核算，应该提出问题，收集商店运营的信息，从而记述和量化系统的特性、优势和投资回报率。

【开拓视野】

3G 时代的无线条码扫描器

3G 时代，手机数据传输业务的速度比现有网络提升了几十倍，这无疑给信息时代的消费模式带来了颠覆性冲击。3G 手机除了进行高质量通话外，还能成为快速上网、移动定位、可视电话、视频互动游戏、手机钱包、电子购物、家庭监控等应用的主要阵地。随着 3G 时代的来临，信息化已经由传统信息化进入移动信息化时期。

有关专家指出，3G 技术将通过信息交换网络渗透到社会各个领域，因此无线条码扫描器将会面临新一轮的机遇和挑战。传统的无线条码扫描器可以对条码进行无线扫描，解决了有线条码扫描器线缆长度受限的弊端。但是其扫描的数据不能在无线条码扫描器上反映出来，无法实现数据核对，这就使其在企业管理应用过程中不可避免地出现一些问题，比如有些数据没有被扫入 POS 机，有些数据扫描了多次，有些数据扫描错误等，就不能即时地更正信息。如果为了保证信息准确，扫一次信息就跑到前台的 POS 机上核对一次，势必会造成效率低下。此外，传统的无线条码扫描器价格偏高，许多企业难以负担。

3G 时代的无线条码扫描器同时避免了使用不方便以及价格昂贵的问题，既提高了企业管理的效率，又最大限度地降低了企业的成本。比如，夏浪科技生产的无线条码扫描器，可以利用 3G 技术将条码扫描到大部分智能手机，如 windows mobile 手机、诺基本 symbian 手机、PDA 等，将整个作业处理直接在手机里完成；也可以通过 GRPS 直接将数据即时传输到销售前台 POS 机的管理系统中，实现实时数据传输和信息汇总。

3G 时代的无线条码扫描器使得企业员工只要持有一部智能手机，就可以准确、迅速地了解到产品的销售信息、陈列信息等，并能将这些情况实时传送到总部，实现实时盘点和信息汇总，为企业顺应瞬息万变的市场提供有力的武器。

【阅读案例】

7－11的POS系统

7－11公司通过POS系统，记录各种顾客层的喜好与消费习惯，24小时满足所有消费者的需求。

从早餐的小笼包、豆浆，午、晚餐的御便当，晚上的宵夜，许多上班族都选择买7－11的食物饱餐一顿。7－11是如何能在一年之内抓住外食人口的市场，创造便利超商的饮食奇迹？7－11门店的POS正是创造这一波饮食新风潮的幕后功臣。

1. 用POS系统开发新产品

当你购买产品离开店铺时，你可能不知道门市店员正在注意你的性别、年龄，连同你购买的商品，并将它们输入POS系统的数据库内。消费者依性别及年龄分成：12岁以下的小男（女）、13～18岁的中男（女）、19～35岁的青男（女）、36～55岁的壮男（女），以及56岁以上的老男（女）。

门市回传商品销售数据之后，会与产品开发时的定位做比对分析，由此判断商品销售的预测是否符合实际销售状况。这些POS系统长期累积下来的数据资料，更可以作为新产品开发的依据。鲜食部指出，POS系统分析产品主要包括4个方面：整体商品结构分析；产品客层；销售时段；销售数字。由这4个方面分析出应该开发哪些新产品，让整体商品结构更具竞争力、满足更多的客层、满足更多的销售时段，以及最后开创更漂亮的销售数字。

每天，产品线负责人到公司的第一件事，就是看POS系统所整理出的前一天的销售数字。这种快速反应销售数字的系统，让这些产品负责人对销售状况做出立即反应。

2. 24小时满足所有客层

鲜食部遇到的挑战，是在24小时的所有时段满足所有客层为最终目标，来开发新产品。POS系统提供了许多观察的指标。以大卖的便当系列产品为例，鲜食部研究POS系统的数据后发现，来客率最高的时间是早上7:00～9:00，以及傍晚5:00～7:00。这个结果与日本7－11门市来客时段集中于中餐与晚餐很不一样。于是，统一超市食部开始思考，7－11门市该如何去满足中餐与晚餐时段的需求。

EDI 和 EOS 技术

一、EDI 技术

1. EDI 的概念

EDI 是英文 Electronic Data Interchange 的缩写，中文可译为“电子数据互换”。它是一种在公司之间传输订单、发票等作业文件的电子化手段。它是 20 世纪 80 年代发展起来的一种新颖的电子化贸易工具，是计算机、通信和现代管理技术相结合的产物。它通过计算机通信网络将贸易、运输、保险、银行和海关等行业信息，用一种国际公认的标准格式，实现各有关部门或公司与企业之间的数据交换与处理，并完成以贸易为中心的全部过程。国际标准化组织（ISO）将 EDI 描述成“将贸易（商业）或行政事务处理按照一个公认的标准变成结构化的事务处理或信息数据格式，从计算机到计算机的电子传输”。由于 EDI 可以减少甚至消除贸易过程中的纸面文件，因此又被人们称为“无纸化文件传递”。

2. EDI 系统的特点

EDI 系统具有下述四个主要特点。

（1）EDI 的用电子方法传递信息和处理数据的。

（2）EDI 是采用统一标准编制数据信息的。

（3）EDI 是计算机应用程序之间的连接。

（4）EDI 系统采用加密防伪手段。

3. EDI 系统的构成要素和标准体系

EDI 系统的构成要素有三个，分别是：EDI 软件和硬件、通信网络、数据标准化。企业要实现 EDI，首先必须有一套计算机数据处理系统；其次，为使本企业内部数据比较容易地转换为 EDI 标准格式，须采用 EDI 标准；另外，通信环境的优劣也是关系到 EDI 成败的重要因素之一。

EDI 标准是整个 EDI 最关键的部分，由于 EDI 是以商定的报文格式进行数据传输和信息交换，所以制定统一的 EDI 标准至关重要。EDI 标准主要分为基础标准、代码标准、报文标准、但正标准、管理标准、应用标准、通信标准、安全保密标准等几个方面。

EDI 是目前为止最为成熟和使用范围最广泛的电子商务应用系统。其根本特征在于标准的国际化，标准化是实现 EDI 的关键环节。早期的 EDI 标准，只是由贸易双方自行约定，随着使用范围的扩大，出现了行业标准和国家标准，最后形成了统一的国际标准。国际标准的出现，大大地促进了 EDI 的发展。可见，EDI 的各项标准是使 EDI 技术得以广泛应用的重要技术支撑，EDI 的标准化工作是 EDI 发展进程中不可缺少的一项基础性工作。

EDI 标准体系是在 EDI 应用领域范围内具有内在联系的标准组成的科学有机整体，它由若干个分体系构成，各分体系之间又存在着相互制约、相互作用、相互依赖和相互补充的内在联系。我国根据国际标准体系和 EDI 应用的实际以及未来一段时期的发展情况，制订了 EDI 标准体系。

4. EDI 的作业流程

各企业的信息系统都有其固有的形式，这种形式的数据通过编译器（translator）被转换成标准格式的数据后进行转换。同时，数据的接收方收到的数据文件是标准格式的文件，同样需要通过编译器，转换成本公司的固有格式的文件后阅读。

二、EOS 技术

1. EOS 的概念

EOS 是英文 Electronic Ordering System 的缩写，中文译为电子订货系统。它是指将批发、零售场所发生的订货数据输入计算机，通过计算机通信网络方式将资料传送至总公司、批发商、商品供货商或制造商处。

2. EOS 系统的特点

（1）商业企业内部计算机网络应用功能完善，能及时产生订货信息。

（2）POS 与 EOS 高度结合，产生高质量的信息。

（3）满足零售商和供应商之间的信息传递，信息传递及时、准确。

（4）通过网络传输信息订货。

2. EOS 系统的组成结构

电子订货系统采用电子手段完成供应链上从零售商到供应商的产品交易过程，因此，一个 EOS 系统的组成结构中必须有以下几方面。

（1）供应商——商品的制造者或供应者（生产商、批发商）。

（2）零售商——商品的销售者或需求者。

（3）网络——用于传输订货信息（订单、发货单、收货单、发票等）。

（4）计算机系统——用于产生和处理订货信息。

4. EOS 系统的业务流程

EOS 系统并非是单个的零售店与单个的批发商组成的系统，而是许多零售店和许多批发商组成的大系统的整体动作方式。EOS 系统的业务过程见图 3－3。

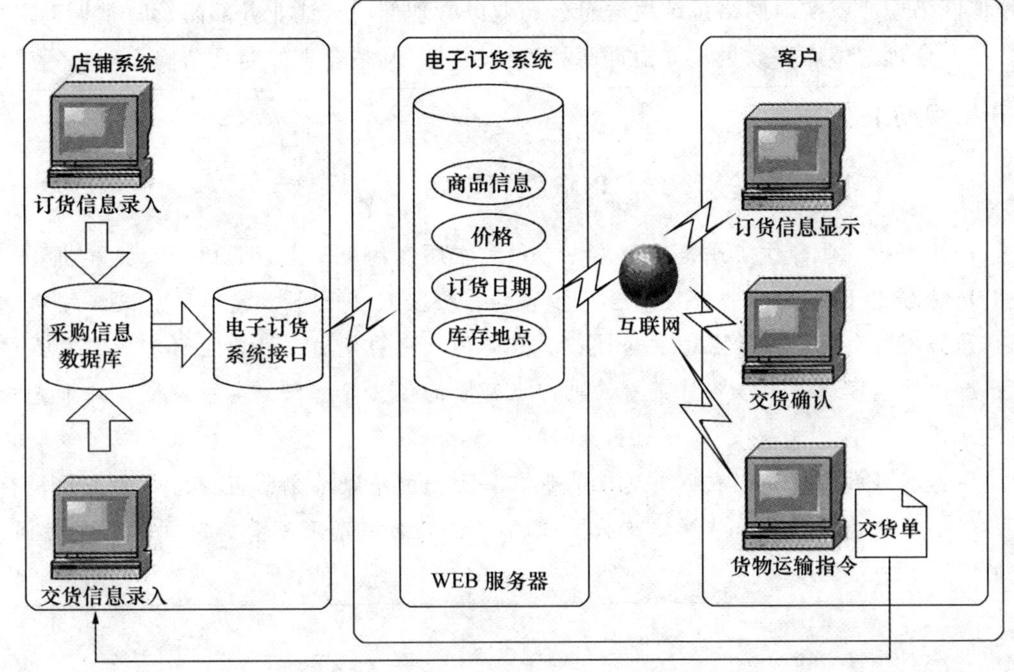

图 3－3　EOS 系统的工作原理

（1）各批发、零售市场或社会网点根据自己的销售情况，确定所需货物的品种、数量，按照同体系市场，根据实际网络情况，补货需求通过增值网络中心或通过实时网络系统发送给总公司业务部门；不同体系商场或社会网点通过商业网络中心发出 EOS 订货需求。

（2）商业增值网络中心将收到的补货、订货需求资料发送至总公司业务管理部门。

（3）业务管理部门对收到的数据汇总处理后，通过商业增值网络中心向不同体系的商场或社会网点发送批发订单确认。

（4）不同体系的商场或社会网点从商业增值网络中心接收到批发订单确认信息。

（5）业务管理部门根据库存情况，通过商业增值网络或实时网络系统向仓储中心发出配送通知。

（6）仓储中心根据接收到的配送通知安排商品配送，并将配送通知通过商业增值网络传送到客户。

（7）不同体系的商场或社会网点从商业增值网络中心接收到仓储中心对批发订单配送通知。

（8）各批发、零售商场、仓储中心根据实际网络情况，将每天进出货物的情况通过增值网络中心或实时网络系统报送总公司业务管理部门，让业务部门及时掌握商品库存数量，合理调整库存数量；并根据商品流转情况，调整合理的商品结构。

【开拓视野】

POS 在餐饮店

在日本的一些餐饮店或是居酒屋，有一种在顾客的座子上设置的点菜终端机。这是 POS 系统和 EOS 系统的一种结合。顾客只需要坐在座子上，就可用点菜终端机选择自己需要的食品，然后点击发送按钮。点餐的信息会发送到设置在厨房的点菜系统中，厨师按顾客的需要准备好菜肴，再按点菜时的餐桌号信息，由服务员准确地把食物送到顾客手中。

顾客用餐后只需要把服务员送来的带有条形码的结账单递给柜台，或者告知柜台自己的餐桌号就可以轻松结账。这大大缩短了送点菜到享用菜肴的时间和结账时间，方便了顾客。

项目四 电子货币

随着计算机技术、网络技术的发展，产生了一些新的支付工具。这些支付工具大致包括：电子货币类，如电子现金、电子钱包等；电子信用卡类，包括智能卡、借记卡、电话卡等；电子支票类，如电子支票、电子汇款、电子划款等。

一、电子货币的概念和种类

1. 电子货币的概念

电子货币作为一种新的货币形式，从 20 世纪 70 年代产生以来，应用越来越广泛。它是一种在网上电子信用的基础上发展起来的，以商用电子机和各类交易卡为媒介，以电子计算机技术和现代通信技术为手段，以电子脉冲进行资金传输和存储的信用货币。目前，对于电子货币的定义尚无定论，世界各国推行的有关电子货币的试验项目也形态各异。通过网上银行进行的金融电子信息交换与电子货币和纸币等其他货币形式相比，具有保存成本低、流通费用低、标准化成本低、使用成本低等优势。尤其适宜于小金额的网上采购。电子货币技术解决了无形货币在存储、流通、使用等方面的技术问题，具有很大的发展潜力。

2. 电子货币的种类

目前，电子货币主要有银行卡和网上电子货币两种。现在，银行卡已在人们的生活中得到了更普遍的应用。对于客户来说，利用银行卡购物付款、提现、存款、转账，方便快捷、安全高效，而且可以获得咨询和资金融通的便利。

世界上最早的银行信用卡是美国佛拉特布什国民银行在1946年发行的用于旅游的信用卡。但由于这种信用卡只能用于货币支付，不能提供消费信贷，因而不是真正意义上的银行信用卡。真正意义上的银行信用卡是美国富兰克林国民银行于1952年发行的信用卡。继富兰克林国民银行之后，美洲银行从1958年开始发行“美洲银行信用卡”，并吸收中、小银行参加联营，发展成为今天的维萨集团。西部各州银行组成联合银行协会，于1966年发行了“万事达信用卡”。维萨集团和万事达集团逐渐发展成为当今世界上最大的两个国际信用卡组织。

电子货币自出现以来至今仅30余年，但电子货币带动的网上金融服务正在迅速发展。美国的网上金融业务发展最快，欧洲国家也在大力发展；新加坡是发展电子货币的先进地区。欧洲央行也指出，电子货币的应用范围将越来越广，推广电子货币将成为欧洲央行未来货币政策的组成部分之一。

二、电子货币的主要特征

电子货币的主要特征表现在以下五个方面。

1. 通用性

指电子货币在使用和结算中特有的简便性。电子货币的使用和结算不受金额限制、不受对象限制，不受区域限制，且使用极为简便。

2. 安全性

指电子货币在流通过程中对风险的排斥性。

3. 可控性

指通过必要的管理手段，将电子货币的流向和流量控制在一定的范围内，从而保证电子货币的正常流通。

4. 依附性

指电子货币对科技进步和经济发展的依附关系。

5. 起点高

指基础高，即经济基础高、科技水平高以及理论起点高。电子货币是用一定金额的现金或存款从发行者处兑换并获得代表相同金额的数据，通过使用某些电子化方法将该数据直接转移给支付对象，从而能够清偿债务，该数据本身即可称作电子货币。还有人认为电子货币就是消费者向电子货币的发行者支付传统货币，而发行者把这些传统货币的相等价值，以电子、磁性等形式储存在消费者持有的电子设备中。国际清算银行对电子货币的定义是，以电子形式储存在消费者持有的电子设备中并依现行货币单位计算的货币价值。

三、电子货币的形式与使用

电子货币主要有两种形式：智能卡形式的支付卡（如 Mondex）和数字方式的货币文件（如 E-Cash 和 Cyber-Coin）。前者主要用于网下支付，后者用于网上支付。Mondex 除了拥有现金的特性以外，还具有一个比现金更优良的特点，即它能安全地通过电子管道（如电话、因特网等）来作为人对人、人对商家、人对银行的远距转值。

电子货币的应用和发展，使网上现货、现金交易成为可能，促进了企业营销结构、营销方式、结算方式的创新；而方便、快捷、轻松的购物方式，将极大地刺激消费，扩大需求，给零售商带来了无限商机；由于实施开放式的网络经营，大大加剧了市场竞争，促使企业为市场提供优质价廉的商品、优质高效的服务。

目前，作为支付工具的电子货币在电子商务应用中仍然存在一些缺陷，如安全问题、网络基础设施建设不完善、电子商务的发展还不成熟、系统可靠性、安全性以及数字认证技术等。这些问题对电子货币的发展产生极大的影响。要使电子货币能够迅速、健康的发展，可采用以下一些办法，例如，尽快出台并完善相应的法律、法规，给网络安全提供相应的法律保障；正确使用数字证书，规范网上交易程序；积极发展电子商务，进而带动电子货币的发展；加强网络基础设施的建设，提高互联网络的普及率。

四、我国电子货币发展的概况

从总体上讲，我国电子货币的发展相对于发达国家起步较晚，尚处于起步阶段。我国电子货币的发展主要表现在银行卡上，目前发展的重点主要仍在信用卡业务上。

我国的第一张银行信用卡，是1985年6月由中国银行珠海分行发行的“中银卡”。

1993年，我国政府倡导加速构建电子支付系统，包括发展和推广支付卡。

1995年，在征得中国人民银行的同意后，商业银行开始发行智能卡，发卡范围限于包括12个试点城市在内的少数城市。银行赋予其所发行的IC卡各种功能，如透支、储值、电子钱包和存折功能。

1996年，国务院决定成立国家经济信息化（电子化）推动组，来负责制订这一领域的国家战略和计划。

1997年末，银行间交易系统开始在12个试点城市全部运行，发卡量超过7000万张，其中包括130万张银行IC卡。

2002年初，各银行联网通用的“银联卡”出现。我国以银行卡为代表的电子货币取得了长足的发展。

>> 本模块小结

本模块首先介绍了物流信息系统的关键技术——条形码、RFID、POS、EDI等内容，最后简单地介绍电子货币的发展及应用。

为了使读者方便理解与掌握基本知识与内容，这里仅对信息系统经常使用的关键技术做了一般性的介绍，如果需要掌握的更深，建议参考其他专业书籍与资料。

>> 本模块参考

浏览网址

[1] 朗峰科技 条码专家 http：//www. lphoon. cn/knowledge/

[2] 中国经济网 http：//www. ce. cn/

[3] 现代流通研究网 http：//www. cmdrc. org/

[4] 开商网 http：//www. kesum. com/

[5] 中日经济技术网 http：//www. cnjpetr. org/

>> 课后思考

1. 条形码和 RFID 的区别是什么？
2. RFID 在连锁店经营中都有哪些应用？
3. POS 系统的数据分析如何帮助连锁店经营？
4. EDI 电子交换技术主要应用于哪些行业和领域？
5. POS 机有哪些常用类型？简述 POS 结算的过程。

>> 案例分析题

像刷卡一样刷手机

上海世博会期间，在世博指定的超市卖场里，顾客只需将手机在专用的 POS 刷卡机上轻轻一贴，两秒钟后一张交易凭单就会从 POS 机终端徐徐吐出，在上面签字确认即可完成超市购物的付款流程。

简单快捷的手机支付业务正在全国零售卖场走俏，而运营商和设备供应商也看到了商机。

早在世博之前，国内已有超市卖场抢先试水手机支付。2010 年 2 月，中国移动北京公司与物美、美廉美合作推出手机钱包业务。顾客无需换号，只需在中国移动营业网点更换 SIM 卡并为手机钱包充值，即可在物美和美廉美超市的收银台刷手机结账。

2010 年 4 月初，华润万家在深圳地区 12 家大卖场及 100 多家标准超市安装了中国移动专用 POS 机。刷手机专用的 POS 机及相关设备是由移动免费提供的，并设立了专门的手机支付通道。开通手机钱包的中国移动客户，在华润万家消费时均可在中国移动专用 POS 机上使用手机钱包刷卡付费。刷手机消费比刷银行卡更便捷，分流了一部分结算顾客，提高了结账速度。

超市开展手机刷卡业务带来的福利，不仅仅是便捷顾客消费，而且还提高了服务质量。

日本 RFID 产业发展最新动向

2008 年 9 月 10 日至 12 日，在日本东京召开的第十届自动识别综合展上，几乎所有日本的主流信息技术厂商都派出了强大的阵容，带来了各自的技术产品和应用实例进行展示。这些主流厂商包括富士通、日立、NEC、佳能、东芝、三菱电机等。除了日本本土厂商外，美国、欧洲、中国、韩国等国的厂商也参展了本次展览会。

通过这些主流厂商展出的新产品、新应用，我们可以看到国际 RFID 产业发展的两个特点。

1. 注重研究与实际应用

从这次展览会上可以看到，日本有实力的厂商均已非常重视 RFID 产品的研发，都投入乐相当的人力、财力研究 RFID 的技术、产品和应用。厂商在推出新产品时，更注重新产品带来的实际应用。这说明，RFID 已经从概念阶段进入实际应用阶段，而且应用的领域和范围正在迅速扩大。

2. 应用领域宽阔

东京的 RFID 展览会，已经不是产品展览会，而是应用展示会。这些应用从生产流程管理、物品管理、医疗管理、交通管理到消费服务、手机服务等。由此可以看出，在日本，RFID 技术已经开始深入到各行各业，RFID 技术正得到越来越广泛地认可和使用。例如，富士通通过将终端产品贴上 RFID 电子标签，搭建整个的信息管理后台系统，给图书管理、商业管理等方面带来了巨大的便利，既提升了管理效率，也节约了大量的资金；资生堂全面展示了其利用 RFID 技术所开发的各种为消费者服务的新型应用，其中，利用对人脸皮肤的自动识别，有效地检测人脸的特征，给出使用化妆品包括口红颜色、粉底颜色、眼影颜色等个性化的建议，吸引了大批参观者的驻足。据资生堂工作人员介绍，他们研发的这一机器设备，已经开始应用到资生堂的一些专卖店中。

问题：

1. 调查你所熟悉的领域中 RFID 的使用现状。
2. 为什么日本常在新技术应用方面走在前面？
3. 在网上查找条形码、二维条码、RFID 的相关内容，看看其发展环境和过程。
4. 谈谈电子货币技术是如何影响我们的生活的？

模块四

连锁企业总部信息系统与管理

>>学习目标

1. 了解连锁企业总部的主要业务流程
2. 掌握连锁企业信息系统的主要构成
3. 理解连锁企业信息系统管理的主要内容
4. 了解所举案例企业信息系统建设的一般做法
5. 了解信息系统设计与建设的目标

【案例导读1】

百盛实施百货信息化

中国百盛集团是马来西亚金狮集团在中国最大的投资项目，其先进的国际经营管理与中国特色成功结合，使其成为中国最成功的百货连锁企业。百盛于1994年3月26日进入中国市场，现在在全国已有35家连锁店，年营业额超过70亿元。

富基公司在中国百盛基础门店信息系统之上，完成了电子商务项目（e-SCM, www. parkson. com. cn），该项目获得国家原内贸局电子商务示范工程，引起业内的广泛关注。富基与百盛合资成立的富基盛佳电子商务有限责任公司，开启了中国百货业第一个企业级电子商务管理平台，彻底改变了零售企业尝试ASP方式的第三方供应链平台失败的局面。

该系统旨在帮助企业挖掘信息资源，整合供应链基石，加速企业物流、资金流周转，提升企业竞争实力。通过SCM系统，可为供应商提供远程登录和基本Web的查询服务，且可提供多种品类分析报表、市场分析功能，同时提供网上订单、网络补货、网上对账、网上支付等强大功能，使供应商足不出户就可了解其商品营销动态，实现了零售商与供应商之间端到端管理，帮助供应商及时准确获取商品经营信息，节省营运成本。

第二期工程完成后，集中管理了全国30多个店的SCM数据交换，已经有7000多家供应商、10万个品种参与了平台交易，每年实现30多亿元的交易额。百盛供应链平台的开通，每年为百盛带来的直接商业利润率达1.2%。

百盛开始启动SCM第三期工程，主要是挖掘SCM平台的在线功能，在服务Web客户基础上，推进供应商系统的统一编码接口，对数据源系统实现基于中间件的数据转换，实施与供应商“多对多”的在线数据交换的客户关系管理。

【案例导读2】

京客隆商业自动化信息管理系统

为了在竞争中赢得市场和顾客，并使企业从传统的商业企业向现代化企业转变，北京京客隆商厦（连锁公司）进行了管理信息系统的开发。京客隆商厦作为京客隆连锁超市公司的总部，下设29家门店、1家配送中心。京客隆商厦连锁信息管理系统于1999年底建成，他们将系统的目标定位于采用先进的计算机技术、网络技术、数据库技术，从物流入手，实现整个连锁店铺前后台之间、总部与门店之间有关物流信息的共享和交换。在此基础之上，实现京客隆下属29家连锁店订货业务的计算机管理，从而实现整个公司的“统一订货、统一核算”。

1. 物流业务的统一管理

目前，通过各个连锁门店的POS系统，总部可以对各连锁门店的销售、库存等信息进行控制，从而实现整个物流业务的统一管理。系统的最终目标是为实现整个超市公司的统一化、科学化、规范化管理提供准确、快捷、可靠的工具。

为了实现这个目标，达到统一进货、统一配送、统一结算的目的，他们首先完成了门店资料与总部资料的统一，在公司内部统一商品编码、统一进货渠道。

门店形成的订货单通过网络自动传到公司采购中心，采购中心对重点商品由采购人员确认订货，对于大部分日常补货商品由系统设定自动分单审批，审批后分别将订单传给配送中心和供应商。门店可以随时看到订单的处理过程，包括审批、捡货出库、在途等。

配送中心接到采购中心传来的商品订货信息后，根据订货内容进行商品出库，然后将验收信息回传到公司结算中心，用于与厂家结账；配送中心将出库信息自动回传到门店，由门店确认验收；在门店验收的同时将验收信息与配送出库信息进行碰单，在系统内自动形成配送中心与门店之间的往来。

公司采购中心将采购订单发给厂家，厂家在送货时持出库单和京客隆采购订单到门店或配送中心送货。门店和配送中心根据商品订货单进行商品验收，验收后打印商品验收单交给厂家送货人员，用于厂商的货款结算。同时，验收信息回传到公司的结算中心。

公司结算中心的结算系统依照门店的验收信息，分别对厂家进行应付账款的挂账，并依照商品不同的账期生成厂家结算清单，在结账日前交给厂家对账人员，核对无误后办理结算手续。所有的业务数据最终由系统自动转入财务系统，形成公司总的经营账目。

2. 推进系统建设解决的问题

(1) 对外由连锁总部统一结算，加强了公司资金的统一运用，堵住了许多管理上的漏洞。

(2) 操作上的统一，使得连锁管理得以标准化、专业化；由于使用信息系统，使得员工的业务素质得以提高；从前要靠经验来做的事情，现在用统计数字来对业务进行分析。

(3) 精确、实时地反映和处理公司的业务活动，实现了连锁企业的“进、配、调、存、结”一体化。总部与门店、配送中心之间以先进的网络技术实现了实时通讯。在总部，可以对配送中心、门店的进货、销售、库存情况进行实时查询。

(4) 使各个环节之间相互衔接。系统较好地完成了业务环节之间单据的审批流程，从新商品的立项、供应商的立项，到商品价格的变动、特价优惠的执行以及退货的申请等，各个环节之间相互衔接，使得管理更加顺畅。

(5) 企业数据的收集、分析和共享。门店和配送中心发生的所有业务数据，包括订货、配送、验收、销售及周边采价信息都自动回传到总部，由总部统一处理后形成有价值的信息再反馈到业务部门，对业务工作进行指导。

(6) 所有商品实现单品管理，对于生鲜商品实现主副码管理。同时，在门店的销售环节实现实时库存的监控。

(7) 信息流、物流、票据流、资金流的高度统一。系统实现一单到底的设计目标，使得从向供应商订货开始直到对供应商结算的各种信息与票据保持一致。

(8) 完善的企业内部网络为企业内部办公系统提供了良好的网络环境。门店与总部之间使用专线连接，除了完成业务系统的订货、验收，还实现了企业内部信息共享，比如公司内部邮件系统、公司数据查询分析系统、财务报账等。

连锁企业信息化发展综合环境

一、零售业信息系统应用分析

1. 市场现状

从 1983 年开始，沃尔玛共计投资 4 亿美元发射了一颗商用卫星，实现了全球联网，全球 4000 多家门店通过该网络可在 1 小时之内对每种商品的库存、上架、销售量全部盘点一遍，加之配套的全方位信息服务，沃尔玛对自己的经营状况了如指掌。而零售业中的另一家便利店巨头 7 - 11，同样在 1997 年发射了自己的专用卫星，用于搭建自己的情报系统，获得了成功。

2. 零售业信息系统必须具备的功能

（1）系统管理。对组织架构、安全权限等进行管理。

（2）品类管理。对品类组合、商品和供应商引入等进行管理。

（3）计划管理。销售计划、资金预算、计划跟踪等。

（4）供应管理。采购、配送、调拨、库存管理等。

（5）营销管理。POS 销售监控、调价折让促销等管理。

（6）财务管理。财务核算、厂家结算、税务处理等。

（7）人事管理。人员档案、岗位薪酬等管理。

（8）统计分析。统计分析、数据挖掘等。

3. 零售业信息系统的分类

（1）零售企业从业态上讲，可分为超市、百货、综合超市（大卖场）、专业店、专卖店、便利店和超大规模购物中心（Shopping Mall）等形式。不同的业态有不同的信息系统。

①超市模式的信息系统：柜类合一，统一收银。

②百货模式的信息系统：开单销售，按柜核算。

③便利店模式的信息系统：简单便利，直营加盟。

④专卖店模式的信息系统：远程终端，分销管理。

⑤专业店模式的信息系统：突出专业，加强深度。

⑥超大规模购物中心的信息系统：销售与收银分离，摊档管理。

（2）依管理功能，零售业的信息系统又分为多种不同的管理信息系统。

①零售业业务管理信息系统（Management Information System，MIS）。其主要功能是通过总部管理系统、区域中心管理系统和分店管理系统，分别实现总部、区域中心和分店的零售业务。这是整个 IT 系统的基础和根本，包含了主要的业务处理，如主档管理、采购管理、经营管理、物价管理、配送管理、物料管理、生鲜管理、核算管理、厂家管理等。

②供应链管理系统（Supply Chain Management，SCM）。在网上实现业务系统中的中央结算，并对此进入深化处理，为供应商和下游客户提供更好的服务，并因此优化供应链、减少库存资金，减少采购成本，充分利用供应商资源。

③客户关系管理系统（Customer Relationship Management，CRM）。密切关注会员及大客户的购买趋势，为他们提供更贴心的服务，以更好的巩固客户基础。

④物流信息系统（Logistic Information System，LIS）。将仓储和配送业务全面深化，加快库存周转率、实现零库存、降低运输成本、降低采购成本，并向第三方物流过渡，

为企业创建新的利润中心。

⑤办公自动化系统（Office Automatization，OA）。随着集团的扩大，特别是地区的发展带来了制度、人员等方面的管理困难。通过办公自动化，可以轻松实现公文流转，得以辅助集团的管理和发展。

⑥人力资源管理系统（Human Resource Management，HRM）。企业的管理问题，最终是人的问题。如何更好地调动人员的工作积极性、合理调度人员的使用、降低人力资源的成本等成为企业管理的重要问题，而人力资源管理系统正是帮助解决这些问题的有力工具。

⑦业务培训系统（Business Process Training，BPT）。企业的发展离不开人员的培训，如何更好地对业务人员进行技能培训和考试是集团总部需要解决的问题。业务培训系统可以协助人力管理人员进行职工的职业培训。

4. 零售业信息系统的应用分析

（1）经营和发展好零售企业的关键是要处理好“创利”和“运作”，实现中会存在下列问题。

①数据处理。零售企业数据繁杂，需要处理大量数据，人工数据处理的准确性和快速性都不能令人满意，将影响企业的生产经营。

②营销速度。这包括实际的售卖速度和对市场变化的反应速度两方面。在日益加剧的市场竞争中，这两个方面都至关重要。

③供应策略。由于手工难以对库存和销量进行即时统计和分析，也就难以实现科学的供应策略和供应管理。

④统计分析。人工难以对大量数据进行统计和分析，不能挖掘市场潜在的规律并对其预测和监控，这就使得企业无法及时应对未来的变化。

（2）计算机技术对于零售企业的上述困难有以下解决的优势。

①速度快捷。计算机对于数据的处理速度以每 18 个月翻一翻的速度高速发展，计算机可以在短时间里处理越来越多的数据。

②准确性高。计算机与其他相关技术的联合应用，可以保证采集、处理和加工的数据准确、可靠，从而成为核算和分析的依据。

③自动处理。计算机信息技术提供了自动处理机制。在零售业的自动订货、事务报警、库存报警等自动处理方面提供了强有力的支持。

④智能分析。计算机可以根据各种分析模型对历史数据进行聚类、清洗和挖掘处理，从而洞悉市场的潜在规律。

不难发现，计算机信息系统所具有的优势恰好是零售企业所面对的困难。因此，通过计算机信息技术的应用，建立信息系统是零售企业发展的必由之路。

二、POS 交换的主要信息

对于一般的零售企业来讲，和商品供应商或批发商的交换内容主要有商品信息、订货信息、出货信息、收获信息、付款信息、支付信息、销售信息与陈列信息。详见图 4－1。

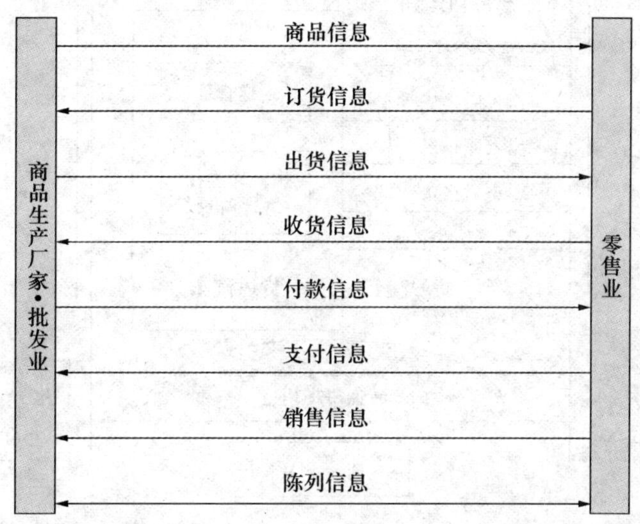

图 4－1　POS 信息交换的主要内容

三、EDI 的主要信息

EDI 的主要信息如图 4－2 所示。图中，有发出订货者、接受订货者和物流承担者三个主体。商流 EDI 信息分别由买卖双方发出和接受订货信息，以及进货检验和要求付款信息。物流 EDI 信息具体有运送委托、出入库委托、出入库报告、运送后报告及付款要求等。

四、批发者与生产厂家（供货商）间的 EDI 交换信息

一般来讲，在比较完整的流通渠道中，有生产厂家（供货商）、批发者、零售者、最终消费者等。在交易过程中，批发商（大型零售企业）与生产厂家（供货商）之间的 EDI 交换的主要信息如图 4－3 所示。

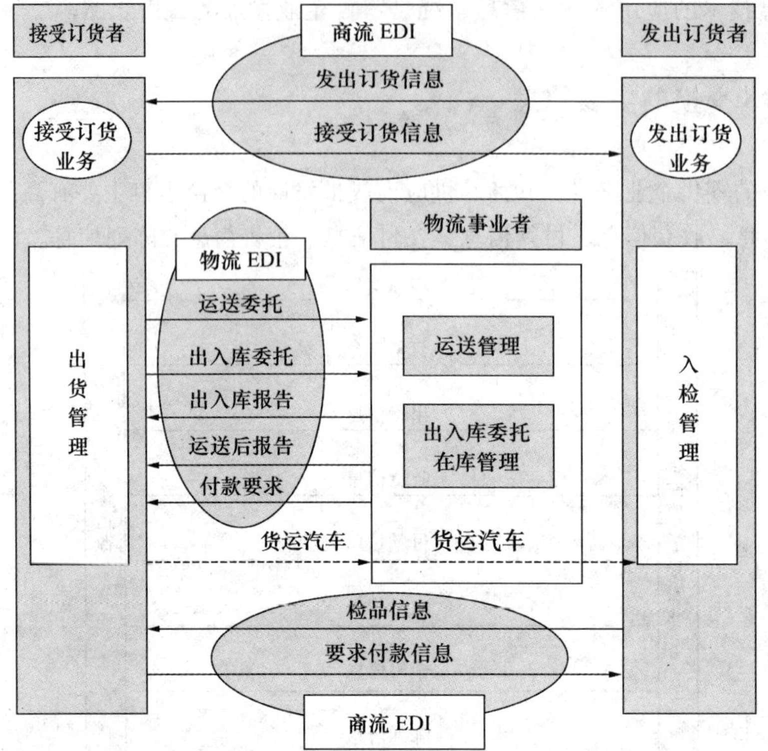

图 4-2 物流 EDI 示意图

连锁企业总部信息管理

一、连锁企业总部的职能与业务

一般来说，连锁企业的主要业务与物流信息在总部—门店—配送中心层次或总部—地区分部—门店—配送中心间传递。连锁企业总部信息系统的功能就是对以总部采购部门和配送中心为主体所承担的商品的购进、存储、配送等各项活动所发生的信息进行搜集、加工、传递和使用。

连锁总部作为连锁门店的领导机构，有以下职能：经营管理职能、统筹进货职

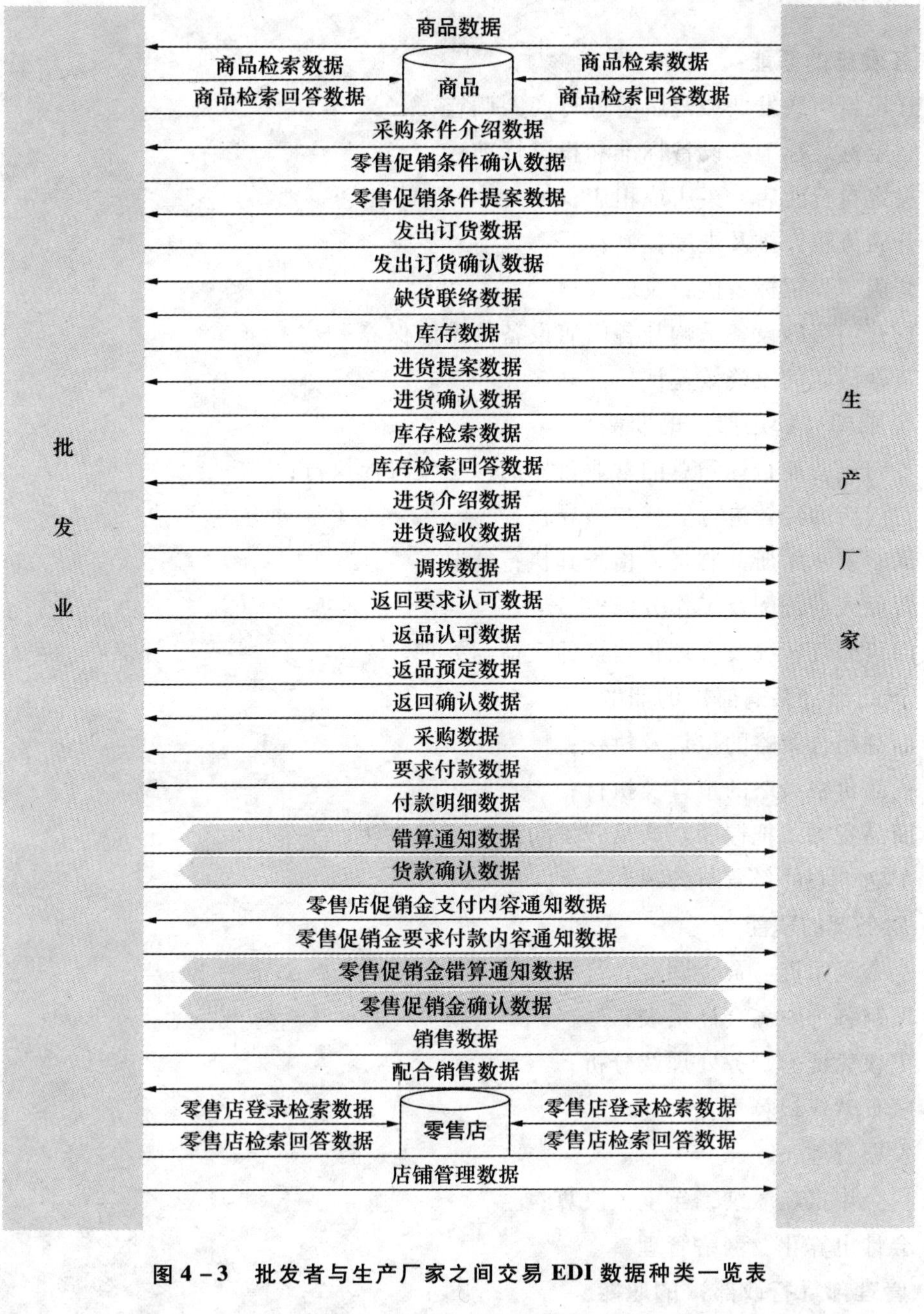

批发业

生产厂家

商品数据

商品检索数据

商品

商品检索数据

商品检索回答数据

商品检索回答数据

采购条件介绍数据

零售促销条件确认数据

零售促销条件提案数据

发出订货数据

发出订货确认数据

缺货联络数据

库存数据

进货提案数据

进货确认数据

库存检索数据

库存检索回答数据

进货介绍数据

进货验收数据

调拨数据

返回要求认可数据

返品认可数据

返品预定数据

返回确认数据

采购数据

要求付款数据

付款明细数据

错算通知数据

货款确认数据

零售店促销金支付内容通知数据

零售促销金要求付款内容通知数据

零售促销金错算通知数据

零售促销金确认数据

销售数据

配合销售数据

零售店登录检索数据

零售店

零售店登录检索数据

零售店检索回答数据

零售店检索回答数据

店铺管理数据

图4－3　批发者与生产厂家之间交易EDI数据种类一览表

能、教育培训与指导职能、促销职能、开发职能、融资职能、信息职能等。它们由不同的职能部门分别负责。一般说来，连锁总部包括的职能部门主要有：开发部、营业部（营运部）、商品部（采购部）、财务部、管理部（行政部）、营销部等。各部门的职能如下。

1. 开发部的职能

- 开设新店或发展加盟店时进行商圈调查；
- 制定选址标准、设备标准和投资标准；
- 决定自行建店、买店或租店；
- 开店流程安排及进度控制；
- 开店工程招标、监督及验收；
- 新开门店的设备采购与各门店设备的维修保养；
- 新开门店的投资效益评估。

2. 营业部（营运部）的职能

- 各门店营业目标和总的营业目标的拟定及督促执行；
- 对门店的经营进行监督和指导；
- 编制营业手册并监督、检查其执行情况；
- 营业人员调配及工作分派；
- 门店经营情况及合理化建议的反馈与处理。

3. 商品部（采购部）的职能

- 商品组合策略的拟订及执行；
- 商品价格策略的拟订及执行；
- 商品货源的把握、新产品开发与滞销商品淘汰；
- 配送中心的经营与管理。

4. 财务部的职能

- 融资、用资、资金调度；
- 编制各种财务会计报表；
- 审核凭证、账务处理及分析；
- 每日营业核算；
- 发票管理；
- 税金申报、缴纳，年度预决算；
- 会计电算化及网络管理。

5. 管理部（行政部）的职能

- 企业组织制度的确定；
- 人事制度的制定及执行；
- 员工福利制度的制定与执行；

- 人力资源规划、人员的招聘与培训；
- 奖惩办法的拟定及执行；
- 企业合同管理及公司权益的维护；
- 其他有关业务的组织与安排，也可与财务部合并。

6. 营销部的职能

- 门店商品配置、陈列设计及改进；
- 促销策略的制定与执行；
- 企业广告、竞争状况调查分析；
- 企业形象策划及推出；
- 公共关系的建立与维护；
- 新市场开拓方案及计划的拟订，可单设也可并入营运部。

二、连锁企业总部信息系统管理的目标

连锁总部的管理信息系统将搜集和积累的各种商品的销售信息、库存信息等进行统计分析，按照一定的数学模型对商品的销售趋势进行预测，对经营中的重大问题作出决策，并及时将各种决策信息发送到连锁门店和配送中心，以指导经营活动。其信息化管理目标有以下几点。

（1）通过信息系统，建立和完善全公司各个环节的业务流程，使连锁企业管理系统成为企业管理的一个平台和工具。

（2）通过信息系统，规范企业各个部门的职能范围，使全公司内部各部门的工作标准化、科学化、有序化。

（3）通过信息系统，使公司制定的各种市场销售策略能够及时、准确地下达到每个分支机构和专卖店，并能及时得到市场的信息反馈，从而调整公司的市场策略。

（4）通过信息系统，在公司建立一个对市场变化的快速反应体系，使信息传输快速、及时、准确。

（5）通过信息系统，在公司建立一套完整的资源共享、管理和奖励机制，有效发挥各分支机构和连锁专卖店的优势，调动他们的积极性。

（6）通过信息系统，有效监控信息流、商品流和资金流及企业各种经营活动的状态，从而达到控制公司的运营成本，最大限度地降低库存。

（7）通过信息系统，建立企业与上游供应商之间的信息资源共享，即供应链管理系统应用。

（8）通过信息系统，为企业的投资决策提供快速、科学的依据，即决策支持系统应用。

三、连锁企业总部管理信息系统的构成

根据连锁企业总部管理信息系统的主要功能，可以将其划分为进货管理子系统、库存管理子系统、销售管理子系统、商品进销存统计与分析子系统、财务会计管理子系统、人力资源管理子系统、客户关系管理子系统和连锁总部决策支持子系统等。

1. 进货管理子系统

连锁经营主要实行联购分销制，大部分商品由连锁总部负责统一购进，以实现规模效益。进货管理业务流程包括：商品数量需求统计，查询供应商交易条件后，再结合配送中心库存情况和市场需求与供应情况，制订采购计划，统一向供应商采购商品，发出购货单后进行入库进货的跟催动作。

进货管理子系统包括采购预警系统、制订采购计划、市场价格信息管理、供应商信息管理、购货合同管理、购货单据打印系统、到货管理等功能。

2. 库存管理子系统

连锁总部对商品统一采购，对采购的商品也集中统一存储，最后再通过配送中心把商品统一调配到各门店。库存管理是对仓库中的商品和实物进行管理。

3. 销售管理子系统

连锁企业对连锁门店经营的同种商品要实行统一的价格管理，这包括连锁总部要对销售的商品统一定价，对各门店的销售信息进行分析，以便合理进货、合理定价。

4. 商品进销存统计与分析子系统

连锁企业总部需要总体把握商品进货、销售和库存的情况，并能对今后的趋势作出预测。该子系统是从不同角度、采用不同的方法，对商品进销存等各流转环节的各项指标进行分析与对比。分析的方法有结构分析法、对比分析法、差额分析法、平衡分析法等。连锁总部的管理人员知道分析与对比的结果后，才能及时发现问题，找出差距及原因，对销售趋势作出预测，进行事前控制，有助于加强经营管理。本子系统的功能有：

- 商品进销存计划完成情况分析；
- 商品进货及进货合同执行情况分析；
- 商品进货来源和销售去向及方式分析；
- 商品库存分析；
- 销售商品分析；

- 销售商品构成变化情况分析；
- 商品进货、仓储管理费用分析；
- 利润计划完成情况、销售利润、利润率分析等。

5. 财务会计管理子系统

财务会计部门主要用采购部门传来的商品入库数据，核查供货商送来的催款数据，并据此给供应商付款；或由销售部门取得出货单来制作应收账款催单并收取账款。财务会计系统还制作各种财务报表，供经营绩效管理系统参考。

6. 人力资源管理子系统

连锁总部要对总部的管理人员和各类员工，及各门店与配送中心的员工进行统一调配和管理。该系统包括人事招聘、考勤、休假、培训、业绩评估、福利等。

7. 客户关系管理子系统

客户关系管理既是一种崭新的、国际领先的、以客户为中心企业管理理论、商业理念和商业运作模式，也是一种以信息技术为手段，有效提高企业收益、客户满意度、雇员生产力的具体软件和实现方法。

8. 连锁总部决策支持子系统

总部决策支持子系统的核心是通过对各子系统集成的数据进行统计、分析，并建立数据仓库，进行数据挖掘，以辅助管理控制和做出战略决策。

【阅读案例】

北京同仁堂连锁应用案例

北京同仁堂连锁药店是著名老字号中国北京同仁堂（集团）有限责任公司旗下的二级独立法人药品零售经营企业，成立于2001年3月12日。

北京同仁堂连锁药店拥有门店46家，建有快捷、高效的现代化配送中心。现有库房面积4000平方米，其中，阴凉库650平方米，冷库20平方米。经营近万种商品，经营范围包括中成药、中药饮片、化学原料药、抗生素、生化药品等。2002年，其全年销售额达1.87亿元。

随着同仁堂连锁药店规模的扩大，门店的增多，连锁结构越来越复杂，依靠传统的管理手段已是困难重重，而管理信息化就是同仁堂连锁药店解决管理难题、实现管理创新的一条捷径。

2001年3月，连锁药店与北京佳软信息技术有限公司合作，开发出了北京同仁堂连锁管理信息系统。目前，该系统已在总部、配送中心和40多个门店成功投入使用，其中GSP管理功能的设置已得到了相关药品监督管理部门的认可。

1. 建立科学的供应链管理

同仁堂连锁管理系统以E6平台信息技术为支撑，将药品传统的商流、物流、信息流和采购、运输、仓储代理、配送、结算等环节按照科学的方法及手段紧密联系起来，形成完整的供应链管理。

本系统基于因特网，全面融入GSP管理思想，实现多品种、多渠道的物流配送，可与其他信息系统实现集成，对配送、渠道、线路、站（中心）等进行统一规划、合理布局，能实现对药品流通的实时、动态跟踪和站（中心）、线的动态查询统计。系统适应超大型连锁及物流管理。

系统包括四个子系统：企业总部管理系统、二级配送中心（管理中心系统）、门店管理系统和批发销售管理系统。四个系统互为独立，又紧密关联，形成统一的药品物流管理系统。具体包括采购管理、配送管理、系统管理、结算管理、价格管理、销售管理、零售管理、GSP管理、万能查询等功能模块。

2. 五方面见成效

通过系统的实施，同仁堂连锁药店效益有了迅速提高，主要产生了五方面的作用。

（1）规范管理流程。表现在辅助完成GSP的达标、强化首营审批的执行、细化合同管理、统一价格管理等方面。

（2）迅速降低了运营成本。引进货位管理，优化了存量控制，推进效期管理。

（3）帮助规避经营风险。体现在统一销售控制和降低财务风险两方面。

（4）提高管理效率。增进总部内部、总部与门店之间的信息沟通，强化了门店控制，提供了决策支持。

（5）经济效益突出。实施单品比价采购，2002年使整体采购成本下降了2%，约合300万元；强化效期管理，优化库存结构，2002年新增2000余个品种，淘汰900余个品种，办理退货611万元，降低了不良资产的形成；商品进销存计算机管理，按每人每年2万元计算，门店减少50个人员设置，每年可节省100万元；总部和配送中心引入APN技术，采用ADSL的通信方式，每年可节省通讯费用约20万元。

项 目 三

连锁企业信息化发展战略

一、连锁企业的信息优势

不管什么样的经营方式，企业要保证长期健康、稳定的向前发展，关键是要做好企业内部和外部的信息传递。消费者的需求信息一直是企业调整经营方式与手段的关键点，那么，企业如何准确把握消费者不同时期的需求变化，从而调整企业的经营手段来满足消费者的需求呢？企业又需要如何使用内部资源来正确地调整这些经营手段呢？这些都需要连锁企业总部对内外资源与业内信息的把握。

连锁企业因信息沟通的障碍而“连而不锁”，仅仅做到了产品和店面的“连锁”，但没有做到理念、观念的“连锁”。

在现代商业经营中，获取和掌握信息对企业经营成败至关重要。在某种意义上，市场的竞争就是信息的竞争。虽然家电专营连锁企业多店分散，但都运用现代的管理手段并采用先进的计算机信息技术形成的信息网络使其信息传递及时、管理指挥迅速，使得它自身的信息优势充分发挥。它的信息优势主要体现在以下三个方面。

(1) 信息量大。由于连锁系统都有许多分店，覆盖多个地区，各分店将产品的销售、市场、行业信息等迅速传到总部，形成了一个庞大的信息系统，及时搜集到大量信息。

(2) 信息内容真实可靠。众多分店直接面对消费者，能真实地获取社会各层次、各类型消费者需求和商店实际经营的信息素材，专业人员从中分析总结出比较实用的信息。

(3) 信息传输简单、正确和迅捷。连锁总部与成员店之间通过内部网络系统保证信息传输的速度和品质。由于信息方面的优势，对及时调整和改进经营策略起到非常重要的作用，从而不断扩大市场占有率。

二、IT 策略与业务结合的典范

下面分析三家将 IT 策略与业务策略紧密结合，成功整合自身供应体系的零售企业的实施过程和操作方法，供大家借鉴思考。

1. Food Lion 美国食品连锁超市

Food Lion 是一家美国大型的食品连锁超市，其将原本手动纸笔式的产品信息管理流程转换成具有电子商业模式的自动化处理程序后，开始在某些店面引进其他信息设备。例如，设置商品信息机器，会显示商品在店内摆设的位置图，让客户很容易找到商品所在的货架；视力不好的客户可以拿着手持式的条形码扫描器扫描商品，然后从其屏幕的放大字体得知价格和产品说明叙述。

2. 装饰建材零售连锁百安居中国公司

2004 年，百安居与 IBM 管理咨询团队合作，构建了基于无线技术的前端环境，在百安居已有的 SAP 后台系统基础上，使销售店面形成了成熟的无线局域网。在这个无线环境中，店员可以通过手持的终端设备与后台的 SAP 系统相联系，随时进行前后台的信息交流，在移动过程中对商品信息、订货信息进行管理、查询。对于零售行业而言，这种无线业务环境具有很强的功能性：在内部管理方面，可以大大增加库存数据的准确性，提高商品周转率，降低成本；在外部销售方面，该系统能够及时向客户提供最详尽、最准确的商品信息，帮助客户了解需求并制定购买计划，提高客户满意度和销售成功率。

3. 香奈儿的电子商务模块

香奈儿发展出名为 e-boutique 的电子商务模块，让在线零售伙伴与其网站链接。透过这个模块，消费者在购物网站点选香奈儿的产品时，由自动导向引导至香奈儿设计的相关产品网页上。这样，香奈儿服务器决定接受电子商务托管（e-Business Hosting）的服务，香奈儿将 e-boutique 模块放置于服务商的美国代管机房，省下了设备扩充及额外 IT 人员的费用。

【开拓视野】

SAP

SPA 起源于 Systems Applications and Products in Data Processing。SAP 既是公司名称，又是其产品——企业管理解决方案的软件名称。SAP 是目前全世界排名第一的 ERP 软件。另有计算机用语 SAP，同时也是 Stable Abstractions Principle（稳定抽象原则）的简称。

三、零售百货客流量统计分析

百货商店要想获得良性、持久的效益，必须回归原点——从研究顾客入手，分析目标顾客的真实需求，从而制定有针对性的营销策略。要做到这一点，需要从收集、分析顾客数据开始，即掌握细致全面的客流信息。

客流信息是衡量运营状况的重要工具。通过人数，包括各年龄段/性别的人的准确数据，研究流量规律，不但可以获得超市、商场、购物中心正在运行的状况，还可以利用这些高精度的数据进行有效的组织运营工作；通过深入的顾客研究，可以增加销售机会，最大限度地挖掘卖场的销售潜力，增加利润。同时，对于人流密度较大的区域，还可以起到很好的预警措施。

由 NEC 公司（Nippon Electric Company，Limited，日本电气股份有限公司的简称）推出的“零售百货客流量统计分析”系统，融合了视频处理、图像处理、模式识别、运动轨迹判别以及人工智能等多个领域的技术，彻底颠覆了一直以来依赖人工统计或传统方式的客户分析。该系统利用摄像头或原有的监控摄像头及图像采集卡获得的视频数据，对视频图像中静止或行走的不同姿态的行人进行检测和跟踪，就可以获得指定时段和指定区域内的人流量，同时，对采集到的人脸进行特征提取分析，进一步推断统计出各性别及年龄段的人流量，从而使客流的数据更加精确、细化。

该系统可以将统计的数据精确到每一天、每一秒，覆盖每个通道、每个店面。经过数据的提炼和分析，可以帮助管理者更贴近消费者的真实情况、更易搜集原始数据并结合实际运营进行分析、更好地实施特色化管理。例如，经过分析我们可以知道出入口和通道设置以及主要楼层店面的分布是否合理；促销活动是否符合预期的投资回报，是否吸引目标客户。它甚至还能为商场店面或货架布局调整、品牌招商工作提供准确依据。通过正确的决策或改善不妥的决定，从而保证收入最大化和优化其投资回报和资源。

四、行业信息化已走向数据大集中的模式

目前，行业信息化基本上都从分布式结构走向了数据大集中的模式。内蒙古小肥羊餐饮连锁公司和乳业巨头之一的蒙牛先后签约了双汇软件，计划全面采用基于互联网的信息化管理平台软件。这说明我国行业信息化的大集中模式将从实时性较强的餐饮走向更为广泛的行业。

数据大集中有很多好处，主要体现在：数据的实时性、一致性、安全性得到了保证，降低了企业 IT 投入成本，在企业数据之上进一步分析，从而对企业的各种决策提供数据参考。比如在餐饮业，可以查看某段时间、某种食品的销售量，也可以根据用户量查看消费情况，还可以以任何关键字来做出统计，对用户消费做出分析，对调整产品结构做出科学性的判断。

当然，数据大集中还表现在对企业内部的数据进行整合、梳理。一个大企业往往涉及的范围很广，在产业上下游都有分公司。比如，小肥羊集团公司从物流中心到羊肉生产基地和调味料厂，再到肉羊养殖基地，形成了一个完整的产业集群。而双汇集团产业链涉及工业、农业、屠宰业、养殖业、物流、分销生产、连锁、财务等业态，在全国已有600多个办事处、200多个分公司、500多家连锁店以及40个屠宰和火腿肠厂。

要得到实时、统一、确切的数据，也只有将数据统一之后才能办到。有专家将此归纳为“五个一”，即“一个数据库、一套程序、一个机房、一个网络平台、一班人马”的集中，并且认为数据大集中是未来信息化发展的必然趋势，“五个一”的信息化平台是规模化企业最理想的架构。

五、连锁超市实现信息化的必要性分析

在激烈的市场竞争中，能否构建一个面向需求的信息化系统，成为连锁超市共同面临的“瓶颈”。

一般来说，一个完整的超市信息化系统包括超市管理系统、配送中心系统、门店系统、POS系统、查询分析系统等一系列模块。这些模块的设计和组合完全是面向需求的，连锁超市可以借此实现门店内部及不同门店之间重要信息的共享和实时控制，满足门店自身进行成本控制管理的需求，以及总店实现连锁经营的信息共享和物流配送需求。由此而形成的连锁超市信息一体化系统，不仅能够将库存的实时信息、每一家店铺缺货商品的调配信息等企业内部信息及时送达所需部门，而且还可以满足企业在销售旺季到来前的存货预警、热销商品及时补仓等关键节点的成本控制需求。

1. 门店管理需满足实时需求

在RFID尚未普及之时，无线网络技术成为连锁超市供应链实时管理的捷径。无线终端和配套软件在门店卖场和仓库的应用，实现了购货—盘点—变价—配送整条供应链上的精确管理，最终降低企业的经营成本。

2. 卖场移动终端信息采集

在家乐福超市卖场，无线移动终端的操作区域遍及卖场的各个角落，移动终端在卖场内部的任何地点都能和服务器主机保持实时通信。在进货过程中，验收人员则可以通过手持终端逐一检查对照物品编码、数量、产地、包装时间和保质时间等多种信息。而在货位管理当中，通过在整个卖场内部署无线网络，手持终端的工作人员可以随时查询物品在货区的具体位置及空间状况，并通过分析历史数据有效地使用货位空间。在变价管理方面也很灵活，工作人员只要扫描一下条码，就可以把信息传回到后端系统协助完

成变价操作。无线实时管理方案通过在货品、货位、价格管理等各个环节实时的信息采集和传输，无形中加快了家乐福货物销售的速度，增大了仓库吞吐量。

这套由北京爱创科技有限公司提供的无线实时管理解决方案，主要是以商品条码技术为核心，充分应用自动识别技术、思科无线网络通信技术和无线手持电脑终端，结合C/S或B/S软件开发体系架构构建。整套系统包括收货管理、货位管理、盘点管理、变价管理和价格检查管理等诸多功能。针对仓储管理的需求，系统的移动节点之间无须通信，而是采用无线网络拓扑结构作为节点连接方式。利用无线AP（Access Point的缩写，访问接入点）的网络扩展能力和无缝漫游特性，更实现了整个超市的信号全覆盖。

3. 配送中心管理

上海华联超市有限公司以上海为中心开展了配送中心业务后，也利用无线通信网络和手持终端开展采购、管理与调配的集约化经营，保证为各个门店提供迅速及时的货物供应。这套配送中心系统采用美国Symbol公司提供的无线通信网络和手持终端，以及上海时运高新技术有限公司的配送中心管理系统软件。在实时模式下，从货物抵达仓库到盘点，再到配送全过程，都可以由相关人员利用终端扫描，通过无线方式与主机系统通信。

以配送过程为例，配送人员首先扫描代表各个顾客的标志条码，主机将针对该顾客做出的配送安排显示于手持终端屏幕上；然后，操作员逐项扫描商品条码，根据该商品条码，主机系统做出统筹安排，将该商品在仓库中的存放货位通知操作员，操作员根据系统安排的配送数量提取商品，完成整个商品的配送过程。

4. 电子秤联网保鲜

小白羊超市则将这种无线网络的实时性优势应用在了生鲜部门，通过将清华同方TFW2000无线客户端成功地嵌入生鲜部门的电子秤里，实现了部门中的无线联网，确保了对生鲜物品数据真正意义上的实时性管理。电子秤联网后，可实时下发数据，使价格的快速变更成为可能。同时，还可以按需提取电子秤的销售数据，及时掌握库存的变化情况，第一时间调整库存结构。

5. 企业网实现信息共享

在各个门店成功建设基础网络设施的同时，连锁超市总部还要建立起实现信息共享的企业网络平台。对一个多门店、大规模、跨地区的连锁企业来说，日趋连锁化、分散化的经营网络，特别需要配套的网络平台的支撑。

苏宁电器在将网络平台覆盖到了南京总部、全国200余家门店及其他下属单位的同时，还在不断拓展新的门店。在苏宁银河国际广场，通过H3C的解决方案联入了统一网络。在该项目中，整个大厦的数据承载采用S8512万兆核心多业务路由交换机作为核心设备，而基础网络的智能化，则通过安置在汇聚层和接入层的 S6506R 和 S3000 系列交换机来实现，解决了公司总部、分公司、门店、加盟店之间的联网问题，实现了跨部门、跨地区的业务统筹管理。

6. 企业网安全问题

基于分布区域广的特点，连锁超市经常出现跨省市管理，所以对广域网建设的要求比较高。除了网络稳定性外，公司局域网内部还要有比较严格的权限控制和网络使用安全监控机制，主要作用在于保护公司机密业务数据的安全。

大中电器的网络平台通过华为 N20 路由器和高端交换机以及 Juniper SSG520 防火墙，对企业局域网内 400 多台电脑进行严格的 VLAN 划分，随时监控各工作站使用互联网工作及发送和接收邮件等情况。

7. 信息资源共享与管理

如何从企业的整体资源出发，及时、准确地共享和管理信息资源至关重要。而要做到这种信息共享，一种方式就是将语音通信与 IP 网络融合，建立一体化通信网络。

在易初莲花超市的 IP 电话的实践应用中，该方案不仅帮助易初莲花建立了跨地区一体化的语音通信网络，能够应对连锁配送、供应链管理中的任何突发情况，而且还降低了门店与分中心之间、分中心与分中心之间的长途话费，在基于 IP 架构的开放平台上实现了电话通信的最基本功能，并将语音信箱、语音邮件、电子邮件等服务集成进来。

武汉市的丽红超市基于路由器 VPN 的建立，实现了各个门店与总部之间的 VoIP 实时通话及服务器数据的同步，使分店与总部沟通更方便、通话零话费，满足了公司对低成本运营的要求。

从目前国内的情况来看，整体网络设施建设水平还有一定欠缺，这在很大程度上制约了连锁超市信息化的发展。

六、商场管理信息系统的新功能

如何利用通信和互联网这些时尚、先进的工具，方便工作人员与客户、供应商的联系和沟通，提高工作效率、降低管理成本等，是目前商场管理信息系统要解决的问题。

基于这一要求，客户、供应商的信息管理子系统要增加，工作人员在管理信息系统中利用各种条件查询出某一客户、供应商的资料后，能直接在管理信息系统中拨打电话、发传真和 E-mail 等功能。

下面以某商场信息管理系统为例，介绍其新增加的功能和实施的关键技术。

该商场除了常规的客户、供应商资料输入、修改、查询和打印等功能之外，主要增加了以下的功能。

1. 资料输入的增加部分

除了常规的输入内容之外，增加了单位和联系人的 E-mail 地址输入。输入的 E-mail 地址用于向该单位或联系人发送电子邮件。

2. 电话拨号

在进行客户、供应商的资料查询时，在列出的资料中双击任何一个电话号码，可以通过 Modem 自动拨号。拨号时有状态显示，如没有拨号音、盲音等。

3. 电话录音

操作人员在与客户、供应商电话联系时，若有需要，按界面上的“录音”键，可将与通话人的谈话内容录下。录音的主要作用是：当某些谈话内容需要笔录时，如客户对商品的要求等，可避免工作人员因笔录的速度跟不上而要求对方停顿的麻烦，节省了对方的时间；录音的内容可方便查询。

4. 传真文件

在进行客户、供应商的资料查询时，在列出的资料中双击任何一个传真号码，可发传真。发传真前，弹出操作窗口，由操作人员通过浏览选定传真的文件，处理完毕后，按“发送”键传真文件。

5. 发 E-mail

在进行客户、供应商的资料查询时，在列出的资料中双击任何一个 E-mail 地址，可发电子邮件。对于需打长途电话联系的客户、供应商，通过电子邮件，可节约电话费用。发送电子邮件前，弹出操作窗口，像其他 Windows 下的或网站内的电子邮件工具的操作界面一样，但是收件人和主题的内容由程序自动填写，但可修改，而内容栏由操作人员填写，附件则通过浏览选定，电子邮件的内容处理完毕后，按“发送”键发送。

6. 电子邮件的群呼功能

群呼功能方便地实现了将商场的新产品等信息发给所有的客户，如过年过节时，通过群呼功能向客户发送贺卡，增进商场与客户的友谊等。

以上新增的功能根据是否需要上网，可分为两部分：E-mail 是需上网的部分；打电话和发传真都不需上网。没有申请互联网账号的商场，也可使用新增的大部分功能。

【阅读案例】

信息系统实现成本与运营控制

北京友仁居餐饮集团从2003年3月开始，与北京康大助友软件技术有限公司通力合作，共同开发适用于连锁餐饮集团运营所需的计算机管理信息系统。成本与运营控制的思想贯穿于计算机信息系统实现的各个环节。

1. 统一供应商管理

供应商的选择、商品定价等由集团管理公司统一确定，因此系统由集团管理公司对供应商统一编码，各分店系统没有增加供应商编码的权利。各分店如果违规采购，将不能在系统内录入采购数据，从而财务上不予处理，这杜绝了人为管理不能有效控制的缺陷。

当然，除了计算机系统作为有利的管理工具之外，相关规定的制定与严格的监督实施是达到效果的最终保证。对供应商的统一管理，应该制定相关的管理细则，包括对供应商的选择要求、合同要求、供货要求、变价要求、结款要求、违规须知等。

2. 统一商品编码

商品编码是整个信息的基础，如果出现混乱，各种统计数据的准确性就无从谈起。因此，系统对商品编码的管理要求是非常严格的，分店没有商品自主编码的权利，集团管理公司必须有专人负责。

3. 根据管理要求严格商品属性

商品除了分类之外，还有很多属性，通过系统的严格定义使得对商品的运营管理成为可能。如进货属性包括配送、直送、即进即出（直接到操作间，根据日销量订货）。

4. 严格控制商品采供两条线

商品供应商、价格、质量要求的选择确认与实际的验货、收货确认应在岗位上严格分离，然后通过监督抽查控制，否则，无法避免人为发生漏洞的可能性。在系统中，分店的自主采购是一个费用报销的处理方式，数据反映非常迅速。因此，应用计算机系统之后，分店自主采购与采供两条线的原则并不矛盾。

5. 制定日盘商品集合

餐饮业行业商品的固有属性和管理属性差别很大，对于盘点的要求不可能统一而论。因此，系统管理首先要关注那些用量大、价值大的商品。对于这些商品，要坚持做到日控管理。因此，系统要求集团管理公司统一制定日盘的商品集合，并使各分店保持一致。

6. “进、销、盘、存”单据的一致性

业务数据的及时准确性是保证计算机管理信息系统发挥作用的前提。因此，系统要求业务运营中的各岗位人员必须及时录入各种单据，原则上决不允许拖延到第二天补录。发现问题应根据相关规定严肃处理。数据的及时录入保证了库存账面数据与实物量一致，为管理层正确决策提供了准确的经营信息。

7. 管理公司采购及运营部工作中心的转移

计算机信息系统的成功实施，使得集团管理公司采购部及运营管理部的工作重点发生了很大的变化，从原来纯手工的具体事物模式转变为真正的监控和管理。相应岗位的工作人员每天通过信息系统监控分店管理指标的波动，并比较各店统一指标的差距，发现问题做到有针对性的调查，从而有效地控制和指导分店的日常运营。

无论如何，计算机信息系统是不能解决商品的质量问题的。对于商品的质量问题，只能通过严格的管理与监督制度来保证，没有保证的信息系统是很难发挥作用的。

管理理念和管理工具是一对互为服务的孪生兄弟，一套好的管理信息系统是行业理念与计算机技术的完美结合。对于连锁餐饮企业来讲，正确认识、选择、应用信息系统是餐饮企业信息化管理成功的基础。

【开动脑筋】

连锁企业门店的顾客关系管理与连锁企业总部的顾客关系管理的区别是什么？

>> 本模块小结

本模块内容是站在连锁企业总部的角度，来观察与讨论信息系统问题。首先，介绍了连锁企业业务信息的主要内容，用三个插图简要地说明了 POS 机交换信息、物流 EDI 信息交换、批发者与生产者之间 EDI 数据种类等内容。其次，讲述了连锁企业的主要业务与物流信息是在总部—门店—配送中心或总部—地区分部—门店—配送中心间传递。

连锁总部管理信息系统的功能就是对以总部采购部门和配送中心为主体所承担的商品的购进、存储、配送等各项活动所发生的信息进行搜集、加工、传递和使用。最后，简要讲述了连锁企业信息化发展的战略问题。

>> 本模块参考

浏览网址

[1] 北京稻香村食品有限责任公司 http：//www. daoxiangcun. com/

[2] 北京屈臣氏个人用品连锁商店有限公司 http：//www. watsons. com. cn/

[3] 7-Eleven（北京）有限公司 http：//www. 7 - 11bj. com. cn/

[4] 家乐福 http：//www. carrefour. com. cn/

[5] 沃尔玛（中国）投资有限公司 http：//www. wal - martchina. com/

>> 课后思考

1. 浏览沃尔玛官方网站，谈谈阅览其信息系统建设等资料后的感受。
2. 企业总部信息管理的主要内容是什么？
3. 描述连锁企业总部主计算机的信息处理功能。
4. 调查某内资连锁企业的信息系统的现状。
5. 谈谈你对所在或所熟悉的连锁企业信息系统改造升级的意见。

>> 案例分析题

王府井百货信息化

北京王府井百货（集团）股份有限公司，简称“王府井百货”，前身是享誉中外的新中国第一店——北京市百货大楼，创立于1955年。公司经过50多年的创业、发展，现已成为国内专注于百货业态发展的最大零售集团之一，也是在上海证券交易所挂牌的上市公司。

1991年公司组建集团，1993年改组股份制，1994年完成社会公募后在上海证券交易所上市。1997年加盟北京控股有限公司，成为红筹股的一员。2000年9月，与东安集团实现战略性资产重组，成为北京最大的零售集团。2004年，公司入选商务部重点扶植的全国20家大型流通企业行列。

面对日趋激烈的竞争和国际零售业巨头的迫近，自1996年起，公司就开始在全国范围内推进百货连锁规模发展，实现由地方性企业向全国性企业，由单体型企业向连锁化、规模化、多元化企业集团的转变。截至2008年底，王府井百货集团销售突破120亿元。王府井百货集团旗下拥有北京市百货大楼、北京东安市场、北京长安商场等20余家分店。

从传统百货中的算盘，到现在的第二代收款机、第三代收款机，终端应用的技术变革真实地反映了王府井百货的信息化进程。

现在，各连锁店每天的销售数据，大到总的销售额，小到一件服装的销售情况，都能实时传回公司总部。如果没有技术的创新，不可能有新生业态的发展。

王府井百货集团以百货+连锁为发展体系，在百货的基础上以连锁的方式不断发展壮大。从1996年开始，公司就已正式提出了百货连锁的概念，但实际上整个技术环境并未真正覆盖所有连锁店网络。

2000年9月，王府井百货与东安集团重组后，集团的信息化治理网络面临巨大挑战。为了解决这一问题，集团斥资数百万元对信息系统进行了全面改造。在原有系统的基础上，分步骤实现进销分离和连锁经营，既支持统一采购又支持部分分店的分散采购。

2002年6月1日，王府井百货集团7家分店新的信息化系统全部切换上线，统一了“连锁百货”的治理信息系统。连锁百货的内容不仅是能够看得见的采用统一的品牌、相似的装修、相似的物品摆放，更重要的是“神经系统”——治理体系的对接，真正把连锁门店的供需结合到一起，实现了真正意义上的“百货+连锁”。

2007年以后，集团进行了二次体制改革，改革后把集团的采购业务进行集中管理，开始了集团内部整合的阶段。只有当建立数据仓库和商务智能等这些决策支持系统，充分利用数据挖掘来指导经营，数据才真正得到了最有效的利用。

在集团信息管理系统统一后，王府井百货立即加快了连锁扩张的速度，随之而来的收入与利润稳步上升。

问题：

1. 简述百货大楼与综合超市的根本区别。
2. 查阅王府井百货大楼的发展沿革资料，谈谈你的感受。
3. 查阅王府井百货大楼的连锁经营扩张过程，谈谈你的感想。
4. 为什么“在集团信息管理系统统一后，王府井百货立即加快了连锁扩张的速度”？

模块五

供应链信息系统与管理

>>学习目标

1. 了解连锁企业统一采购的目的与优越性
2. 掌握连锁企业的经营方式
3. 掌握配送中心的业务活动流程
4. 理解供应链管理的基本概念
5. 了解采购管理信息化的发展阶段

【案例导读1】

中小型连锁企业的信息系统配置

连锁经营是现代化商业的经营方式和组织形式，它以现代化的大规模组织为原则，通过提高协调动作能力达到规模效益的目的。

商业连锁经营主要体现在统一名称、标识、商店格局，统一价格、配送、统一核算、人员管理、监督等。要达到这几个统一并使连锁经营真正实现规模效益，用计算机来管理其采购、配送、零售是必不可少的。以采用正规连锁模式的连锁经营组织为例，它由总部进行绝对的控制，配送中心负责商品配送，各个连锁门店负责商品的销售，实行分布式网络管理。对于中小型连锁企业的管理信息系统来说，应既保证系统的扩展性、可靠性、安全性符合国际标准，又要考虑到资金的合理分配。

根据经验，建议采取以下方案。

(1) 客户机 CPU (Central Processing Unit，中央处理器) 不低于 PIII500，至少 128M 内存，20G 以上硬盘，800×600 彩显，数据库需支持 MS SQL Server、Oracle、DB2 (UDB)、ODBC 协议。

(2) 局域网采用星型以太网结构，采用高速智能交换式集线器及先进的 WINDOWS 2000 (或 NTSERVER 4.0) 作为网络操作系统。

(3) 出于对系统可靠性的考虑，建议连锁总部采用一台为主域控制器与一台备份域控制器的双机容错模式对网络进行管理，并在主域控制器上建立双硬盘镜像。

(4) 网络由本地局域网通过路由器实现远程服务，联接通道可选用 DDN、X.25 或 X.28 等方式；采用大型关系数据库 SQLSERVER7.0 作为数据库服务器，以客户/服务器方式对网络数据库进行管理，使用连锁门店管理软件。另外，根据各连锁经营组织不同的特点，其网络方案也可作相应的修改。

【案例导读2】

东方家园信息化建设

2010 年 5 月 5 日，东方家园第一家全面上线试点门店——北京来广营店全业务成功上线，标志着东方家园三种业态业务的贯通与融合（即超市业务、装潢业务、租赁业务），6 月 1 日，东方家园 16 个城市的 25 家门店全部完成 ERP 上线。

东方家园 ERP 项目涵盖了超市业务（建材超市）、装潢业务（家庭装修）、租赁业务（欧华尚美），涉及78个业务实体，SAP零售核心功能模块（FI、CO、MM、SD、HR等）全部上线，同时运用了PI、POS、DM等零售行业的增强功能，并实现了SAP同POS、OA、VRM的实时集成与数据交互，加强了公司业务的集成性和整合性。ERP系统正式上线后，将使东方家园更加合理地配置企业资源，优化业务流程，提高企业管理水平，使各项管理更趋标准化、规范化，增强企业的竞争实力。

SAP的应用对东方家园的差异化创新带来了许多实际性应用效果。东方家园推出的会员卡营销模式，不再像过去那样由导购手工开票到收银台手工输入进行结算，而是由系统将顾客所有的费用情况直接在八大产品服务中心完成，收银台只是完成收银的工作，这大大缩短了顾客的结账时间，为顾客提供了更加高效、快捷的服务，而且顾客所有的购物信息都将记录在会员卡内，公司还可以借助顾客的购物信息，延展对顾客的服务期限和内容。

通过ERP项目，东方家园应用国际最佳业务实践，实现业务流程的固化，建立了集中、统一、有效的经营与管理系统。

连锁企业采购信息管理

采购管理是一个组织将要采购的对象经过一系列的安排和行动，从广义的供应商那里获取到自己的组织内部、同时相应伴随的商流、资金流、物流、信息流、知识流、服务流等的全部管理过程。采购管理作为供应链上企业生产经营管理过程中的重要环节，越来越受到企业的广泛重视。

由于采购业务对国家、行业及企业的重要性，以美国为代表的欧美国家还专门设立了采购经理人指数（Purchase Management Index，PMI），作为国家制造业的体检表。它除了用来衡量本国制造业在采购与生产的主要状况外，还对新订单、商品价格、存货、雇员、订单交货、新出口订单和进口等八个范围进行了表述。

2005年4月底，我国在北京和香港两地发布了中国的采购经理人指数，它包括制造业和非制造业采购经理指数，并与GDP一同构成我国宏观经济的重要指标体系。

一、采购管理信息化

采购管理的信息化起源于制造业，最初是由于物料的供给无法满足生产制造的需求而萌发的，经过不断地演变与发展至今，其历程大致可分为以下三个阶段。

1. 第一阶段：物料需求计划 MRP 阶段（从 20 世纪 60 年代期至 80 年代初）

当时的市场处于卖方市场，只要生产出产品就不愁卖不出去，制造业管理的重心是如何生产出更多的产品，因此采购业务的主要任务是如何买到尽量多的物料来保证完成生产。

该阶段是采购管理信息化的初始阶段，当时 MRP 是为了解决订货点法的不足而产生的，由于 MRP 运算的数据量很大，靠手工计算非常困难，所以随着计算机技术的发展，MRP 得到了快速发展和广泛的应用，并一直沿用至今，仍然是 ERP 计算物料需求的核心部分。MRP 结合生产订单对产品的构成进行管理，按照产品的 BOM 展开并对照现有库存的可用量，利用计算机软件来计算物料需求，计算出某个订单什么时候需要什么物料，实现对"何时购买"、"购买多少"等进行管理。同时，还实现了用计算机对仓库物料的库存进行记录，并把采购与生产业务联系在了一起，以及实现了从采购订单的申请、审核、批准一直到发给供应商和部分物料接受、入库的信息化管理。

2. 第二阶段：制造资源规划 MRPII 阶段（从 20 世纪 80 年代至 90 年代初）

由于市场的竞争，从卖方市场逐渐转向了买方市场，企业必须要考虑生产什么才能更好地卖出去，因此采购业务不再是简单的买进，而是融入了"采"，首先要精心挑选，然后再"购"进。在管理"采"与"购"的同时，还要考虑在系统内管理其他因素，如供应商信息、采购流程中的财务信息、物料质量信息等。此时的采购管理信息化上升为 MRPII，但它在此阶段仅是被那些行业中的领军企业所采用，而在我国，起步更晚。MRPII 将与制造相关的一些业务集成在一起，形成一个以制造为中心的系统整体，提高了生产效率。

在采购业务方面，MRPII 除了 MRP 的管理功能外，还形成了其他几条采购管理信息化主线。

（1）实现了对供应商的管理。包括供应商的各种相关信息，记录了供应商在供货与交付中的表现，如价格、质量、准时交货率三项指标。

（2）对物料交付的整个接收过程进行管理。根据原始采购订单上的各项条款，检查接收的货物是否一致，并将其入库。

（3）仓库的信息化管理。包括了出入库、库内的盘点、移库、库存查询等作业的信息化管理。

(4) 全部采购业务过程的财务信息化管理。包括库存出入库时在财务账上的体现、固定资产的财务管理、与物料成本相关的财务管理、物料验收后的发票管理以及与付款相关的 AP 管理等，都实现了计算机化的管理过程。

(5) 物料接受时的质量管理。如果质量不合格，则无法进行正式入库、生成发票和入财务账等业务。

MRP－II 的创始人之一——Oliver Wright 曾对美国成功运用 MRP 的企业所获得的效益进行了调查，结果表明，企业实施 MRP－II 之后，在采购方面取得的效益有：采购成本下降了 5%、库存成本下降 0～30%、库存水平反映良好（库存正确率提高）、报表数字合理而迅速。

3. 第三阶段：企业资源规划 ERP 阶段（从 20 世纪 90 年代至今）

该阶段的采购信息化管理进入了大面积的普及阶段，ERP 已逐渐被众多的企业所接受，并普遍采用 ERP 来完成对采购业务的管理。此时的市场竞争已经相当的激烈，在市场上随着业务外包的不断增多，采购的目标已从单纯的物资扩大到了非实物对象，企业对采购业务除了既“采”又“购”之外，还增加了许多功能与流程，如：对供应商的供货质量进行严格的控制；接收货物时在流程中设定了免检与非免检的子流程，免检的货物必须要事先进行不同等级的认证，而非免检货物如无法通过质检要求，在系统中就无法接收入库；对供应商进行了某些指标的评估（如质量、价格和交货时间三项指标）；对采购成本的控制也有所加强，以及增加了许多业务执行过程中的策略（如仓库作业业务的出入库策略与盘点策略）；等等。

ERP 不再是以生产为中心的系统，它对企业各项业务进行了较全面的管理，采购系统成为 ERP 的一个模块或子系统，与其他如生产、财务、销售与分销、质量控制、HR 等子系统集成为一个整体，共同发挥作用，特别是将企业的采购业务与企业内部的生产制造以及财务业务紧密连接，形成了业务互联的统一体。

这时的采购信息化覆盖了几乎所有企业内部关于采购的业务，管理包括了对采购物资在时间、数量和质量上的确定。具体如下：

(1) 采购订单的申请、审核、批准等全部流程的管理。

(2) 生成采购订单并选择供应商。

(3) 采购订单状态与进度的查询、处理和监控。

(4) 货物的接受、质检与校验。

(5) 供应商质检的认证、免检与监督。

(6) 出入库作业流程。

(7) 库存分类。

(8) 批次(batch)处理，库存成本管理。

(9) 仓库作业管理。

(10) 发票检查和确认、过账至财务系统(财务向供应商支付货款)。

(11) 与采购相关的业务。

采购订单可以利用系统中已有的数据生成，这会减轻数据输入的工作量和发生错误的可能性，并保证数据的一致性，而所有管理是根据工作流的进程由系统自动触发。

二、海尔的“一流三网”案例

实施和完善后的海尔物流管理系统，可以用“一流三网”来概括。一流是指以订单信息流为中心；三网分别是全球供应链资源网络、全球用户资源网络和计算机信息网络。

围绕订单信息流这一中心，海尔将遍布全球的分支机构整合之后的物流平台，使得供应商和客户、企业内部信息网络这三网同时执行，同步运动，为订单信息流的增值提供支持。

通过 mySAP. com 的成功实施，海尔物流的“一流三网”的同步模式实现了四个目标:

(1) 为订单而采购，消灭库存。

(2) 通过整合内部资源、优化外部资源，使原来的 2336 家供应商优化到了 840 家，建立了更加强大的全球供应链网络，有力地保障了海尔产品的质量和交货期。

(3) 实现了三个即时(JIT)，即 JIT 采购、JIT 配送和 JIT 分拨物流的同步流程。

(4) 实现了与用户的零距离。目前，海尔 100 的采购订单由网上下达，使采购周期由原来的平均 10 天降低到 3 天；网上支付已达到总支付额的 20%。

【开拓视野】

零售供应链服务平台

这是为零售行业中所有零售商(百货店、大卖场、连锁超市、便利店、专业连锁店)和供应商(分销商、代理商、经销商)提供相互协同沟通的 SaaS 平台。尤其利用云计算技术解决了以往同一供应商企业同时与多零售商企业打交道的行业 ERP 瓶颈。平台涵盖了零售商与供应商双方从产品搜寻、合约签订、订货管理、退货管理、单品信息库、食品监督、促销管理、发票管理、电子对账、自动结算等所有原本需要手工完成的互动环节，解决了零售企业与供应商群体的传统纸本、传真、电话、邮递、监管等人工沟通的效率问题，并为我国零售企业赖以生存的联营方式提供了唯一的决策分析数据。

它的主要价值在于：加快供应链的反应速度，提高信息共享程度，提高商品周围速度，降低进化周期和进化费用，提高面向顾客服务的快速反应能力，提高企业之间的凝聚力。

三、沃尔玛信息系统开发沿革及战略案例

20 世纪 70 年代，沃尔玛率先将卫星通讯系统运用于公司的发展。21 世纪开始，沃尔玛又投资 90 亿美元开始实施“互联网统一标准平台”的建设。

尽管信息技术并不是沃尔玛取得成功的充分条件，但它却是沃尔玛成功的必要条件。这些投资都使得沃尔玛可以显著降低成本，大幅提高资本生产率和劳动生产率。沃尔玛的全球采购战略、配送系统、商品管理、电子数据系统战略在业界都是可圈可点的经典案例。可以说，所有的成功都是建立在沃尔玛利用信息技术基础之上的。

1985 ~ 1987 年，沃尔玛安装了公司专用的卫星通信系统。该系统的应用，使得总部、分销中心和各商店之间实现了双向的声音和数据传输，全球 4000 家沃尔玛分店也都能够通过自己的终端与总部进行实时的联系。

1. 物流配送系统

在沃尔玛的管理信息系统中，最重要的一环就是它的配送管理。20 世纪 90 年代，沃尔玛提出了新的零售业配送理论：集中管理的配送中心向各商店提供货源，而不是直接将货品运送到商店。其独特的配送体系，大大降低了成本，加速了存货周转，形成了沃尔玛的核心竞争力。沃尔玛的配送系统由高效的配送中心、迅速的运输系统、先进的卫星通讯网络三部分构成。

2. 信息与经营活动配合

沃尔玛还把信息技术与经营活动进行密切配合，开发出沃尔玛管理信息系统。该系统可以迅速得到所需的货品层面数据，观察销售趋势、存货水平和订购信息等。

3. 国际系统支持

沃尔玛公司的管理信息系统来自强大的国际系统支持。沃尔玛在全球拥有 3000 多家商店、40 多个配销中心、多个特别产品配销中心，它们分布在美国、阿根廷、巴西、加拿大、中国、法国、墨西哥、波多黎各等国家。公司总部与全球各家分店和各个供应商通过共同的电脑系统进行联系，它们有相同的补货系统、相同的 EDI 条形码系统、相同的库存管理系统、相同的会员管理系统、相同的收银系统。这样的系统能从一家商店

了解全世界商店的资料。

4. 视频会议系统

目前，在信息化建设上走在了零售业前沿的沃尔玛，采用了视频会议系统，以解决传统的电话沟通方式的不便，或者是各地相关员工赶往某地进行会议，花费高昂的差旅费用，甚至还严重影响了工作效率的问题。例如，通过视频会议系统，全球的沃尔玛公司人员可以在世界各地进行报表分析、销售预测、企业内部训等；操作人员可以将PowerPoint、Excel等数据表格、培训资料呈现在每个与会者的桌面电脑上。同时，还可以在已共享的文档上进行勾画、修改等操作，为他们提供了极大的方便。

从沃尔玛的成功里可以看出，沃尔玛正是正确的运用了信息技术战略，适时的调整自己的信息技术战略，紧随着市场的变化和信息技术的发展而不断改进自身的信息系统，所以能够保证高效、快速、优质的完成服务，最终取得了巨大的成功。

沃尔玛通过信息技术的支持，以最低的成本、最优质的服务、最快速的反应进行全球运作，这就使得沃尔玛始终立于世界零售业的不败地位。

【开拓视野】

在线短信平台

在线短信平台是bFuture供应链的一项增值业务，供应商通过手机短信的订制方式，可以及时准确地获知商品在商场每天的销售量、销售额、本月累计的销售总金额和销售总量，以及相应类别销售排名和销售占比。这些数据能够让供应商建立自己的业务日记，理性的掌握商品的销售情况，也可以根据这些数据及时的发现问题，调整销售方案。自写短信功能，也方便供应商进行商务洽谈和常规的组织内部人员活动。

它的主要价值在于：了解每日的销售进展，及时调整销售方案，使用方便、快捷。

四、Kiosk自助服务终端案例

现在，全球零售商已经将传统的商品销售与Kiosk自助服务结合起来，自助设备已经成为零售商提升门店形象、提高服务质量的有效手段。调查显示，广告、一般信息查询、产品信息查询、电子交易、票务、账单支付、超市自助结账等是Kiosk主要的应用方向。

德利多富公司将自助服务及零售领域的成功经验相结合，推出了适合零售应用的Kiosk产品：开放的平台、触摸屏设计、多媒体功能、灵活的网络接入、标准化的操作系统与接口以及出众的服务能力等。尤其值得一提的是，由于采用模块化设计和独立配置，它更适用于各种灵活的个性化应用：除传统的信息查询外，Kiosk 还提供账单付款、电话卡充值、购买机票和演出票，实现分发优惠券、照片打印等服务，同时还能实现广告和信息的播放，增加扫描仪或语音功能。

1. Kiosk 在德国百货店的使用

在德国的 Kaufhof 百货商店中，德利多富 Kiosk 产品被应用为回馈消费者的主要渠道。该百货商店的会员可以通过安置在店中的 Kiosk 来自助查询会员卡积分，根据积分做换取礼物的登记；商店还通过 Kiosk 向消费者提供商品陈列查询以及商品信息查询服务，这项服务不仅帮助消费者快速找到商品，同时也让消费者明白、清楚自己的购物。

2. Kiosk 在荷兰超市门店中的使用

在荷兰的 Albert Heijin 超市门店中，德利多富 Kiosk 被配置为一台自助结账支付终端。消费者购物结束后，可以在这里自助结账，体验全新的结账方式，并采用非现金方式进行支付。对零售商而言，在提升客户体验、提高客户忠诚度的同时，也可以优化结账和付款流程，更重要的是降低零售商的运营成本。

3. Kiosk 在香港赛马会上的使用

在香港赛马会，德利多富 Kiosk 则变身为一台自助下注终端。通过这台设备，赛马会客户不仅可以直接下注，同时也可以进行会员服务。

4. Kiosk 在法国加油站的使用

德利多富 Kiosk 应用在法国 Total 加油站时，又成为一台户外支付终端：前来加油或洗车的消费者可以通过该设备进行自助支付。采用 Kiosk 提供自助服务后，加油站在不增加任何人工成本的基础上，可以为消费者提供 24 小时运营服务。同时，由于 Kiosk 具有强大的多媒体功能，加油站还可以对前来使用设备的消费者提供一对一的销售服务，从而增加了广告收入和其他商品销售服务。

5. Kiosk 在法国影院的使用

在法国的 Europalace 影院，德利多富 Kiosk 被配置为票务终端。消费者在这里可以选择想要观看的电影，进行非现金支付并打印电影票。对商家而言，Kiosk 的采用优化了客户服务流程。

6. Kiosk 在新加坡和香港的 SONY 店中的使用

在新加坡和香港的 SONY 店中，德利多富 Kiosk 被配置为数码相片打印设备。当数码相片通过手机或存储设备传输到 Kiosk 上后，消费者便可以在设备上修改、加工照片，完成后进行照片打印，最后通过非接触卡或信用卡进行支付。值得一提的是，数码照片的整个打印过程都是消费者自助完成的。

7. Kiosk 在德国的使用

在德国的 Esprit 商店中，德利多富 Kiosk 则成了便利的网络商店。通过 Kiosk 设备，消费者不仅可以查询服装信息，选择自己喜欢的商品，更可以通过设备进行订购。当然，通过 Kiosk 提供会员服务也是必不可少的。

在德国的 BMW 工厂中，德利多富 Kiosk 被配置为员工自助服务终端。由于工厂里的员工没有固定的工作台和计算机，他们获取公司信息非常不方便。安装了 Kiosk 后，他们可以在生产区域通过 Kiosk 连接进入企业内部网，了解个人数据或企业信息，修改或打印这些信息，或使用在线员工帮助系统。Kiosk 的应用，极大地降低了企业内部的信件成本。

8. Kiosk 在中国市场的使用

在中国市场上，由于德利多富有着成熟的从业经验，自从推出 Kiosk 自助服务设备以来，便引起了广泛的关注。2007 年，德利多富公司为上海浦东国际机场提供的 6 台航空自助值机柜台在浦东机场国内出发大厅 B 区正式投入使用，并逐步推广至全国各大机场；2008 年，德利多富 Kiosk 首次安装在南京德基广场，会员管理服务功能的实现，是此次 Kiosk 应用的核心价值体现。

从如此众多的行业应用中我们不难看出，消费者不仅可以通过 Kiosk 设备方便地进行自助查询，更具有吸引力的服务在于，经过个性化设计的 Kiosk 具备互动功能，消费者可以全程参与到整个购买、订购过程中。

从零售商的角度看，Kiosk 代表了零售商推行全新增值业务的战略思路。

【开拓视野】

kiosk

该词源于土耳其语，原意为路边无人看管的书报摊。现引申为一种自助的概念：自助服务机或信息服务亭，即提供产品或储存信息及提供媒体展示的自助式服务设备(self-service devices)。具体来看，这种自助式服务设备整合了各式软硬件设备，以影片、图片、文字、音乐等多媒体数据库形成的互动环境，提供各类产品贩售或信息服务。

项目二

中小企业供应链管理网络方案

供应链是围绕核心企业，通过对信息流、物流、资金流的控制，从采购原材料开始，制成中间产品以及最终产品，最后由销售网络把产品送到消费者手中的将供应商、制造商、分销商、零售商，直到最终用户连成一个整体的功能网链结构。

对于大多数中小企业，供应链管理仅仅局限于基本的产、供、销管理，未能形成有效的管理体系。由于相关的业务合作伙伴（供应商、代理分销商）较少，业务较为单纯，它们很少考虑进一步改进供应链管理，使自身更具竞争力。中小企业要赢得局部竞争优势，务必要下大力气实现企业信息化。

一、零售业供应链管理现状

首先，我国现阶段零售业面临巨大的挑战，市场竞争加剧；市场从卖方市场转为买方市场；零售业的竞争一定程度上变成了供应链的竞争。

其次，现在零售业供应链呈现出逐渐向需求链转移和企业从关注短链转移到关注长链转移的趋势；供应链是围绕核心企业的，它将供应商、制造商、分销商、零售商和最终用户连成一个整体的功能网链。供应链不仅是一条连接供应商到用户的物料链，而且是一条增值链。

再次，IT 在供应链中发挥重要作用：信息共享是供应链管理的关键；EDI 是供应链管理的主要信息手段；供应商管理库存（VMI）与 B to B 模式带来了供应链的变革；“数据仓库”和“商业智能分析（BI）”提供商业运作决策支持。

最后，典型的大型零售供应链包含三个子系统：零售商与供应商系统、零售商内部管理系统和零售商与客户关系系统。具体体现为：企业与消费者之间的信息系统（CRM）、企业内部管理信息系统（ERP）、企业和供应商的信息系统 B to B、仓储管理和配送管理等。

二、供应链管理的网络解决方案

供应链管理应用是在企业资源规划的基础上发展起来的，它把公司的制造过程、库存系统和供应商产生的数据合并在一起，从一个统一的视角展示产品建造过程中的各种影响因素。

供应链管理以其灵活性和上市速度而闻名，它帮助管理人员有效分配资源，最大限度提高效率和减少工作周期。以下主要介绍方案中的要览、后端要求、前端要求、网络管理与报告、Web 界面等部分。

1. 要览

在厂家—消费者—供应商的基本关系中，各个参与者在供应/价值/需求链中起着多种作用。他们之间的互动日益加快，对给予支持的网络基础设施提出了额外的性能要求。

随着供应链的全球化，网络的复杂性也增加了。所以，网络基础设施必须确保供应链所要求的数据完整性和性能。

成功的供应链管理实施方案要求网络具有以下关键特性。

（1）互操作性。供应链管理必须能够支持很多不同的网络、应用软件和数据库资源。

（2）可靠性。及时的事件路由要求部分网络和服务器容错，并具有冗余。

（3）可扩展性。成功实施供应链管理，会使销售量、订单和发运量大增，因此，基础设施必须提供灵活性和可扩展性。

（4）性能。由于供应链管理需要做出接近于实时的决策，因此，网络必须接受高级服务质量机制的指导。

（5）可管理性。网络必须定期监控服务质量（Quality of Service，QoS，即网络的一种安全机制，用来解决网络延迟和阻塞等问题的一种技术）机制和应用性能，还必须支持各种分析工具，并能够管理信息流。

（6）安全性。供应链管理功能越来越多地使用 Internet，这就要求增加全面的加密措施和审核措施。

2. 后端要求

3Com 网络有足够的带宽和极短的延迟，可避免性能退化和实现实时事务处理。3Com 公司的解决方案包括用于传统窄带（ISDN，V.90）访问和宽带（DSL）访问的 Internet 访问解决方案。连接产品包括：用于 V.90 或用 ISDN 访问的 Office Connect 局域网调制解调器，用于中型企业远程访问服务器和 Internet 连接的 RAS1500，用于 DSL 连接的 Office Connect 系列产品。

3. 前端要求

由于大多数企业中的战略性规划是在很小的范围内进行的，所以供应链管理应用通常只有极少的客户机。但这些客户机必须以接近于实时的速度访问供应链管理系统。在园区或楼房环境提供这种访问的最好办法是，通过部署交换型拓扑结构，把争抢式的共享型局域网拓扑结构升级为专用的连接。

此外，升级到专用的全双工以太网或快速以太网台式机连接和升级到相应的竖线/主干链路，会明显增加供应链管理客户机（以及整个园区）的可用带宽。3Com 公司的 SuperStack 交换机和齐全的高性能网卡系列是这种应用的理想选择。

4. 网络管理与报告

企业必须有办法确保所提供的服务达到确定的水平。对于供应链管理来说，就要对网络行为进行非常细致的测量。几乎所有的 3Com 产品都有嵌入式 RMON 代理，而其他产品还有 RMON2 代理，这些代理能够细致识别应用信息。3Com 公司还提供 RMON/RMON2 硬件探测器。

利用 Transcend Traffix Manager 来审视这些数据，网络专家便可以监视不同协议传输的供应链管理信息流。这样的反馈使网络专家可以不断调整网络策略，并决定何时、何地可能需要增加带宽。

5. Web 界面

许多供应链管理厂家正在给他们的应用软件增加 Web 界面。这些界面有许多种，包括从客户机屏幕和报告的基本超文本标识语言界面到基于 Java 或 ActiveX 的下一代高级客户机界面。对于用户来说，从培训和演化的观点来看，比较一致的一套浏览器界面比专用界面的吸引力大得多。

随着供应链管理应用软件越来越多地涉及 Web，新的安全性和服务级别的挑战出现了。3Com 网络使供应链管理实施者可以把合适的多种产品组合在一起，以迎接这些挑战，同时又能够实现供应链规划和管理的价值。

三、中小型连锁企业的信息系统设计

对于中小型连锁企业的信息系统来说，应既保证系统的扩展性、可靠性、安全性符合国际标准，又要考虑到资金的合理分配。

1. 连锁总部管理信息系统

连锁总部是经营管理的决策部门，主要负责商品的采购、定价、财务等工作，并通过网络查询及汇总各门店的销售、库存情况以及配送中心的库存信息，及时生成各种报表供经理分析，以制定新的经营计划。因此，连锁总部的计算机管理系统应具备如下功能。

（1）基本信息管理。应可建立、修改并查询公司、部门、各连锁门店的商品信息以及往来客商编码、员工档案、员工密码管理及权限限制；商品价格管理可按加价率、加价额等定价算法由系统自动定价，并可按用户的需要生成报价单，以满足批发客户的需要。

（2）合同管理。总部与供应商的合同管理，应可进行合同的录入、修改、查询，并根据实际供货情况分期、分次管理合同的执行情况。

（3）进货（采购）管理。包括商品进货单的录入、修改、查询、打印，并通过审核自动生成入库单，转入配送中心，再经配送中心审核后自动入库。系统应通过进货单的处理自动生成针对某一供应商的累计进货额、累计结款额、应付总金额等。此外，还应根据用户的退货情况录入退回单，进行相应的处理。

（4）应付管理。若在进货中尚未付款，系统应自动由进货单生成应付信息和对账单，用户可随时查询应付明细。

（5）销售管理。批发销售功能可由总部统一处理。系统应进行销售单的录入、修改、查询，并通过审核自动生成出库单转入配送中心，再经配送中心审核后自动出库。系统通过销售单的处理，应自动生成针对某一客户的累计销售额、累计结款额、应收总金额等。还应自动计算销售单中任一商品的毛利及本单的总毛利，并通过万能查询系统使用户得到自己需要的各种报表，如任一时间段的销售情况报表、业务员的销售表等。系统还应打印送货单（提货单）及一般纳税人清单等单据。

（6）应收管理。针对批发商品时用户尚未付款的情况，系统应自动由销售单生成应收信息和对账单，用户可随时查询应收明细并跟踪处理应收及回款情况。

（7）财务管理。通过财务人员日常凭证的处理，系统应能自动生成明细账、总分类账、资产负债表、损益表等财务常用报表。

（8）信息流处理。包括处理连锁门店日常补货要求、连锁门店的退货要求、对配送中心生成商品配送单的通知、连锁门店之间的商品调配等信息流管理。

（9）综合查询管理。可查询配送中心的库存情况、各门店的进销存及整个连锁店的销售情况、毛利情况、库存资金占压情况，以及应收款、应付款、综合性销售及回款报表等。该模块使管理人员及时把握经营状况，并通过系统自动生成的汇总分析报表做出相应的商业决策。

(10) 数据传送管理。可向配送中心传送商品变动信息，如新增商品、商品价格调整、商品进货情况（要求其审核入库）、商品批发销售情况（要求其审核出库）、商品配送信息及连锁分店的退货信息等；接受配送中心上传的信息，如进货入库验货信息、销售出库验货信息、库存商品盘点情况、报损情况及各门店的配货、退货情况和配送中心发现商品积压或损坏时要求的退货单；接受连锁门店向总部上传信息，如补货信息、到货信息、销售信息、库存信息、退货信息等。

2. 配送中心管理信息系统

配送中心管理信息系统是以商品的物流管理为对象，以商品的到货、验货、库存、配货、出库为管理内容的管理信息系统。应具备如下功能。

(1) 入库管理。具体分为四种入库方式：

①总部进货部应将由进货单自动生成的入库单传入配送中心，配送中心在验货后将其审核确认。

②总部销售部应将由销售退回单自动生成的入库单传入配送中心，配送中心在验货后将其审核确认。

③各连锁门店的退货单传入配送中心后，经配送中心验货后将其审核确认。

④特殊情况下的入库管理，如赠入等。

(2) 出库管理。具体分为四种出库方式：

①总部销售部应将由销售单自动生成的出库单传入配送中心，配送中心在验货后将其审核确认。

②总部进货部应将由进货退回单自动生成的出库单传入配送中心，配送中心在验货后将其审核确认。

③总部传入的各连锁门店的配货单，配送中心在验货后将其审核确认。

④特殊情况下的出库管理，如赠出等。

(3) 盘点管理。包括盘点单的生成、打印，盘点数量的录入，盘点单的查询等工作。

(4) 报损报残管理。包括报损报残商品的录入、查询功能。

(5) 报警管理。包括库存商品上、下限的报警功能，含保质期的报警。

(6) 库存管理。包括货位的维护，可随时查询库存商品的商品编码、名称、单位、库存单价、零售单价、库存数量、库存金额、售价金额、最高库存、最低库存、累入数量、累入金额、累出数量、累出金额、生产日期、有效期等。

(7) 调拨管理。包括商品在不同货位间的调拨管理。

(8) 条码打印管理。包括将本系统的自编商品条码转入条码打印机所自带的数据库，以方便打印条码。

（9）查询管理。包括通过系统提供的万能查询器查询任何信息，如某一商品的入出库信息，某一段时间内所有的入出库明细、库存商品占压资金情况等。

（10）数据传送管理。包括接受总部传送的商品变动信息，如新增商品、商品价格调整等，以及商品进货、批发销售、商品配送及门店的退货信息等；向总部上传信息，如进货入库验货信息、销售出库验货信息、库存商品盘点情况、报损情况和向各门店的配货、退货情况及配送中心发现商品积压或损坏时要求的退货单。

3. 连锁门店管理信息系统

连锁门店是整个连锁组织实现利润的直接执行者，它除了要进行日常信息的处理外，还要及时传送相应的信息，使总部能了解实际的销售库存情况，以便做出相应的决策。根据连锁门店的特点，它的管理系统分为两大部分：一是后台管理信息系统，二是前台零售开票系统。

（1）后台管理信息系统。它的基本信息管理应包括：录入、修改本连锁店的地址、电话等信息；可随时查询商品信息，此信息是以总部为来源和不断补充的，门店无权对其进行增加及修改；录入、修改本店的职员信息，并对员工密码进行管理及权限限制。

它的货位管理应包括货位的维护，应随时查询库存商品中的商品编码、名称、单位、库存单价、零售单价、库存数量、库存金额、售价金额、最高库存、最低库存、累入数量、累入金额、累出数量、累出金额、生产日期、有效期等，并可实时查询本店有关商品的数量、金额等信息，对在架商品做到心中有数，为商品资金占用、补货等提供依据。

此外，该系统还包括入库、盘点、报损报残、报警、调拨、查询、数据传送管理等功能。零售管理可进行零售日结、汇总前台的日销售信息、实时查询收款数据，并可随时查询销售情况，生成各种销售分析图表，如销售日报、旬报、月报、季报、年报。

（2）前台收款系统。它是商品销售数据的来源，也是实现商品价值、进行交易的手段。对收款的严格管理，可以防止错误信息进入系统，也可以防止收款过程中的作弊现象。

四、中小连锁企业信息化建设的原则

从信息化发展的历程和企业信息化建设的经验来看，中小连锁企业信息化建设要遵循以下几个原则。

1. 企业信息化的规划

（1）发展战略。要充分考虑到企业独特的经营规模、经营区域、经营范围、经营理念、产品选型、生命周期、成本收益率、标准化要求、长远发展目标等诸多重要因素，同时还要考虑到总部对供应商、加盟商的管理深度、管理范围，使必要的管理内容和流程通过信息化手段以最方便、快捷的方式实现，经营信息迅速完成上传下达，汇总数据为企业运行提供强有力的后盾支持，从而达到企业管理的综合要求。

（2）需求规划。对于中小型连锁企业来说，资本投入是一个非常重要的决策因素。即使是一些大型连锁企业，做信息化也有很多失败的案例。所以，一些固定的、最高端的产品，特别是国外的一些产品，在中小企业中会有“水土不服”的情况，造成投资浪费。

（3）数据规划。信息系统是由大量的数据根据不同的结构结合在一起，然后发挥综合功能的，这是由数据所能实现的功能决定的。首先是数据采集能力：来自 POS 终端的商品和顾客服务数据；其次是数据传输能力：与供应商和分店的数据共享，改变供应链信息不对称状况，提高补货和存货共管能力；第三是数据存储能力：完成如数据存储、合同存储、货品移动、票据传递、手续查证等工作及流程的记录和约束；第四是数据分析能力：对组织机制设计和业务流程关系的固化，及其商品流、资金流、信息流的实时数据处理；第五是数据服务能力：作为一种资源被内外部供应链伙伴广泛应用，而解决来自于本地需求与总部网络集中服务的差异化的复杂流转问题。

2. 企业信息化系统的选择

目前，国内企业仍然满足于数据汇报，看不到真正的智能分析，以现在已经广泛使用的 POS 机来说，这些设备能生成大量的数据，但真正应用的还不到 30%。而国外企业则充分地利用了采集来的信息，一方面对内做数据分析，调整企业发展战略，加速企业扩张性发展，另一方面对外还可以出售给有需要的企业。

特许连锁企业的信息化实施方案主要分为总部业务管理信息化系统、总部针对门店管理的信息化系统、门店管理信息化系统三部分。

在国内，特许连锁企业目前的信息化建设主要体现在门店经营信息化方面的成熟应用，对于总部业务管理信息系统和总部针对门店的管理信息系统的应用，由于缺乏满足不同企业个性化需求的软件，已经成为国内连锁与特许企业做大、做强和可持续发展的制约因素，主要体现在两个方面：一是总部业务管理混乱，影响企业发展战略的有效执行；二是总部与各加盟店信息沟通不畅、服务和管理不到位，导致各加盟店标准化执行程度和赢利率难以达到预期目标。

3. 企业信息化的主要功能

（1）实现各类检查单的实时录入、查询、汇总功能，按产品、类别、地区、店龄进行销量汇总排序。

（2）实现订单（自动导入）、配送单（自动生成，提供编辑功能）、采购单、（自动生成，提供编辑功能）以及回款信息（与财务集成）。

（3）实现管理绩效与销售绩效的自动评分、自动排名。

（4）各加盟店进销存管理、盘点管理、销售信息分析和档案管理。

（5）实现供应商、供应网、物流配送的管理。

（6）实现资金流等的财务管理。

（7）实现企业经营标准化、专业化的指导。

（8）实现客户关系（VIP、客户档案）的管理。

（9）符合未来企业、电子商务的发展要求。

（10）满足数据共享和数据安全性要求。

五、企业信息化服务商的选择

由于中小型连锁企业自身的局限性，因此要根据自身特点对信息化服务商进行筛选。服务商不一定要求规模大，因为大品牌、大规模的服务商往往与高价格相对应，但是要求服务商的综合能力要符合连锁企业的需求。

首先，要了解特许连锁行业，与本行业的企业或协会、媒体保持密切的联系，可以将众多企业的先进管理理念和管理方法融入信息化建设中。通过信息化建设和发展，为企业带来新鲜的管理思想和发展信息，成为终身的信息化管家。

其次，要有专业的咨询和规划设计能力。只有这样的人才，才能帮助企业制定出最符合的建设方案，设计出最适合的产品。

第三，要有高水平的技术开发团队。人不在多，但在于精，能独立完成产品的开发工作，才能满足企业发展的持续性需要，完成企业发展的不同阶段对信息化建设的产品的扩充和升级需求，使信息化产品能永远紧跟企业发展的脚步前进。

第四，完善的售后服务，既能保证系统功能的完全、稳定，也能将企业的需求信息第一时间反馈给技术人员，保持系统的新鲜性，同时也能将外界各种新鲜资讯带给企业，帮助中小企业得到更多的市场发展动态。

第五，能提供多样化的服务方式，可以使中小型连锁企业通过选择合适的合作方式，建立长期合作关系，从而减少企业内部因信息化建设带来的设备、人员等诸多方面的开支。

供应链管理信息化及其案例

mySAP SCM 是一套完整集成的供应链管理的解决方案和应用平台，可以对整个供应链网络中的流程、存货、资产和合作伙伴进行管理，包括从简单地追踪货物发运到全面监控与微调关键流程中的复杂业务流。

一、mySAPSCM 的主要功能

mySAP SCM 具有协同采购、协同生产和协同履约三种支持供应链执行的功能。

1. 协同采购

mySAP SCM 的协同采购功能在与 mySAP 供应商关系管理（mySAP SRM）无缝集成的环境下运行，优化物料从订货到发运、开票的整个采购流程。

mySAP 供应链管理和 mySAP 供应商关系管理提供基于标准的采购处理、自动补货和多供应商支持能力，满足企业商品原料和定制生产材料的采购需求。通过利用互联网，供应链伙伴可以参与某一采购过程，无论他们使用何种后台系统和采购应用系统。当合并备件、调整库存时，不会影响库存的安全备用量。

2. 协同生产

利用 mySAP SCM 中的协同生产能力，可与合作伙伴共享信息，协调生产，使每个人都能通力协作，提高响应能力和生产效率。

3. 协同履约

mySAP SCM 中的协同履约功能可使企业实时地智能确认交货日期。通过优化制造、仓储、运输过程，使所有环节准时执行订单，实现优质客户服务。由于 mySAP 供应链管理与 mySAP 客户关系管理结合运行，因此，客户新的需求可以根据实际库存量和生产能力的现状来满足，不会造成断档或供货不足。

二、mySAP 客户管理系统解决方案

mySAP 商务套件是一套真正完整集成的解决方案和应用平台。该商务套件使企业从

容应对不断变化的客户和市场需求，协调企业与客户、供应商、后勤伙伴、银行金融机构、政府机关以及员工等的关系，并从这些关系中获得效率和收益。

mySAP 商务套件主要包含 mySAP ERP（企业资源计划）、mySAP SRM（供应商关系管理）、mySAP PLM（产品生命周期管理）、mySAP SCM（供应链管理）和 mySAP CRM（客户关系管理）等组件。其中，mySAP ERP 是整个 mySAP 商务套件的核心系统，在 SAP NetWeaver 应用平台的基础上，集成了 mySAP 财务管理、mySAP HR（人力资源管理）、运营（后勤）、公司服务等 ERP 基础核心模块。

使用 mySAP CRM 解决方案的电子销售功能时，SAP Markets 互联网销售组件可通过互联网管理销售的全过程。于是，客户可以在这里享受丰富多样的产品选择、多媒体产品目录、先进的个性化经营理念、在线产品配置、便利的购物篮管理、安全的交易、全面订单状态跟踪及优质的售后服务。

1. 开展业务的首选方案

无论销售对象是企业还是普通消费者，采用直接销售还是间接推销方式，mySAP CRM 电子销售都可以在一个解决方案下提供有力的支持。

（1）企业—企业（B to B）。这是指向业务伙伴和分销商进行销售，在网络环境下传送商务合同和价格协议。可为同时服务于一家客户的多个买方用户提供支持，并且允许订购货物有多个接收人。采用与客户的 B to B 采购解决方案，可以轻松执行快速订单录入和自动计费功能。

（2）企业—市场（B to M）。它主要是指：加入在线业务交换，冲破协同商务界限；与全球客户、供应商和业务伙伴沟通；使用内置功能，提供营销活动、定价、供货能力和配置内容；配送采购订单、确认、发货通知、开发票，完成全部后台处理工作。

（3）企业—客户（B to C）。它建立独具特色的互动式虚拟仓库，配以丰富的目录和先进的多媒体内容，收集有关客户资料并加以分析，再将其转化为一对一的营销计划。

2. 具备的功能

mySAP CRM 电子销售建立的 Web 形象提供了一切必要功能，具体如下。

（1）功能强大的目录和内容管理。产品目录可繁可简，并具有快速搜索、检索和多媒体功能。多版本产品目录可发布到特定市场或特定的语言地区。

（2）突出个性化。根据每个客户的情况、偏好和采购历史提供个性化内容，真正实现一对一营销。例如，提供特定客户目录视图和价格、个性化产品建议、畅销品列表和交叉销售/向上销售建议。

（3）完整的订单配置环境。具有相当的灵活性，客户可快速方便地设计所需产品，并利用智能工具迅速计算价格，自动拒绝不相容的配置。

（4）准确交付，承诺检查。与 mySAP 供应链管理解决方案或 SAP R/3 全面集成后，可精确、实时地确认供货能力和发货日期。在生产能力、当前库存量以及提货和发运时间的基础上做出交付承诺。

（5）在线订单状态和订单跟踪。客户可以随时在线查看报价、订单、发票和订单状态。利用超链接连到承运人跟踪系统后，可供客户监控发运过程。

（6）电子拍卖。主办过剩物资、积压库存和过季产品在线拍卖，提高营业收入。创 SAP Markets 互联网销售架构遵照 Java 建立、编辑和监控拍卖时机并发放标书。

（7）与客户互动中心集成。客户利用一个三方产品轻松集成，也证明了“回呼”按钮，在网上商店内随时可与提供最先进开放技术的承诺呼叫中心代理联系。同时，系统设置在线聊天、共浏览或通过 IP 传输话音等选项。

（8）智能 Web 分析。评估网上商店，使其满足客户的要求。通过对客户当前购买活动过去联络的比较，全面了解客户的行为。将客户会话内容与 SAP 业务信息仓库中的数据相结合，mySAP CRM 及其他解决方案可以生成客户保有量报告、变化报告、现场量化及销售分析等信息。

3. 先进的电子商务平台

SAP Markets 互联网销售架构遵照 Java 企业级第 2 版应用模型（一种 Web 高级应用的前沿技术），这一架构可保证与第三方产品轻松集成，提高企业的竞争力。mySAP CRM 电子销售解决方案可以帮助企业：简化购销管理流程并提高运行效率；主动管理互联网，使其成为一条战略销售渠道；跨企业、越国界开展业务运营；实现业务智能化，更好地服务于客户；显著降低交易成本，减少客户服务呼叫次数。

三、供应链管理信息系统案例

1. 北京燕莎的蓝色供应链管理系统

2005 年，北京燕莎友谊商城采用 IBM 与富基融通合作开发的基于工作流引擎驱动的新一代蓝色供应链管理系统（future ONE Visual SCM），达到提升企业管理水平的目的。燕莎信息部负责人认为，新系统最大限度地实现了信息资源共享和管理成本的降低，利用规模效应有效地提高了供应链企业的竞争力。

（1）建立了新型的商务模式。通过供需链管理系统，给企业带来的最大变化是实现了网上交互商务模式，重组企业内外部流程，打破了原本相对封闭的企业信息，实现了零售商和供应商之间、供应商与供应商之间的信息共享，建立了新型的互利共赢的关系模式。并使零售端和供应端都从繁杂的工作中解放出来，在更大范围内实现资源配置的最优化和资源利用的最大化，为零售商和供应商的业务提供了决策依据。

（2）建立了内外互通接口。燕莎的蓝色供应链在 ERP 和财务管理底层架构的基础上，通过新建 DB2 数据库将与供应商相关的数据抽取出来并发到网上，使对外的供应链管理与内部 ERP 管理实现了互通接口。图形界面取代了传统的表单形式，供应商可以实时了解到订单流转环节的进程，及时了解商品的销售、库存情况，甚至可以通过手机了解关键信息，因为网络与手机媒体进行了接口。

在销售方面，以前供应商利用零售商当天营业后的销售小票了解销售数量和金额，制定今后的销售重点、销售策略和生产范围等。而通过供需链管理系统，供应商能及时了解零售商信息系统中的销售数据，还可以根据不同分类和不同品牌按照日销售、周销售、月销售、年销售和自定义的时间段来总结销售情况，了解滞销和畅销的商品，确定销售额和销售成本，甚至可以通过月销售数据的排名，了解市场走向和变化等。供应商通过及时、准确和已经过整理的数据，对制定适时、准确、符合市场的商品销售策略、商品生产结构有参照作用。

（3）为“零库存”提供了可能。正是通过企业后台供需管理系统的联接，打通了前端销售与后台物流、仓库之间，零售商与产品供应商之间的壁垒，从而为这些连锁零售企业实现“零库存”提供了可能。

合理的供需链管理系统降低了零售商和供应商了解销售、库存数据进行沟通的成本，增加了数据的透明度，减少了供应商对数据进行整理的时间，提高了数据传递的准确性，加快了供应商对数据的分析能力。

（4）改变了结算方式。信息化应用还为连锁企业与供应商的结算方式带来了变革。对比过去零售商产生结算单后，采用邮寄、传真等耗时耗力通知供应商结算的方式，现在的供应商能及时看到自己的结算单，然后根据该记账区间查询销售数据，与结算数据进行对比，验证数据的准确性。

通过网上确认结算单数据的准确性，或提出对结算数据的疑问，或通知零售商结算时间，然后打印结算单，在约定的时间开具相应发票到零售商处结算。结算流程的改变，简化了零售商和供应商的手续，使零售商和供应商的沟通更快捷、方便。供需链管理系统对结算单流程的改变，体现了该系统对企业之间业务流程的重组，做到了企业内外部流程一体化和信息共享。

（5）规范了交易行为。新的供应链体系规范了整个供应链的交易行为，从下单到生成结算都可在一个操作平台上进行。除了给双方的交易带来便利，还可使供应商及时了解订单符合率、到货符合率和相关的供应商排名情况，供应商能进行反向确认，可以针对疑问时时网上互动。

2. 苏宁电器盘活供应链

苏宁电器信息中心用“盘活了整个供应链”来形容信息系统带来的变化。以补货为例，以前供应商靠业务人员每天汇报的销售情况、库存情况和从零售商处得到的纸类订货单据和数据，通过这些大量、零碎的数据对何时需要补货数量进行估算，经常会造成一些失误：要么因为补货过早、过多，造成货物积压；要么因为补货过晚、过少，造成断货，给经营带来不必要的损失。应用了供应键信息管理，很好地解决了这一问题。

3. 步步高借力改造信息系统

步步高商业连锁公司经历 12 年发展最终从一家不足百平方米的小店，发展到如今的中国百强商业连锁集团。目前，步步高在湖南、江西布点的基础上，扩大投资，在长、株、潭三市核心区域兴建大型物流配送中心。

发展初期，步步高一直使用自行研发的管理信息系统，但随着规模化经营的逐渐成熟，原有的响应型开发模式开始缺乏整体 IT 建设规划，同时也在系统扩展性上表现出了先天的不足：而对于零售业管理中供应链管理与财务管理两个关键因素，原系统也缺乏必要的集成统一管理；各店铺都有自己的中心数据库及 POS 收银系统，能将店铺的产品销售信息、库存信息、采购信息等记录在计算机中，但是没有实现各个分店整体商品和客户信息的共享、整体的规划和集中的物流配送。

富基融通公司采用“整体规划、分步实施、合作开发”的实施原则，提出了以更合理、更高效、更全面的业务运作支持为核心的 Congou 零售业务信息管理系统解决方案。通过该方案，步步高公司的零售业务信息管理系统采用了总部—门店的两层架构，实现了“胖总部、瘦门店”的集中管理，并以 ESB 企业信息服务总线实现了各系统间的信息交互、数据大集中与共享，进而最终资源聚集管理支持、战略部署信息化、企业资源优化和创新业务价值挖掘。

【开动脑筋】

1. 供应链与流通渠道有何异同？
2. 零库存真的是指库存为零吗？
3. 在流通业中，供应链管理的核心企业是什么样的企业？

>> 本模块小结

本模块内容从供应链管理的角度出发，介绍了供应链信息系统与管理的基本知识与内容。供应链是围绕核心企业，通过对信息流、物流、资金流的控制，从采购原材料开始，制成中间产品以及最终产品，最后由销售网络把产品送到消费者手中的将供应商、制造商、分销商、零售商，直到最终用户连成一个整体的功能网链结构。

中小型连锁企业的信息系统设计可包括连锁总部管理系统、配送中心管理信息系统、连锁门店管理信息系统等子系统。连锁企业在选择信息化服务商时要根据企业自身特点对信息化服务商进行筛选。服务商不一定要求规模大，但其综合能力要能符合连锁企业的需求。

mySAP SCM 是一套完整集成的供应链管理的解决方案和应用平台，具有协同采购、协同生产和协同履约三种支持供应链执行的功能，可以对整个供应链网络中的流程、存货、资产和合作伙伴进行管理，包括从简单地追踪货物发运到全面监控与微调关键流程中的复杂业务流。

>> 本模块参考

浏览网址

[1] 富基标商 http：//www. bfuture. com. cn/

[2] 中国物流与采购联合会 http：//www. chinawuliu. com. cn/

[3] 中国交通运输协会 http：//www. cctanet. org. cn/

[4] 中国物流学会 http：//csl. chinawuliu. com. cn/CSLDisplay/

[5] 综合运输研究所 http：//www. ict. org. cn/

>> 课后思考

1. 连锁经营企业的采购原则是什么？为什么？
2. 供应链管理的基本理论是什么？
3. 谈谈供应链管理与流通业的关系。
4. 简述供应链管理与现代物流管理的关系。
5. 采购管理的主要内容是什么？

>> 案例分析题

北京丽家宝贝连锁经营一体化解决方案

北京丽家丽婴婴童用品有限公司（“丽家宝贝”为旗下品牌）成立于2003年4月，是北京较早进行母婴用品专卖的企业之一，公司实行“目录直投—电话订购—送货上门”、“连锁直营店自选零售”和“网上商城在线订购”等多种经营模式与服务形式，倾力满足京城妈妈和准妈妈们的消费需求。经过几年的发展和巩固，丽家丽婴现已成为北京最具知名度和影响力的婴幼儿用品零售公司，优质的产品和卓越的服务受到了妈妈们的一致好评。

随着对北京市场占有率的提高和公司品牌知名度的提升，丽家宝贝以更加稳健的步伐向全国市场迈进，目前已在上海、天津等地成立分支机构，致力于向更广泛的区域内的妈妈、宝宝提供优质的服务。

丽家宝贝意识到，当企业发展到一定规模，业务流程管理和数据的及时准确传递将变得至关重要，为此需要一套基于流程化管理思想的连锁经营一体化解决方案。

奥博克为丽家宝贝按连锁业态进行整个信息系统的规划设计和选型，其业务流程涵盖进、销、调、存、结算等各个环节。

该系统结合了传统的连锁零售门店和网上购物、电话销售、目录销售等多渠道营销方式，为其传统营销模式与创新营销模式的结合提供了有力支撑。通过奥博克系统，顾客能实时掌握订单的执行情况，厂商能实时掌握自己商品在丽家的销售与库存情况，企业能实时掌握传统业务与新业务从明细到总体的整体运营情况。

由于采用SOA的架构，使得整个系统在后续的应用、维护和二次开发中，具有以下优点。

（1）客户端。应用与逻辑分离，只要客户端的界面与操作不变，客户端程序版本都不会变，能更快地适应客户需求的变化。

（2）易维护性。程序员接手快，只需要了解服务提供的进出，不需要了解整个服务的实现。

（3）二次开发。代码量小、效率高、不易错（几乎无相关影响），不会影响原系统的运行与安全。

（4）系统升级与软件部署。变更量极小（不用更换客户端），变更速度快，可以清楚地了解到变化在哪里，作用是什么。

（5）物理位置相关性。按需均衡负载，服务的提供与物理地点无关。

（6）平台相关性。中间件采用 J2EE，支持各类语言的客户端（不通过 IE）、平台无关性。

（7）数据应用。低耦合、高内聚的设计原则，服务的抽取和替换容易，数据应用提取容易。

QoS 的产生背景

在因特网创建初期，人们没有认识到 QoS 应用的需要。因此，整个因特网运作如一个“竭尽全力”的系统。每段信息都有 4 个“服务类别”位和 3 个“优先级”位，但是它们完全没有派上用场。依发送和接收者看来，数据包从起点到终点的传输过程中会发生许多事情，并产生如下有问题的结果。

（1）丢失数据包。当数据包到达一个缓冲器（buffer）已满的路由器时，则代表此次的发送失败，路由器会依网络的状况决定要丢弃一部分或不丢弃所有的数据包，而且这不可能预先知道，接收端的应用程序在这时必须请求重新传送，而这同时可能造成总体传输严重的延迟。

（2）延迟。或许需要很长时间才能将数据包传送到终点，因为它会被漫长的队列迟滞，或需要运用间接路由以避免阻塞；也许能找到快速、直接的路由。总之，延迟非常难以预料。

（3）传输顺序出错。当一群相关的数据包被路由经过因特网时，不同的数据包可能选择不同的路由器，这会导致每个数据包有不同的延迟时间。最后数据包到达目的地的顺序会和数据包从发送端发送出去的顺序不一致，这个问题必须要有特殊额外的协议负责刷新失序的数据包。

（4）出错。有些时候，数据包在被运送的途中会发生跑错路径、被合并甚至是毁坏的情况，这时接收端必须要能侦测出这些情况，并将它们统统判别为已遗失的数据包，再请求发送端再送一份同样的数据包。

问题：

1. 通过案例一，思考采购信息管理与供应连管理之间有什么关联？
2. 通过案例二，可以看出信息系统安全工作主要包括哪些方面？
3. 通过以上案例，谈谈供应链管理信息化的主要内容。
4. 思考供应链管理与物流管理的区别。

模块六

连锁门店信息系统与管理

>>学习目标

1. 掌握连锁门店的基本业务流程
2. 掌握门店自动订货系统的一般流程
3. 熟悉门店和企业总部的一般业务处理流程
4. 对所列的典型案例的经验有所借鉴

【案例导读】

西九州 WELLMART 株式会社

“西九州 WELLMART 株式会社”是一家位于日本长崎县，以经营食品、日用品为主，拥有直营门店 20 间，年销售额约 200 亿日元的连锁超市企业。

不言而喻，零售业的销售额是由（顾客数×顾客单价）决定的。而所谓的顾客数实际上是（顾客人数×来店次数）的结果。在商圈内人口增长无望，顾客购物单价整体停滞不前的经营环境下，(西九州 WELLMART）公司以提高顾客来店次数为切入点，通过实施顾客识别营销战略，使企业的核心竞争力及顾客忠诚度得以强化，企业经营业绩稳步增长。

该公司山本重信社长认为：食品超市必须立足于所在商圈，以商圈内“顾客生活基地”为门店定位，坚持商圈密着型经营。而要实现这一经营目标，就必须综合有效地利用一切促销营销手段，努力捕捉每一不同消费表现的“个客”，发现其不同的来店需求及动态变化，及时开展个性化顾客识别促销营销活动。绝不能只是简单地从“宏观”角度观察顾客，更不能不负责任地、笼统划一地处理顾客问题。

基于这一指导思想，“西九州 WELLMART”的积分卡系统有别于一般零售企业的 FSP（高购买度顾客积分计划）积分卡战略。而是采用复合式积分模式，在为会员顾客加记来店积分、购物积分的同时，利用已导入近 20 年的印花发放系统，向全体顾客发放印花，开展综合促销营销活动。

在“西九州 WELLMART”各门店的入口处都设有集积分与赠券发放功能于一身的自动化积分卡信息处理装置。这一顾客信息系统是由专业促销营销咨询公司“LOYALOPERATION”“株式会社”开发研制，并负责信息收集→分析→应用→评价→再收集……的全程运营。也就是说，其最大的特点在于不仅可以收集顾客信息，同时还可以使收集到的顾客信息得到有效利用。

会员顾客来店时，可以自行将积分卡插入该装置中加记来店点数。不过，这里加记的来店点数并非简单的定额点数，而是根据顾客 ABC—D 信息分析、店铺促销计划、商圈内竞合信息，按不同顾客或顾客群、不同日期、不同时间段等条件加记变量来店点数。同时，为了提高会员顾客的参与兴趣，还可以采取抽奖的形式加记中奖点数。也就是说，西九州 WELLMART 的积分卡系统实际上是顾客信息应用系统。

比如，在对上月间会员顾客来店信息进行顾客 ABC—D 分析的基础上，依照门店的营销计划，以抽奖的形式为由 A 顾客降至 C 顾客的会员加记 30 分的中奖点数，以鼓励该顾客增加来店次数；或者，设定竞合店特买日的来店点数为平日的3倍，以阻止其间会员顾客的流失；也可以按照特定商品的促销要求及会员顾客的消费履历，在该会员插入积分卡后，自动印制、输出相应的特惠商品信息传单或优惠券，以培育特定商品或加大某类商品的销量等。据统计，与相关信息连动的积分/赠券发放方案多达数100种。

就“西九州WELLMART”而言，发放积分卡、为会员顾客提供积分服务的目的，已不再是简单的打折促销行为，而是实现收集顾客信息、应用顾客信息，进而维系顾客关系、强化竞合能力、提高经营营销效益的顾客识别营销战略的具体实施手段。

连锁门店信息系统概述

一、连锁门店管理信息系统的基本概念

连锁门店直接面向顾客，是连锁企业实现商业行为的主要环节。在连锁企业中，连锁门店的主要任务是在连锁总部的统一指导下，围绕销售环节努力满足消费者的需求，提高服务质量，开展各种各样的促销活动，最大限度地实现商品的销售。

连锁门店管理信息系统是利用收款机进行销售数据采集，并管理到每一种商品的补货、销售和在架以及销售数据的统计、向总部进行数据传送等全部管理功能的管理信息系统。它必须能够实时地掌握商品信息和顾客信息，为销售活动的正确决策提供具体数据。

连锁门店管理信息系统分为后台管理信息系统和前台零售开票系统两部分，这在模块五已有介绍。

通过信息系统，门店将销售信息和数据直接上报到公司总部，公司总部也可以实时查询到各连锁门店的销售和库存信息，然后由相应的职能部门对动态销售数据进行分析，以便协调调货、产品生产或与上游供应商的关系，改变了传统的销售数据层层上报的方式，杜绝舞弊等现象；实现管理与监控，明确票据流、物流、财务之间的关系；实现对每个连锁门店销售人员的业绩考核及奖励，并实现对老客户及时、人性化的服务，不断发掘新的客户。此外，还可实现以下管理。

（1）商品管理。货位管理包括货位的维护，应可随时查询库存商品中的商品编码、名称、单位、库存单价、零售单价、库存数量、库存金额、售价金额、最高库存、最低库存、累入数量、累入金额、累出数量、累出金额、生产日期、有效期等。

（2）实时查询。可实时查询本店的有关商品数量、金额等信息，对在架商品做到心中有数，为商品资金占用、补货等提供依据。

此外，该系统还应包括入库、盘点、报损报残、报警、调拨、查询、数据传送管理等功能。

零售管理可进行零售日结、汇总前台的日销售信息，实时查询收款数据，并随时查询销售情况，生成各种销售分析图表，如销售日报、旬报、月报、季报、年报。

二、连锁门店管理信息系统的功能

1. 收款机管理功能

监测收款机实时状态，随时查看每一台收款机的开关状态，查看在每一台收款机上工作的收款员编码；查看收款机实时图形，随时查看每一台收款机的收款金额数、各时间段收款的累计金额数，并用直观的条形图显示在屏幕上。

2. 补货管理功能

具体包括以下几点。

（1）人工补货。由补货人员进行人工填写补货单，提出补货申请。

（2）自动补货。根据商品库中商品的在架数量与在架下限值进行比较，凡低于在架下限值的商品，系统将以在架上限值为标准自动填写补货单，提出补货申请。

（3）补货查询。对补货单进行查询。

3. 到货管理功能

具体包括以下几点。

（1）到货输入。对到货商品按照有关规定经确认后正式作为到货信息录入电脑。基本到货信息应包括到货单编号、到货日期、进货人、验收人、供应商编号、所采购的商品代号、批次、单位、数量、进到货单价、到货税额、折扣情况、生产日期、保质期等。

（2）到货查询。对已到货商品进行查询。

4. 在架管理功能

具体包括以下几点。

（1）对在架单一商品或分类商品的数量、金额进行统计。

（2）对数量低于在架下限或上限的商品进行信息提示。

（3）对于变价商品进行调价管理和查询编辑。

（4）对在架商品按供应商进行统计。

5. 盘点管理功能

对库存商品的盘点，是连锁门店定期或不定期要进行的工作。由于在连锁门店管理信息系统中已存有各部门的商品台账，所以可以由系统自动生成各部门结存商品的清单、盘点报告单，以供人工实际盘点时参考；也可使系统输出的清单不包含账面结存数，而由人工实盘时填写实盘结存数，然后再将实盘数与计算机结存数校核。一旦实盘数输入结束并得到认可，系统立即自动将账、物不符的商品清单列出，生成一系列商品溢缺单。

盘点报告单的项目有：编号、日期、部门、商品代码、规格、批次、单位、数量、销价、金额、盘点人、复核人等。对历次盘点有溢缺的商品，要进行查询浏览统计。

6. 退库管理功能

商品因质量或代销滞销等原因必须被退还给供货商，称商品退货。商品退货可以和商品进货做相同处理，以负数形式表示商品的退货，并增补备注栏目填写退货原因。

（1）退库输入。工作人员录入要退库的商品。

（2）退库查询。对确认过的退库商品进行查询浏览统计。

7. 数据统计功能

具体包括以下几点。

（1）到货返库销售统计。对某一时间段内的单一商品的到货、返库、销售进行统计。

（2）商品毛利率统计：对某一时间段内的单一商品的毛利及毛利率进行统计。

（3）商品销售综合统计。对某一时间段内销售收款情况进行统计，如收款总额、收款员收款统计、收款机收款统计、交易次数等。

（4）单一商品销售综合统计。对销售的单一商品进行明细统计，如单一商品类销售情况，商品销售按类、金额、数量的排名等。

（5）商品销售供应商统计。对销售商品，按供应商进行明细统计，如供应商单一商品销售情况，商品按供应商销售、金额、数量的排名等。

8. 会员卡管理功能

会员卡的销售、修改、查询、挂失、恢复、更改、退卡和统计。

9. 系统管理功能

具体包括以下几点。

(1) 开店管理。开店前，从总部接收商品变更信息。

(2) 闭店管理。闭店后，上传总部本日的补货和销售信息。

(3) 数据处理。闭店后，对销售数据进行处理，并修改在架商品库。

(4) 系统维护。对销售数据，进行压缩备份。

(5) 数据维护。对商品在架的上、下限进行修改，对门店人员库进行修改。

(6) 初始化。对本系统的全部数据进行初始化。

10. 货位管理功能

具体包括以下几点。

(1) 商品货位维护和统计。对每一在架商品分配货位号和进行统计。

(2) 货架人员维护。输入每一货架所对应的理货员。

11. 销售管理功能

具体包括以下几点。

(1) 销售日报。对当日的销售情况进行统计及打印。

(2) 销售报表。对任意时间段的销售情况进行统计及打印。

12. 条形码打印功能

具体包括以下几点。

(1) 商品原有及自编条形码打印。通过条形码打印机打印商品原有或自编条形码。

(2) 收款员密码条形码打印。通过条形码打印机打印收款员密码条形码。

13. 退出系统

三、商品的基本信息

一般来说，商品的基本信息由静态信息和动态信息构成。静态信息是由个别信息和附属信息构成，动态信息由销售信息和陈列信息构成。详见图 6－1。

四、基于互联网的连锁便利店

现在，通信和互联网应用技术的迅速发展和普及，以及市场的激烈竞争和消费水平的提高，都对商场信息管理系统提出了新的要求。同时，为迎合消费者对连锁便利店所能提供的“便利”的要求越来越高，基于互联网的连锁便利店信息管理系统的建立及应用势在必行，这是连锁便利店在零售业激烈的竞争中获得良好效益的重要基础。

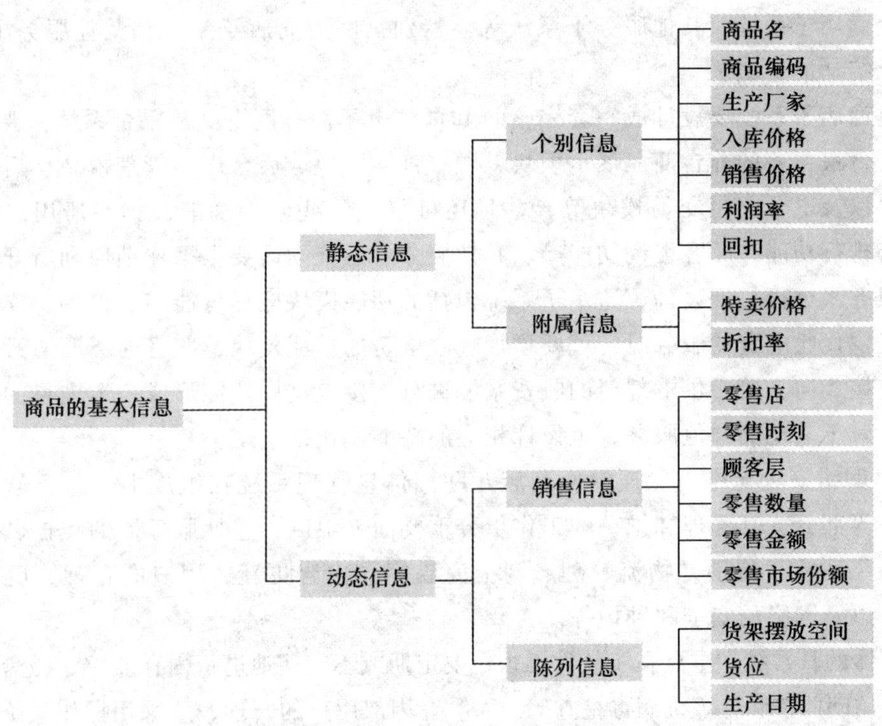

图 6-1　商品的基本信息图

1. 互联网信息管理系统

连锁便利店的互联网络信息管理系统，可以辅助连锁便利店经营理念的全面实现。它贯穿于连锁便利店运作的方方面面，是执行经营和管理决策的指挥中心。同时，为了降低连锁便利的投入成本，充分体现连锁便利店的优势，必须对连锁便利店的互联网信息管理系统进行合理的规划、设计和管理。

（1）基于互联网。连锁便利店基于互联网的信息管理系统，不再是原来单纯的商场信息管理系统（BMIS）。在店铺的终端，除了具有原来的商品进货管理、销售管理、存货管理、计划统计和商品账管理等功能外，还应有便利店多元化服务的管理，如代收、代售等多种服务的管理功能。店铺只是整个连锁便利店互联网信息管理系统的一个终端，在系统设计时必须满足网络访问的需要，采用 Browse/Server（简称 B/S）结构。同时，网络结构要合理，能适应当地的具体通讯条件；数据库的结构要先进，易于日后各种信息分析和数据挖掘的实现等。

（2）功能集成。连锁便利店互联网信息管理系统的设计在整个系统的模块设计上，应包括客户信息管理子系统、物流配送管理子系统、财务管理子系统、人事管理子系统、网上商店子系统、其他服务子系统等。特别是网上商店子系统和其他服务子系统，它们的系统功能更多。

网上商店子系统要设计成一套完整的 B to C 电子商务网上交易平台系统，要具有网上交易平台最主要的前台商品展示模块、顾客订购模块、后台库存管理模块、后台订单处理模块以及电子支付交易模块等，并且还可集成一些附加功能，如注册用户积分功能、销售排行功能、顾客咨询功能等。其他服务子系统则需要根据连锁便利所开展的其他便利服务来进行扩展设计，这个子系统包括的功能模块应尽可能多。例如，连锁便利店能够提供代收电费的服务时，就要增加代收电费的功能模块，并且向下要通过网络与各店铺连接，向上要跟供电部门的收费系统进行连接，这样才能形成一个完整的电费收缴线路。对于其他的增值服务，也设计相应的功能模块来实现。

(3) 网络安全与维护。连锁便利店互联网信息管理系统在组成上又包含软件、硬件和网络等部分。其管理和维护的工作十分重要而又艰巨，包括服务器的维护、数据的备份、各子系统（特别是物流管理、网上商店等）内容更新、用户的管理、后台数据库的维护以及网络的安全和维护等。

服务器的日常维护重点在于软件维护，要定期或不定期地进行内存监控、磁盘空间监控、安全访问监控和计算机病毒检查等。对企业内部用户的管理，应采用操作系统、数据库级用户权限和应用程序运行权限的三重控制机制，对内部用户提供统一的基于角色的用户管理手段，使每个用户在系统中有唯一的账号、密码，且给予不同级别的权限。而对于消费者，则要能提供所有网上商店的浏览、查询、订单管理和会员注册等功能。网络安全的管理和维护，从各个层次的用途和安全性分析，需要特别保护的是数据层。

2. 互联网信息管理系统的主要功能

连锁便利店互联网信息管理系统贯穿其经营管理的全过程，是执行经营、管理运作的“神经中枢”，是充分体现连锁便利店特点和优势，并在激烈的竞争中取得良好效益的重要保证，其作用主要表现在以下几个方面。

(1) 有效进行规模管理。连锁便利店的规模体现在门店发展的数量上。对连锁便利店来说，有规模才可能有效益。通过连锁便利店互联网信息管理系统，可实时了解各店铺的销售情况，包括不同地区、不同地点连锁店铺对不同商品的销售情况和利润率，并分析各便利店的销售特点，调整各便利店所销售商品的品种、数量，以迎合该范围内消费群体的消费习惯，有效降低各便利店的库存量。

例如，同是开设在住宅小区的连锁便利店，因为各住宅小区居住人群的文化水平、收入水平和工作环境等不同，加上便利店周围其他商业及服务配置的不同，就会引起连锁便利店的销售情况不一样。通过连锁便利店的互联网信息管理系统，可以间接摸清周围消费人群的消费特点，及时调整便利店的销售策略，以降低销售成本，提高销售利润。

(2) 构建高效的物流配送系统。由于连锁便利店的店铺营业面积较小，而经营的商品品种较多，所以其货架上的商品数量有限。如果每一个便利店都另设有存货仓库，则增加库存成本。因此，连锁便利店必须统一进货、集中库存，即实行中央采购政策，来实行统一陈列、统一配送、统一核算。连锁便利店互联网信息管理系统，能及时在门店与总部之间进行实物、货币信息、管理信息的传递与及时处理和控制，并在信息管理系统中专门开设物流管理模块，负责所有门店的货物采购和配送管理。

互联网信息管理系统分别与供应商及店铺相连，系统每天都会收到各个店铺发来的库存报告和要货报告，配送中心把这些报告集中分析，最后形成一张张向不同供应商发出的订单，由互联网信息管理系统传给供应商。而供应商则会在预定时间之内向物流中心派送货物。物流配送中心在收到所有货物后，对各个店铺所需要的货物分别打包，派送车辆选择路线向自己区域内的店铺送货。

(3) 开展网络营销。网络营销作为一种全新的方式，必须将网上和网下的业务联系起来，这也是网络营销的本质内涵之一。而连锁便利店的经营模式为其开展网络营销开辟了很宽的道路，同时也为其网络销售的安全性提供保障。因此，连锁便利店可以通过建立自己的互联网络信息管理系统，利用自己众多的销售网点（店铺），大力开展网络营销，并把网络营销与传统营销完美地结合起来。

连锁便利店在互联网信息管理系统的统一管理下，开设网上商店，消费者则通过登录到网上商店，了解到最新产品的供应信息，适时发表自己的评论，这对便利店的销售决策起到促进作用。连锁便利店可以采用 B to C 的方式，利用自己网点众多的优势在网上直接销售。当顾客在连锁便利店互联网信息管理系统受理中心下订单后，物流管理配送中心可以根据顾客所在的区域，把商品配送到附近的便利店，然后由店铺的营业员给订购者送货或订购者直接到店铺取货。

(4) 开展多元化服务。提高综合效益服务的多样化和供应上的便利性是便利店区别于其他零售业态的重要特征，便利店业态的核心竞争力在于能够提供便利的商品和服务。例如，代收电话费、水电费、信件等，代售充值卡、彩票、门票、车船票、报纸杂志、常用的非处方药等，同时还可提供订礼品、彩扩冲印、家政、收发邮件等多种服务。

连锁便利店互联网信息管理系统对各项服务都进行了规范，使得营业人员在开展这些服务时变得简单和流程化，从而降低营业人员的工作量并提高效率。同时，连锁便利店提供的附加服务只是这些服务流水线的一段，而其他的后续服务，则通过便利店的互联网信息管理系统反馈到连锁便利店的总部，然后由专门的人员进行处理。

例如，便利店接到顾客要求代为收取邮件的请求后，店里的营业人员就通过互联网信息系统把该信息反馈回总部，总部的送配货人员可以集中各店铺的所有代收取邮件请求，然后到邮政部门统一领取邮件，再在送货到各分店时把邮件交到对应的分店即可。可见，通过构建连锁便利店的互联网信息管理系统，可以在不增加或少增加便利店的投入成本的情况下，提供多元化服务，从而增加便利店的效益。

连锁门店 POS 系统

对于连锁企业门店来说，高效准确的收银系统是十分必要的，它可以大大简化复杂的收银工作，对于资金流的管理和商品盘点的管理都起到了至关重要的作用。

一、连锁门店收款机

1. 收款机分类

按收款机的发展和功能，可分为第一类、第二类和第三类收款机。

（1）第一类收款机。它是指只能单机使用，可以管理几个到几十个部门和少量商品单品，不能联网的收款机。这一类收款机的品种繁多，性能基本相同，且价格相对较低。其代表性的机型有：日本 CAISO 公司的 150CR、230ER，日本 TEC 公司的 MA－85、MA－315 等。这类收款机的处理程序固定在其内部，收款机只能提供简单的统计报告，由于数据存储区较小，所以数据的保留不可能是无限期的，需要定期清除。

（2）第二类收款机。此类收款机可以单机运行，也能够联网，可以管理几个到几十个部门以及一定数量的商品单品，还可以连接简单的外部设备，如条码扫描设备等。此类收款机的品种较多，价格和性能上有一些差异，个别收款机可以打印汉字。代表性的机型有：日本 CAIS0 公司的 CE4700，韶关龙飞公司的 LF500 等。这类收款机的处理程序也固定在收款机内，但收款统计报告既能从收款机上得到，也可以从联网的计算机上得到。收款机与计算机多使用 RS232 口联网通讯。

（3）第三类收款机。第三类收款机亦称 PC－BASE 型收款机，它的硬件基础是通用计算机的基本部件，生产时采用国际规范，标准化程序高。它的硬件能很好地支撑系统软件和满足各种需要的应用软件，特别是可运用较为成熟的汉字系统，实现国标字库的汉字输入、显示、打印等。它既有计算机的通用接口，可以连接多种网络，又有适用于商业环境的专用接口，如磁卡阅读器、钱箱、条形码阅读器外设接口，还具有针对商业环境的专用键盘，且每个按键都可重新定义。由于应用环境复杂，其抗干扰能力、耐用性等方面远高于通用计算机，而且它的管理软件完全可以根据具体需要进行设计。

【开拓视野】

POS 系统的类别

目前，一般所指的 POS 系统有两种。

一种是商业应用的 POS 系统（Point of Sales），称为销售点时系统，它是由电子收款机和计算机联机构成的商店前台网络系统。该系统对商店零售柜台的所有交易信息进行加工整理，时实跟踪销售情况，分析数据、传递反馈、强化商品营销管理。

另一种是指银行应用的 POS 机或 POS 系统（Electronic Fund Transfer Point of Sales System），称为销售点电子转账服务作业系统，它是由银行设置在商业网点或特约商户的信用卡授权终端机和银行计算机系统通过公用数据交换网联机构成的电子转账服务系统。它的功能是提供持卡人在销售点购物或消费，通过电子转账系统直接扣账或信用记账的服务。

2. 收款机与银行结算系统

部分消费者在购物付款时，往往使用信用卡划款。这个看似简单的动作，实际须经过零售商店和银行两家计算机的链接运行才能完成，其中有六个步骤，如图 6－2 所示。

二、POS 系统主要的管理功能

现代的零售业离不开 POS 系统，超级市场经营管理更离不开 POS 系统，这是因为 POS 系统的作业功能和管理功能为超级市场带来了巨大的利益。

运用 POS 系统，将为超级市场提供更迅速、更精确、更有用的信息资料，为决策提供可靠的依据；会大大降低超级市场的库存和提高其销售的能力，提高商品的周转率和毛利率。

1. POS 系统的作业功能

（1）超级市场在进行收银结算时，POS 收银机会自动记录商品销售的原始资料和其他相关资料，并根据电脑程序设计要求，有一段时间的保证记录期。

（2）POS 收银机会自动储存、整理所记录的全日的销售资料，可以反映每一个时点、时段和即时的销售信息，作为提供给后台电脑处理的依据。

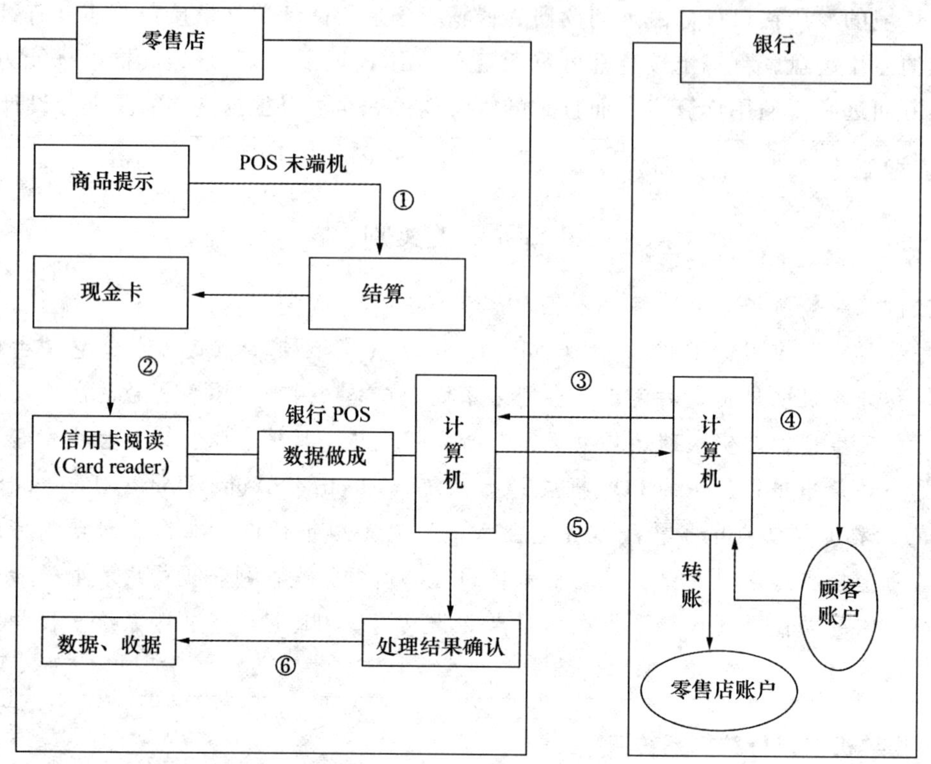

图 6－2　POS 机的信用结算系统

（3）POS 收银机上的小型打印机可打印出各种收银报表、读账、清账和时段部门账。

（4）超市连锁公司总部的中央电脑可利用通讯联网系统向每一家超市门店输送下达管理指令、商品价格变动、商品配送等资料。

（5）中央电脑还可统计分析出每个门店的营业资料，产生总部各部门所需要的管理信息资料，作为总部决策的依据。

（6）POS 系统能迅速而准确地完成前台收银的工作，同时能保存完整的记录。

2. POS 收银系统

连锁企业门店使用 POS 收银系统阅读商品条码，进行收银，并记录下商品的销售情况。目前较常用的 POS 收银系统主要有两种。

（1）电子收银机＋扫描器—主档控制器＋电脑。该系统一般适用于规模较大、收银台数较多的超级市场。主档控制器可储存商品的主档资料，以批次方式将商品销售资料传至后台电脑，它可缓和后台电脑的工作负荷。

（2）电脑收银机＋扫描器。该系统较适用于规模较小的超级市场，电脑收银机兼具收银机及存取电脑内商品异动档之功能。

3. 扫描器

扫描器也称商品条码阅读机，它是 POS 收银机的重要组成部分。扫描器的原理是利用光线反射来读取条码反射回来的光源，再转译成可辨认的数字，以确认是否为建档之商品代号。

目前，POS 收银机的扫描器一般有三种类型：一种是光笔，一种是手握式扫描器，一种是固定式扫描器。前两种扫描器的优点：一是价格便宜，二是较适用于商品较重或条码位置不易看到的商品等；缺点是扫描感应较差，扫描动作常需重复多次才有感应。后一种扫描器的优缺点与前两种正好相反。

4. 商品主档资料

POS 系统要正常运转，还要靠后台电脑建立起商品主档资料。当扫描器接收了商品条码信息后，就要到后台电脑寻找商品主档资料，以辨识商品代号是否正确，然后接受该商品售价，并记录下该种商品的销售数量。由此可知，后台电脑是一个商品的信息库，也是对前台 POS 收银机的控制中心。因此，每一种商品在第一次进入超级市场销售时，一定要依据规定的格式，将有关该商品的基本资料输入后台电脑，这时该种商品才可进入销售。商品主档资料的建立的权力在商品采购人员，当电脑人员接到采购人员的指令后，才可将商品主档信息资料输入后台电脑。对连锁超市公司来说，商品主档资料的建立由总部采购部进行，如电脑联网，可传输各超市门店后台电脑；如不联网，则可以将磁卡送至各门店，再输入后台电脑建档。

【开拓视野】

日本引进 JAN 型 POS 系统商店数与台数累计

日本引进 AN 型 POS 系统的情况见下表。

日本引进 JAN 型 POS 系统的商店数与台数累计

序号	年　份	使用条形码企业	店数（A）	台数（B）	（B）/（A）
1	1979	27	1	3	3
2	1980	53	2	17	8.5
3	1981	86	25	154	6.16
4	1982	217	91	406	4.46
5	1983	1 744	1 909	4 740	2.48

续表

序号	年　份	使用条形码企业	店数（A）	台数（B）	（B）/（A）
6	1984	5 231	2 725	7 255	2.66
7	1985	11 016	4 212	12 196	2.90
8	1986	19 250	7 930	29 706	3.75
9	1987	26 440	11 711	40 691	3.47
10	1988	32 537	21 880	63 981	3.00
11	1989	38 449	42 880	110 137	2.78
12	1990	44 723	70 061	183 497	2.62
13	1991	50 560	92 461	245 254	2.65
14	1992	66 345	122 141	311 405	2.55
15	1993	68 854	149 638	374 864	2.51
16	1994	72 623	178 340	440 958	2.47
17	1995	77 742	207 819	509 793	2.45

三、购物篮分析案例

商品之间的关联形成了客户手中的购物篮，而购物篮决定了零售企业的命运。在无法大规模增加门店来客数的前提下，必须提高客单价。而要提高客单价，就要增加购物篮中商品的数量；增加购物篮中商品的数量，就要研究商品之间的关系。

例如，南京一家超市的购物篮显示，写字楼后勤客户在买垃圾袋时会买速溶咖啡。垃圾袋和速溶咖啡如何联系起来的呢？原来这些人大部分是写字楼的阿姨，在下午两三点钟出来买垃圾袋的同时，为写字楼的员工们买速溶咖啡。这一奇怪的现象，如果不通过购物篮很难发现。

购物篮的建立，需要支持度、置信度、提高度三项指标。没有了辅助商品，客户将会失去购物的乐趣；没有了关联商品，购物篮金额、利润会下降。以沃尔玛购物篮为例，沃尔玛成立交叉陈列部门，直接由非食常务管理，由 1 个主管和 1 ~ 2 个员工组成，负责门店所有交叉商品的陈列规划，管理和协调部门对这些商品的订货、补货，对交叉商品做销售统计对比等。交叉陈列主管肩负特卖主管的职责，负责监督特卖追踪是否及时、准确地输入系统，管理协调商场促销位是否符合陈列标准。

根据沃尔玛的经验，交叉陈列可以使商品单品的销售额提升几倍甚至几十倍。对低毛利商品与高毛利的商品进行交叉陈列，可以提升商店的整体毛利率。在商品关联的实际运用中，要做好主体关联陈列。例如，春季的花粉过敏主体关联陈列；日本伊势丹超市神户牛肉的关联陈列；日本超市鱼生陈列与国内华堂的鱼生陈列等。但是，并不是卖场中到处都要搞二次陈列，只要保证卖场里可以找到关联商品即可。

购物篮分析不仅要研究购物篮里商品的关联，更要研究买商品的人、行为、时间、天气、陈列等因素。国内的一些超市存在很多运用商品关联的问题，难度不是购物篮分析的技术手段，而是缺乏一双发现商品关联的慧眼，更是以购物篮为管理核心的经营观念的改变。

四、百货店 POS 系统的具体业务操作流程

POS 系统对商品流转业务的管理主要体现在，通过核算员、收银员在流转的各个环节，将必要的票据登录到 POS 系统中去。所登录的数据主要有商品的数量及金融，另外还有一些指标。

对于商品流转各个环节与商场管理密切相关的纯人为活动，如商品部的哪些人具有采购权，哪些人可以和厂家谈判签订合同等，POS 系统不能进行控制和管理。

商品进、销、调、存各环节涉及的主要终端操作人员分别有：商品库核算员、仓库核算员，POS 系统终端收银员，商品部核算员，商品部核算员、仓库核算员。他们的具体业务如下。

1. 商品编码、定价和登录

了解和确定商品编码规范，包括商品内码、商品类别码、商品条形码；了解和确定商品的进价、售价、调价等定价方式；了解和确定商品定价单、调价单的单据格式及使用规范。

2. 进货

了解和确定商品到货情况及处理流程。一般商品到货分为全部进仓、全部进柜、部分进仓和部分进柜三种情况。每种情况又有货单与货同到、货到单未到、单到货未到三种状态。

了解和确定验收单、进账单（货到单未到时使用）的单据格式及使用规范。

3. 调拨

了解和确定商品部内发生的商品调拨、商品部间发生的商品调拨，以及了解和确定调拨单的单据格式、使用规范。

4. 退货及换货

了解和确定商品退货的过程、商品换货的过程，以及了解和确定退货/换货验收单的单据格式和使用规范。

5. 仓储

了解和确定商品的移仓（支货）的过程、商品的移仓（退仓）的过程、商品的提货及退仓的过程，以及了解和确定移仓单的单据格式、使用规范。

6. 零售

了解和确定商品零售的过程及收款单、解款单的单据格式及使用规范。

7. 报损、报溢、报废

了解和确定商品的报损、报溢过程，以及商品溢耗损报核单、财产损溢审批单的单据格式及使用规范。

8. 盘点

了解和确定商品盘点过程及盘点表格式和使用规范。

9. 进货退补价

了解和确定进货后，发生退补价时的处理流程；了解和确定进货退补价单的单据格式及使用规范。

10. POS 系统的维护

系统管理员和数据库管理员应定期进行主机系统的数据备份和数据清理工作，以避免有用信息的丢失以及非相关冗余和相关冗余信息占用的有效空间。

会员制管理与积分卡设计

会员制管理就是企业通过发展会员，提供差别化的服务和精准的营销，提高顾客忠诚度，长期增加企业利润。

会员积分系统涵盖零售行业、服装行业、汽车 4S 店、化妆品业、餐饮娱乐、酒店、影楼、培训、百货、家电等各个行业，为企业发展用户凝聚力提供强有力的支持。

一、会员制管理的主要内容

1. 会员信息管理

整合多角度、全方位的会员基本信息、需求信息、价格信息、联系历史、交易历史、信用度、忠诚度影响力等。

2. 会员价值管理

会员价值管理是还原积分系统的核心，目的是将会员价值最大化。对于每个会员进行量化的价值评估，使企业很清楚地知道不同会员的价值，如根据消费额度、消费方式、信用情况等将会员分等级，形成金字塔式的会员等级，对核心的重要客户进行“精确制导营销”，而对金字塔底层的会员采取措施刺激其消费，使其成为企业的忠诚客户。对不同的会员级别采取不同的营销手段，可以节约营销成本。

3. 会员关怀管理

企业在特定场合或时间如节日、生日，制定相关的关怀策略，通过短信息、邮件、电话等方式表达对会员的人文关怀，改善与会员的关系。

4. 会员接触管理

最大可能地与会员接触，通过面对面、电话、短信等传递信息，扩大接触度，增强感情。

5. 灵活多变的会员积分制度

可根据企业自身业务性质灵活设置，是一套适合各行各业积分制度企业的专业积分系统。

二、会员制的主要功能

1. 会员管理

系统支持个人会员和团体会员管理。会员录入、修改、余额查询、会员卡挂失，换卡，会员分级等管理功能一应俱全。

2. 积分营销

积分发放灵活，支持不同等级的会员不同积分奖励、不同的门店不同积分奖励、会员消费时，系统按消费额自动计算奖励并发放到卡内。

积分用法很多，如支持积分抵现、积分兑换礼品、积分兑换电子优惠券，可充分发挥积分黏性作用，促使会员重复消费。

3. 会员储值

储值优惠规则随意设置，支持储值时奖励储值金、积分或电子优惠券。会员储值时，系统按储值额自动计算奖励并发放到卡内。

4. 电子优惠券

会员卡内可以存储电子优惠券，会员消费时系统自动识别优惠券的类型、面值、有效期和其他使用限制。较传统纸质优惠券的优势：一是便利，随卡携带，不会丢失、损坏；二是精确，基于客户消费能力的定制和赠送各种电子代金券，实行精确化营销最佳平台；三是效率，简单的操作流程，快速的营销效率，营销过程实时跟踪。

5. 数据分析精准营销

通过会员的资料、消费行为、习惯等因素自由筛选会员群体，区分出优质会员、客单价待提高会员、消费频次待提高会员、不良会员等，进而制定出精准的促销活动，并在活动结束后配有清晰的活动分析报告。

6. 短信

通过分析筛选出会员群体后，发送针对性的短信。

7. 会员关怀

（1）节日关怀。系统预先设置了很多温馨的节日祝福短信，只要设置为启用，系统可自动送出对会员最真挚的祝福。

（2）生日关怀。可设置在会员生日当天，送出诚挚的生日祝福信息，同时还可以送上一张生日电子优惠券。

8. 统计报表

全面的统计了会员的新增、交易情况以及积分、预存、电子优惠券的发放使用情况等。

9. 其他功能

（1）交易提醒。可设置在会员卡发生交易时，进行自动的短信提醒、汇报会员卡的交易金额以及实时余额等信息。

（2）异常监控。可设置某些时间段、交易金额大、交易频次高等情况为异常交易行为，设置后系统自动监测。当此类交易发生时，系统自动发出短信通知和系统公告，确保风险产生。

（3）事件通知。展示最新动态，如某家门店出现了一笔可疑交易，系统什么时候进行了升级，升级内容是什么等，系统都实时给予反馈。

（4）营业汇报。用户通过手机邮件等轻松了解营业状况，每天的消费额，预存、优惠券、积分的发放和使用情况等，都将自动按时发送到手机上或邮件上。

为了减少终端操作人员的工作量，通卡营销提供了标准的与收银软件的 API 接口，并提供系统对接服务，达到系统整合的目标。

三、积分卡应用设计

一般情况下，积分卡的发放是免费的，同时也没有诸如“当日购物必须达到多少金额”之类的前提条件。非但如此，很多商家为争取一般来店顾客成为自己的会员顾客，还会在顾客办理积分卡的时候，一次性地赠送一定金额的代金券作为酬谢。

例如，在伊藤洋华堂办理积分卡时，可获赠 500 日元的代金券；而在家乐福的日本门店办理积分卡时，更可获赠 1000 日元的代金券。这么做的结果，无疑有助于零售企业赢得更多的会员顾客。但是，无意中也为确保积分卡的有效使用增加了难度。因为，有些一次性顾客可能只是为了得到 500 或 1000 日元的酬谢，或者只是为了得到购买某一高额商品时的返点而办的卡。在用掉这“本不应该得到”的酬谢或返点后，也许再也不会光顾该店了。那么，对于这个店铺来说，损失的不仅仅是已支付的酬谢或返点、办卡的诸多费用，更重要的是失去了该顾客可能用在本店的预期消费。

至此，在实施积分卡战略问题上，零售企业间的竞争实际上已不再是应不应该实施这一营销战略，而是如何适时适人地有效应用积分卡。

关于积分卡的积分设定与返还方式，现行中最普遍的各有两种。

1. 积分设定

（1）把购物额的一定比例转换成点数，积记到会员卡中。例如，把购物额的 10% 转换成点数，积记到会员卡中（一般 1 日元 =1 点）。

（2）按一定消费金额加记点数。例如，每消费 100 日元积 1 分（一般多舍去不足 100 日元的尾数）。

2. 返还方式

（1）随时返还。下次购物时，可选择从消费额中减去相当于累计在积分卡中的点数部分的金额，但对减去的金额部分不再提供积分。

（2）累计到一定点数后，用点数兑换商品券或奖品。

此外，近年来还有加记来店积分与购物额积分的复合式积分模式，互记互用的网络式积分模式也在不断增多。所谓来店积分，就是无论购物与否，只要会员顾客来店，就可以自动获赠一定点数的积分加记方式。

【开拓视野】

人均持卡 28.7 张的日本“卡世界”

如果你有机会看到日本一般消费者插在钱包中的各类磁卡、会员卡，你一定会为其数量之多而感到惊讶不已。

据日本从事商业问题研究咨询的矢野经济研究所的调查统计，日本各类企事业单位、工商团体等每年发放的各类会员卡总量已超过 1 亿张（目前，日本人口总数约 1.27 亿人），其人均持有的各类磁卡、会员卡数量竟多达 28.7 张。其中，除了必有的银行卡、信用卡之外，还有图书借阅卡、就诊卡、驾驶证、邮件投寄卡等，数量最多的当数各类零售餐饮店的积分卡。有统计显示，仅积分卡的人均持有量就已达 11.3 张。

“请问您带积分卡了吗?”这是在日本的商店、餐厅等肯定要被店员问起的一句话。不论是超市、百货店、便利店、餐厅，还是医药化妆品折扣店、美容店、理发店、书店、酒店、加油站、各类专卖店、汽车租赁、银行、航空公司等，形形色色的积分卡可谓无所不在。

你或许会感到困惑，为什么积分卡在日本零售业中会得到如此广泛的应用呢?

答案其实很简单。所谓积分卡，实际上是顾客信息系统的介在工具。积分卡的应用目的无外乎有三点：实施有形的、延续性的促销营销战略；保持顾客对本企业的持久记忆，维系顾客关系；及时准确地收集、应用顾客信息。

众所周知，近 10 余年来日本经济每况愈下，面对国内消费市场长期低迷不振、顾客不断流失、商圈萎缩、价格竞争加剧的经营局面，零售、餐饮、服务业企业无不以强化经营基础，加大集客、固客力度为日常经营营销工作的首选任务。另一方面，面对持续的不景气现状及对日后生活的不安，一般消费者的价格指向心理日趋加重，且已不满足于商家单纯划一的打折、降价促销方式。

正是在这一市场经营环境下，为强化促销营销工作的诉求力度、稳固客源、把握顾客信息，以积分卡为介在工具的顾客信息系统最终为众多日本商家所普遍采用，日常经营营销活动中的积分卡系统应用被称之为积分卡战略。也就是说，在如何看待积分卡应用的问题上，日本零售企业已将其定位于企业经营营销战略的高度加以筹划实施。

“YODOBASHIKAMERA”公司是日本零售企业中最早建立使用积分卡系统，以销售照相机、IT 及其他家电产品为主业的大型连锁专卖企业。据该公司位于东京都内竞争最为激烈的新宿西口店介绍，该公司自 1989 年开始发放积分卡以来，已累计发放积分卡 1900 万张。如今，在该店购物时使用积分卡的会员顾客已达到购物顾客总数的 90%。

也许你会产生疑问：如此普遍地引入积分卡系统操作，那么，这一战略本身不就变得毫无实际意义了吗？现实促销营销活动中，积分卡真正能为企业带来经济效益吗？

积分卡系统的导入与其能否为企业创造价值实际上是两个层面的概念。首先，出于以积分卡为载体的顾客信息系统可以为企业带来效益的共识，众多日本企业争相涉足于此是事实。至于是否切实为企业带来经济效益，则是如何有效应用，使其最大限度地为企业的经营营销工作创造价值的问题。

面对铺天盖地的积分卡、会员卡，一般消费者也已开始感到厌烦和怀疑。但是，得益于积分卡战略的各类企业为数更多。同时，对于消费者而言，既能便宜地购物消费，又能积分换取回报也实在是一件乐此不疲之事。

伊藤洋华堂负责会员卡系统运营的负责人介绍，该公司门店一般顾客的人均购物额通常在 2000~3000 日元之间，而使用积分卡的会员顾客的人均购物额则在 5000~6000 日元之间，是非会员顾客的 2 倍。另据报道，在日本最大的医药化妆品折扣店“MATUMOTOKIYOSHI”公司的门店中，与诸多商品的销售额相比，价格相对较高的商品的销售额得以持续攀升，其原因之一即来自积分卡战略的实施。

【阅读案例】

吉之岛深挖客户数据

日本连锁超市吉之岛公司很少宣称自己的商品是“最低价”，也从来不打价格战，并坚称“面向中高端的顾客”。

2008 年，广东吉之岛的销售额达到 25 亿元人民币，2009 年业绩增长 20%；会员的数量从 10 多万增加到了 20 多万，会员销售贡献度也从 2008 年的 20% 上升到 30%。

2008 年下半年，广东吉之岛天贸百货有限公司提出了面向顾客的“one-to-one”的目标，信息系统部兼商品管理部开始实施 CRM 计划，旨在准确定位各类顾客群体，提供各种定制化服务。

2008 年，广东吉之岛尝试推广会员卡。经过一年的积累，吉之岛的会员发展到了 10 多万，并按照消费级别分为金卡、银卡和普卡三类，年消费达到 2.4 万元以上的会员到 2009 年自动成为金卡会员，而 1.2 万~2.4 万元之间的消费者为银卡会员，

1.2 万元以下的顾客则为普卡会员。

根据美国数据库营销研究所 Arthur Hughes 的研究，客户数据库中有三个不可忽略的要素，构成了数据分析最好的指标：最近一次消费（Recency）、消费频率（Frenquency）、消费金额（Monetary）。

消费频率和消费金额是最重要的两个指标，根据它们的定义，吉之岛将每个指标定义为五级，消费金额五级是吉之岛消费金额最高的金卡会员群，最近一次消费五级是最忠实的会员群。通过这样的定义，吉之岛找到了最有价值的顾客。而对于贡献度较高的金卡、银卡会员，吉之岛则提供比普通会员更高的积分倍率。

而对于消费频率值比较高的会员，吉之岛也能清晰地了解到，哪些会员是与吉之岛联系紧密的会员，并通过其所购买的商品，预测其是否是附近的居民，从而在促销期间加强与他们的联系。对于这部分会员，吉之岛采取在劳动节、端午节、中秋节等重大节日前夕与他们加强联系。

而对于三个指标都是最低的会员，将被定义为“边缘会员”，营销部门会把注意力转移到更有价值的会员。

通过三个指标分析，吉之岛最终可将会员划分为 125 个群，并准确定位到需要的顾客群体，而不会在营销活动中迷失方向。

基于更精确的会员数量，吉之岛推出了各种主题促销，譬如文具的促销、泰国食品节的促销等。而在传统的促销活动中，也更能准确定位到目标顾客。吉之岛发现，在中国市场，短信是最有效的手段。相比于 DM 直投、分众传媒以及报纸广告，短信的成本最低，所以，盛大的节日时，吉之岛会给所有会员发送信息，而在其他时候，吉之岛都会根据目标会员发送短信。

充分的会员消费数据是展开精确营销的可能。为此，每一个会员的刷卡频率是关键问题。吉之岛想了很多办法提高会员的刷卡频率。例如，他们设定每个月的 20 号和 30 号为会员日，顾客在这两天消费将会获得双倍积分；在店庆期间和主题促销期间也会设置临时的会员日，提供会员价；等等。

在零售业的 CRM 应用中，吉之岛将基于商品的分析和对顾客的分析两大营销流派融合了起来。

四、提高商家营销和促销的投资回报

使用 NEC 客流统计系统后，可以更精准地定位目标客户，并制定针对性的促销策略，而不再是泛泛的制定统一的宣传策略。

比如，A 店在下午时分 20～30 岁的女性最多，B 店在周末 30～40 岁的男性比较集中，那么就可以在每个店不同时段采取针对性的促销，其促销活动主题、促销商品、促销形式等都可以调整为与客流信息相匹配，而不再是笼统的、针对所有顾客的促销活动。活动结束后，还可以对活动期间的客流总量、性别构成、年龄构成等进行综合分析，评估促销活动是否达到了最初的目标。

再比如，××品牌新推了一季运动鞋，原本针对的目标客户是 30～40 岁的男性，但实际来店激增的客户是 20～30 岁的男性，这时就可以结合销售数据，了解目标客户定位是否准确，也为下一季新品方向提供参考依据。

经营者也可以清楚了解促销活动是否有效地提高了客流量，并以客流量的增加来评估营销和促销投资的回报，再通过结合零售 ERP 系统或 POS 系统，获取单位时间成交量、每笔成交金额、各部类商品销量等非常有用的信息。结合客流方面的统计数据，管理上的许多盲点会清晰地展现。

>> 本模块小结

本模块主要介绍了连锁经营门店信息系统的基本内容，其中重点讲述了连锁门店 POS 系统、连锁企业门店中的顾客信息系统等方面的知识。

连锁门店直接面向顾客，是连锁企业实现商业行为的主要环节，是连锁企业的基础单元。连锁门店管理信息系统是利用收款机进行销售数据采集，并管理到每一种商品的补货、销售和在架以及销售数据的统计、向总部进行数据传送等全部管理功能的管理信息系统。连锁门店管理信息系统可分为后台管理信息系统和前台零售开票系统两大部分，具备收款机管理、补货管理、到货管理、在架管理、盘点管理、退库管理、数据统计、会员卡、系统管理、货位管理、销售管理、条形码打印功能等功能。

连锁门店 POS 系统与门店会员制管理系统是连锁门店信息系统的两个重要子系统。连锁门店 POS 系统是由电子收款机和计算机联机构成的商店前台网络系统，该系统对商店零售柜台的所有交易信息进行加工整理，时实跟踪销售情况，分析数据、传递反馈、强化商品营销管理。会员制管理就是企业通过发展会员，提供差别化服务和精准营销，提高顾客忠诚度，长期增加企业利润。

>> 本模块参考

浏览网址

[1] 北京市连锁经营协会 http://www.bjcfa.org.cn/

[2] 北京东来顺集团有限公司 http://www.donglaishun.com/

[3] 北京京客隆商业集团股份有限公司 http://www.jkl.com.cn/

[4] 北京一商集团 http://www.bj-ys.com.cn/cn

[5] 北京二商集团 http://www.jkl.com.cn/

>> 课后思考

1. 谈谈你阅读案例导读后的感受。
2. 观察自己住所附近一家便利店的收款方式，然后谈谈你的感受。
3. 观察自己经常购物的一家超市的收款方式，然后谈谈你的感受。
4. 描述 POS 机的工作原理。

>> 案例分析题

POS 系统提升经营管理

海信智能商用系统有限公司研发部总监对 POS 技术的未来发展做了详细的分析。当前，POS 进入了普遍应用时代，是结算的必须工具，具有广阔的应用前景和市场空间。

POS 产品涉及的关键技术有半导体技术、网络技术、显示技术、打印技术、软件技术、系统集成技术，这些技术的发展深刻地影响着 POS 的发展并呈现相互融合、共同发展的趋势。毫无疑问，POS 产品的未来趋势一定是小型化、移动化、无线化、高性能、低功耗、环保、多功能、高可靠、人性化、易操作、自助化、安全性、多适应性的综合体，用单一技术无法简单描述 POS。

(1) 半导体技术按照摩尔定律的发展，使得 POS 产品几年不变的历史一去不返，以 CPU 为核心的半导体技术的飞速发展，使下游技术门槛越来越低、成本越来越低，新的上游资源不断变化，新的产品和新的竞争对手不断出现，技术整合的竞争压力和风险增大，在此背景下，持续的产品规划异常重要。

（2）上游技术的提升，使得 X86 系统的处理能力越来越强，体积趋向小型化，功能越来越丰富，适应范围从消费到工控，越来越广，成本明显下降，使用剩余的性能实现增值应用逐渐成为设计和应用主流。

（3）液晶显示技术的发展，CRT 很快就会在 POS 产品中消失，被环保节能小巧的液晶代替，已是大势所趋。

（4）操作系统逐渐向 WINDOWS 系统统一，LINUX 发展迅速，已经形成气候。通用软件标准 UPOS 应用受到广泛支持，Windows XP、CE、MOBILE 是首选。

（5）由于电子技术的飞速发展，网络技术已经由有线连接迅速向无线技术跨越。目前以 WIFI、GPRS、CDMA、3G、WIMAX、Bluetooth 等为代表的无线通讯技术，已经成熟地与 POS 技术融合，为 POS 插上了飞翔的翅膀。

如何选择收款机

由于收款机的种类多并且价差较大，许多超市在选择收款机时颇费脑筋。下面介绍几种选择收款机的方法。

1. 从管理需要考虑

根据超市管理的特点和目标，可以将商品管理方式分为部类（或称分类）管理和单品管理两类。一般的小型超市或独立的小型超市常采用部类管理，即商品按部类进行进销存统计并按售价金额核算。这种商品管理方式是在手工条件下不得已而为之的做法，对于具体每一个商品的进销存情况没有记载，是比较粗的管理方法。科学的商品管理方法应是对每一个商品即单品的进销存进行记录和控制并采用数量金额核算。

（1）部类管理的情况。可以选择普通 BCR 收款机或在线型收款机，即第一类和第二类收款机。普通 BCR 收款机的部类数为十个左右，只是用来完成交易的收款功能，一般没有汉字显示，可以有图章内容的显示；在线型收款机可管理的部类有几十个，管理商品单品数为几千个，收款机之间可以联网，并可以与计算机联网，能够联接一些外设，有些只存部分汉字。

（2）单品管理的情况。可以选用在线型收款机或微机型收款机，即第二类和第三类收款机。由于一般超市的商品数量在 3000 种以上，有的可以达到上万种，考虑商品的原包装条码、编码和内部条码可同时销售，在线型收款机可管理的单品数必须可扩充至一万种以上；微机型收款机采用了微机结构，它与普通型收款机和在线型收款机的不同之处是，处理程序是由软件开发商编制的，能够根据具体情况改写，可打印全部汉字，它的数据处理是实时地在计算机服务上进行的，能够很方便地连接条码等外部设备。

2. 从投资经济性考虑

为使顾客结账快速、准确，所有的超市都需要使用收款机。单机管理一般选择普通型 BCR 就可以了，因为单机管理很难管理到商品单品，选用在线型收款机有些功能如联网和条码设备等就会浪费，即使进行单品管理，还要考虑其他的功能，如单品管理数量等，前期的投资是否合适就要认真考虑了。

进行商品单品管理可以选择在线型收款机或微机型收款机，其主要区别就是功能的灵活性和处理数据的实时性。

问题：

1. POS 机在提升门店管理中有什么作用？
2. 若为一家便利店购买到合适的收款机，需要考虑哪些因素？
3. 思考 POS 机采集数据的种类。
4. 如何挖掘 POS 机所采集到的数据及信息的深度价值？

模块七

物流配送中心信息系统与管理

>>学习目标

1. 理解物流配送中心在连锁企业中的重要功能
2. 掌握物流配送中心的主要业务流程
3. 掌握物流配送中心的信息处理功能
4. 理解物流配送中心与企业总部间信息流的主要内容
5. 了解物流配送中心与门店间信息流的主要内容

【案例导读】

小白羊的无线生鲜管理

生鲜商品流动快，能吸引住定期、长期的客源，使顾客养成定点购物的习惯，这是连锁超市之间竞争力的较量所在。而“生鲜管理”一直是国内连锁超市的弱项，小白羊超市也曾为此大伤脑筋。

但如今，小白羊超市却能把“生鲜管理”拿捏得恰到火候，这一切都得益于清华同方的无线解决方案。

1. 消除管理盲区

1997 年，小白羊超市引进条码电子秤。2000 年电子秤实现 IPS485 联网，实现数据下传，节约了管理员清理进、销、存数据的时间。2002 年，小白羊又进行电子秤 TCP/IP 联网，这次不仅可以传输数据，还可以实时下发，所以价格的快速反馈成为可能。同时，可以随时提取电子秤的销售数据，及时掌握库存变化情况，第一时间调整库存结构。

2. 有的放矢

2005 年，小白羊超市开始采用无线联网方式，将前端的 POS 机、条码电子秤通过嵌入式的 WLAN 设备连接在一起，实现了真正意义上的实时数据交流。

小白羊超市通过将清华同方 TFW2000 无线客户端嵌入生鲜部门的电子秤里，解决了目前超市 POS 机等使用 DOS 特殊操作系统工作站连接到无线网络的特殊功能。

超市里大量人员的流动会对信号产生严重干扰，不规则的无线客户端分布也给无线访问接入点的覆盖带来了麻烦。小白羊超市采用了信号延长线和高增益天线，将信号在人的上方进行传输，同时无线访问接入点的发射功率可以调整，根据需要将覆盖的范围调整到合适的功率，使无线传输达到最佳状态。

利用网络无线系统进行超市生鲜的库存控制，小白羊超市的库存管理人员可以连接到客户订购产品包装和发运情况数据库中，检查订货信息或库存情况信息。这样，可以减少库存管理员打印和日常的手工报表填写工作，相应减少了发生错误的概率，保证库存信息的精确性。

物流配送中心信息系统概述

一、配送的定义与特点

1. 配送的定义

配送是在经济合理的区域范围内，根据客户要求，对物品进行拣选、加工、包装、分割、组配等作业，并按时送达指定地点的物流活动。

从物流来讲，配送包括了所有的微观物流的功能要素，是微观物流的一个缩影。从商流来讲，配送和物流的不同之处在于，物流是商物分离的产物，而配送则是商物合一的产物。配送本身就是一种商业形式。

2. 配送的特点

配送是物流系统中由运输派生出的功能，是短距离的运输。它具有如下特点。

（1）物流系统的最末端。配送的距离较短，位于物流系统的最末端，处于支线运输、二次运输和末端运输的位置，即到最终消费者的物流。

（2）多种功能的组合。在配送过程中，也包含着其他的物流功能（如装卸、储存、包装等），是多种功能的组合。

（3）一个物流子系统。配送是物流一种特殊的、综合的活动形式，是商流与物流的紧密结合点。

二、物流配送中心的定义与基本功能

1. 配送中心的定义

配送中心（distribution center）是从事配送业务且具有完善信息网络的场所或组织。它应基本符合四点要求：一是主要为特定客户或末端客户提供服务；二是配送功能健全；三是辐射范围小；四是多品种、小批量、多批次、短周期。

2. 配送中心的功能

配送中心是集多种功能于一体的物流基础设施与流通组织。配送中心的形成和不断完善是社会生产力发展的必然结果。配送中心的作用及功能可以归纳如下。

（1）使供货适应市场需求的变化。各种商品的市场需求在时间、季节、需求量上都存在着很大的随机性，而现代的生产、加工无法完全在工厂、车间来满足和适应这种情况，因此必须依靠配送中心来调节、适应生产与消费之间的矛盾与变化。

（2）经济高效地组织储运。从工厂到销售市场，需要复杂的储运环节，要依靠多种交通、运输、库存手段才能满足。传统的以产品或部门为单位的储运体系明显存在着不经济和低效率的问题，故建立区域、城市的配送中心，能进行批量进发货物，能组织成组、成批、成列直达运输和集中储运，有利于降低物流系统的成本，提高物流系统的效率。

（3）提供优质服务。由于货物物理、化学性质的复杂多样化，交通运输的多方式、长距离、长时间、地理与气候的多样性，对保管、包装、加工、配送、信息提出了很高的要求。只有集中建立配送中心，才有可能提供更加专业化、更加优质的服务。

（4）连锁经营企业的基础设施。配送中心是连锁经营企业，特别是零售企业的根本性基础设施。它采用统一采购、共同配送的方式，使流通费用降低，减少门店库存，加快商品周转，保证企业的正常运转和促进企业的发展。

三、连锁企业配送中心信息管理系统

连锁企业配送中心信息管理系统及功能已在模块五做了介绍，在此不予赘述。

【开拓视野】

三个概念

《国家标准物流术语》对物流信息、物流信息技术及物流管理信息系统三个概念分别作了如下定义。

1. 物流信息（logistics information）

反映物流各种活动内容的知识、资料、图像、数据、文件的总称。

2. 物流信息技术（logistics information technology）

物流各环节中应用的信息技术，包括计算机、网络、信息分类编码、自动识别、电子数据交换、全球定位系统、地理信息系统等技术。

3. 物流管理信息系统（logistics management information system）

由计算机软硬件、网络通信设备及其他办公设备组成的，在物流作业、管理、决策方面对相关信息进行收集、存储、处理、输出和维护的人机交互系统。

四、物流配送中心的信息流及其管理

1. 配送中心的信息内容

配送中心的物流信息依其职能不同，可以分为五大类。

（1）来自外部特别是服务对象的订货信息。

（2）反映库存影响采购决策的库存信息。

（3）安排商品采购及验收的指示信息。

（4）指示分拣配货等的作业信息。

（5）其他方面的管理信息，如物流成本、仓库和车辆等物流设施的管理信息。

2. 配送中心的信息管理

配送中心的信息管理就是利用适当的物流信息技术和方法，快速实现物流活动相关信息的收集、传输、存储、加工，加强物流信息的利用和控制。

配送中心信息管理的主要目的是充分利用物流和商流活动信息，规范、严密、约束和推动信息的收集、传输、储存、加工等活动，提高信息效率和效益，为经营决策提供依据，带动配送中心服务水平、物流效率的提高和降低经营成本。

五、配送中心信息系统的现代化

物流配送中心的信息化管理程度可以归纳为以下四条。

1. 信息作业的电子化

它是指信息作业要充分利用电子设备和技术，实现信息收录、传输、储存、加工的无纸化，实现配送中心对复杂和海量信息的快速而少失误处理。如商品、仓库、货位等的射频识别和修改各类信息存储的软盘、硬盘、光盘和数据库技术、进行信息加工的数据库挖掘等应用软件技术、数据和信息显示的多媒体技术等。

2. 信息作业的自动化

它是指通过各类技术和理论的综合应用，将电子技术、计算机技术、通讯技术、自动化设备和经济、管理、数学、系统科学知识结合起来，实现配送中心进、出、存全过程的全面自动化处理，提高信息作业效率，如光电扫描技术、库存的自动盘点、电子订货系统（EOS）、电子转账系统（EFT）、管理信息系统（MIS）等。

3. 信息作业的网络化

它是将配送中心的供应商、客户、各环节、各部门连接起来的信息网络建设，包括通讯网络和业务专用信息网络建设，常涉及第三方专门的网络运营商，运用通讯技术、EDI技术、因特网技术及相关的一系列网络安全技术，实现信息的异地实时传输与共享。

4. 信息作业的智能化

它是指利用计算机技术解决和处理定量问题的同时，可通过应用软件的开发和使用，实现信息作业能够辅助和参与定性问题处理的智能决策，如决策支持系统（DSS）、专家系统（ES）等，提高配送中心作业管理决策的科学性。

六、我国物流信息化发展的现状

我国的物流信息化从20世纪70年代起步，经过80年代进行铺垫，90年代中后期进入发展阶段。近年来虽然有很大的提高和进步，但总体来看，信息技术应用和普及程度仍然处于较低水平，发展也十分不平衡。

1. 物流信息化水平低

目前，信息技术在物流领域的应用不仅比较少，而且应用层次也比较低。信息化水平低已经成为制约我国物流企业发展的“瓶颈”。

2. 物流信息化专业人才缺乏

虽然近年来软件飞速发展，但是至今一直没有找到一个非常适合中国企业的第三方物流软件。这主要是因为熟悉计算机的人不懂物流，懂物流的人又不熟悉计算机，软件开发者很难将流程表达出来，以至于中国物流信息化尚处于一个艰难的摸索阶段。

3. 物流信息标准化工作滞后

随着经济全球化进程的加快，物流标准化工作涉及的领域越来越广泛。目前，我国物流标准化体系的建设还很不完善，物流信息标准的制定和修改跟不上经济发展的需要。商品信息标准不统一，企业间就很难实现信息的交换和共享，整个电子化的物流网络间难以做到兼容，数据难以交换。信息难以共享，使得商品从生产、流通到消费等各个环节难以形成完整通畅的供应链，严重影响了中国物流行业的管理和电子商务的运作。

4. 基础信息平台发展缓慢

目前，我国物流基础信息和公共服务平台的建设与应用尚不如意。据调查，GPS、GIS技术服务在大型企业的应用比例为23%，在大型物流企业的应用仅有12.5%，在中小企业基本上是空白。基础研究技术服务应用比例过少，使整个行业的整合就相对困难。

5. 物流软件供应商竞争加剧

物流软件是近年来新崛起的一个热点，所以从事物流软件开发的企业不胜枚举，多则易杂。因此，我国物流软件存在良莠不齐的问题。

七、信息化落后对物流业的影响

我国的物流企业规模普遍较小，实力普遍不强。由于信息化落后，不能有效配置使用各种资源，影响了物流企业进入其他地区、其他行业，更影响企业开展国际物流。

1. 影响物流企业经营服务单一

目前，我国物流市场上涌现出了一大批的第三方物流企业。但这些物流企业的经营服务手段仍然单一，其主要经营服务仍然是运输和仓储，大多数企业还停在传统物流的经营服务上，与现代物流的服务内容和经营手段还有很大的差距。造成这种现象的主要原因就是我国物流企业的信息化落后，因为没有信息技术的广泛应用，与信息技术相关的大量物流活动还无法或根本没有能力全面展开。

2. 影响企业组织结构更新

由于信息化水平不高，信息技术未能在我国物流企业广泛应用，作为管理基础的企业组织结构，没有来自信息技术的广泛应用和信息化的压力，就不能做适应信息化要求的相应变革。目前，我国多数物流企业还是在原组织结构下进行简单的计算机化，只是使用计算机代替传统手工操作，而企业现有体制中的矛盾、混乱、缺陷依然存在。

3. 制约物流作业自动化

物流作业自动化是现代物流的一种重要趋势，也是提高物流效率的一种重要手段和途径。信息化落后对物流作业自动化的影响主要是，影响物流信息采集、处理、传递、使用和反馈的自动化，从而使物流自动化设备无法运行。

4. 阻碍物流市场规模的扩大

我国的物流产业起步不久，市场规模还不是很大，与发达国家相比还有很大的差距。物流市场规模小给社会带来的直接影响就是大量物流活动仍停留在工商企业内部。

八、物流信息化建设的对策建议

1. 改革物流标准化工作管理体制

大力推进物流信息标准化建设，信息的标准化工作是一个基础。物流活动需要物流信息系统像纽带一样，把供应链上的各个企业、各个环节联结成一个整体。这就需要在编码、文件格式、数据接口等相关代码方面实现标准化，以消除不同企业之间的信息沟通障碍；在条形码、信息交换接口等方面建立一套比较实用的标准，使物流企业与客户、分包方、供应商更便于沟通和协调。物流信息资源要共享，要进行整合，就离不开标准化，未来的信息化项目中也将会越来越多地涉及标准问题。

2. 大力培养物流信息化专业人才

要进行物流信息化建设，人才是关键。在目前物流信息化专业人才供给总量缺乏的大环境下，可以通过政府、学校、企业三方共同努力来大力培养物流信息化专业人才。企业更应该构筑起自身的人才培养开发体系，多注重内部挖掘与培养，充分认识到人才价值对企业发展的贡献。这样，不仅可以使企业在物流信息化方面走在竞争对手的前面，而且还可以有效缓解物流企业长期面临的人才“瓶颈”。

3. 加快信息技术在物流领域的应用

首先，要注重对物流软件的研究和开发，尤其要加强对物流信息先进技术、关键技术的研究和开发。其次，要加强信息技术的推广应用，政府和行业协会要加强信息化的宣传、交流、推广工作，提高中小物流企业对信息化的认识，把信息化作为企业的核心竞争力，以应用为突破点，鼓励、引导企业应用互联网络、电子数据交换、全球卫星定位系统、地理信息系统等技术，提高现代物流信息体系的技术水平。

4. 物流软件业应深化整合

虽然物流软件需求有巨大的市场潜力，但巨大的潜在市场并没有转化为厂家所期盼的有效市场，众多物流软件企业的利润水平下降，面临赢利不足的尴尬，整个物流软件业亟待整合。我国物流软件产品已经进入细分阶段，物流软件一定要更加专业化，专注于物流的特定环节，做深、做细，去深入了解业务流程和应用，全面、准确地把握行业特点，真正为用户着想，努力满足用户需求，进行服务创新。

5. 加快物流公共信息服务平台的建设

实现信息资源的充分共享与交换，是当前物流信息化的核心与关键。物流信息服务平台的建立，可以推动现代化物流配送中心的建立，进一步完善物流产业的管理模式。物流企业可以在该区域内实现异构数据格式的转换，按统一的数据标准流转，实现信息共享，节约社会资源。企业通过服务平台，可以实现信息发布、查询，减少物流信息流转环节。

总之，物流信息化可以归纳为两个发展方向，一是横向整合，形成公共物流信息平台体系，二是纵向整合，形成专业化的整体解决方案。只要采用正确的策略，我国的物流信息化就一定可以实现跨越式发展。

项目二

物流配送中心主要业务流程

配送中心的物流活动信息化的实现是一个长期的过程，是一个由低级向高级不断提升、由内部向外部不断推进集成的过程，要依据一定的步骤分层次实现。首先，要理顺配送中心的基本和特殊作业流程，发现配送中心的信息需求，明确信息加工要求；然后在配送中心内部实现物流信息的集成化、网络化管理；再利用网络、电子商务跨越配送中心的边界，实现真正意义上的畅通，与顾客、配送中心内部、所属企业和供应商之间的物流信息连接，达到对配送中心内外部物流资源的有效控制。

一、配送中心信息化管理

要实现配送中心信息的有效管理，达到配送中心物流活动管理信息化的“四化”要求，就要从配送中心内外部两个方面着手：在内部认真进行物流信息系统建设和物流信息技术应用；在外部充分利用公共物流信息平台。

1. 企业内部因素

（1）建设配送中心信息系统。将配送中心某一环节、某一部门或某一活动的信息集成，借助计算机硬软件设备与技术，实现对物流活动的指挥和控制，提高信息作业的效率和正确性。

（2）应用物流信息技术。配送中心内外部物流活动信息的收集、传递、储存和加工，都需要一定的技术和相应的设备，如条码技术、射频技术、EDI、GIS、GPS等。物流信息技术是物流信息系统建设的支撑，并为物流信息系统提供、传输数据和信息。

2. 外部因素管理

配送中心的经营活动是一个开放的系统，其经营的商品、客户、供应商的信息经常变化，与此对应的商品量、交通与配送路线等信息也在变化。因此，配送中心要注意利用外部公共物流信息平台获取市场信息和交易信息，从多个方面获得相关信息。

（1）政府。政府是物流活动的重要推动者，其法规政策、规划建设都对配送中心的物流活动产生着重要影响。政府的用地法规、配送中心经营的卫生安全规范会对配送中心的经营成本、操作流程的复杂程度起重要作用，交通和通讯设施、物流园区、通关系统、水电暖等硬软件条件也会对配送中心的成本和服务水平产生影响。因此，配送中心物流管理要注意从政府的行为中获得有关信息。

（2）行业。配送中心的物流管理和所属企业性质，要求其经营需注意了解所在行业和物流业等行业协会的信息，以便对配送中心经营的规范性、发展趋势、信息化建设有一个清楚的认识。

（3）企业。配送中心还可以从所属企业、上下游供应商和客户、同业竞争企业、各类配送中心那里获得丰富有益的信息。所属企业的决策思想和目标要在配送中心的经营管理中体现和实现；商品种类、包装、服务项目和水平，影响配送中心的作业流程；同业竞争企业和各类配送中心的物流活动也不可避免地影响着配送中心的经营。

（4）社会。社会上大大小小的物流、商流活动个体与集体更为配送中心经营提供丰富的物流信息，如各类电子商务企业及其网站、物流企业及其网站等。

二、配送中心的作业流程和信息管理

1. 配送中心的基本作业流程和特殊作业流程

从配送中心的基本作业流程可以看到它的商品按照进、存、出货方向所经过的环节、顺序和相应的信息传输走向。这些流程反映了配送中心的信息需要，是信息管理的起点，并且其正确性影响信息的质量。当然，配送中心还有逆向的客户退换货、向供应商的退换货、配送中心的坏品处理等特殊流程。

2. 配送中心物流信息基础建设

在此阶段，配送中心要进行的是物流信息系统建设和物流信息技术应用的准备，即配送中心物流资源的信息化，其主要活动是物流有关资源的数字化、文字化、图形化、图像化。其中，数字化是物流资源信息化的根本，像商品的条形码以及仓库中货架、货位、设备的编码，均属于配送中心物流资源的数字化。因此，要进行人员、商品、设施、设备、单证等方面的编号或电子标签的信息存储，配备信息识别、处理设备和技术，在配送中心内部各环节率先实现物流活动的信息化管理。

3. 配送中心物流信息集成管理

物流信息基础设施建设完毕后，可进一步实现配送中心物流信息的高度集成，将配送中心内部各环节、各部门的物流活动信息集中和连接起来。要求是：在范围上包含配送中心内部物流所有环节的信息，在时间上包含配送中心经营活动历史的、当前的和未来预期的信息。物流信息集成管理能实现物流在配送中心内部流程的最优化，提高物流运作效率。集成的主要表现是建立涵盖配送中心各环节的信息管理系统。

4. 所属企业其他部门的信息利用和协同

配送中心所属企业的其他部门会对配送中心的物流活动有很大的影响和制约作用，因此，配送中心在内部物流信息集成的基础上，要注重建设企业内部的通讯网络、企业内部网和整个企业的物流信息管理系统，使得配送中心能够获得畅通的企业信息。

5. 其他企业的物流信息利用和协同

配送中心还要注意利用外部企业，如上下游供应商、客户、物流企业、电子商务企业、各类网站等方面的相关信息，并且要和这些企业进行通讯和网络的信息联系和协同。这些外部物流相关资源的利用，主要表现为实行供应链管理、客户关系管理、物流外包管理等，手段是互联网、通讯网或专用的增值网（Value Added Network，VAN，亦称附加价值网）。

这些约束一般来自于配送中心自身、物流信息技术市场和所在企业与行业，但最主要的还是来自配送中心自身和信息技术的发展情况。

三、配送中心信息管理子系统

1. 销售管理系统

其主要的职能是订单处理，如采取配销模式，还应包括客户管理、销售分析与预测、销售价格管理、应收款及退货处理等系统。

2. 采购管理系统

如果采取物流模式，其主要职能是接受进货及验收指令；如果是授权模式或配销模式，其主要工作是面对供货商的作业，包括供货商管理、采购决策、存货控制、采购价格管理、应付账款管理等系统。

3. 仓库管理系统

该系统包括储存管理、进出货管理、机械设备管理、分拣处理、流通加工、出货配送管理、货物追踪管理、运输调度计划等内容。

4. 财务会计系统

财务会计部门对销售管理系统和采购管理系统所传送来的应付、应收账款进行会计操作，同时对配送中心的整个业务与资金进行平衡、测算和分析，编制各种业务经营财务报表，并与银行金融系统联网进行转账。

5. 辅助决策系统

除了获取内部各系统业务信息外，关键在于取得外部信息，并结合内部信息编制各种分析报告和建议报告，供配送中心的高层管理人员作为决策的依据。

【开拓视野】

主食加工配送中心信息监测系统

2010 年 5 月 6 日，商务部、财政部根据有关文件精神，加强对主食加工配送中心运行情况的监测。为做好餐饮行业管理提供有效的数据信息支撑，商务部拟建立主食加工配送中心信息监测系统（简称“监测系统”）。

1. 建设监测系统目的

建设监测系统的主要目的是：加强对主食加工配送中心建设试点企业的监测，及时掌握各主食加工配送中心的运行情况，逐步形成覆盖全国的统一、方便、快捷的信息采集和分析系统，指导大众化餐饮行业科学发展，为制定相关政策提供依据。

监测系统以“主食加工配送中心”建设试点企业和“早餐示范工程”建设试点企业为监测对象，监测系统的主要功能包括数据采集、数据汇总、数据分析、问题解答、经验交流等。系统采取日报和年报形式，对各主食加工配送中心的运行情况进行监测。

每日报送的数据包括日销售情况、平均销售单价等。每季度报送的数据包括季度日均采购情况、从业人员、网点辐射半径、网点总数、经营面积、季度税收总额、配送车辆数等。每年度报送企业年度运行报告，包括企业年度运营基本情况、早餐网点发展情况、供应商情况、配送情况、经济与社会效益情况。

2. 完善主食加工配送中心信息管理系统

建设主食加工配送中心信息管理系统（以下简称“信息管理系统”）是试点工作的重要环节，也是建设全国监测系统的基础。目的是提升各主食加工配送中心管理水平，提高生产加工能力和配送效率，降低配送运营成本，保证主食加工配送中心服务质量。

通过建设信息管理系统，加强对原材料采购、主食生产、配送和销售终端的全程监控，实现由订单到生产计划单生成和原料采购单生成的全自动化，建立一套完备的质量管理体系和食品安全可追溯体系，保证从原材料采购、产品生产、产品检验、产品配送的全过程可追溯。

物流配送中心信息系统典型案例

一、海鼎公司 HDWMS 中小连锁企业版案例

HDWMS 是海鼎公司 WMS 小组在 2002 年度针对大型商业企业的仓库业务管理和物流管理而研发的仓库管理系统。

2008 年，为了适用于中小连锁企业仓储物流，海鼎公司推出了“小投入、大应用”的中小企业版本，重点是解决中小型仓储物流突出的流程和管理问题，业务流程简单，对人员和设备的要求相对较低。尤其对于配送额达到 8000 万以上的客户有显著效果。

1. 中小企业物流特点

在我国的中小型连锁零售企业中，物流存在着以下特点。

（1）每天进出量不大，在十几万到几十万不等。

（2）自动化程度不高，多为人工管理，仓库内部作业信息要靠人脑来记忆、处理，人员依赖性强。

（3）由于仓库面积小，中转型配送比重较大。

（4）效率低下，人均产值低。

（5）缺少管理考核体系，员工积极性不高。

2. 中小型仓库需要提高效率的核心业务

物流业务根据配送方法的不同，可分为仓储型物流和通过型物流。

仓储型物流是指总部统一进行商品采购，采购完后，商品入库、上架存储，最后根据门店销售情况统一配送，俗称统配。解决统配业务的核心是：如何分别解决拆零和整件的拣货问题。

通过型物流指的是根据门店的要货情况，集中采购，采购后，供应商送货到仓库，商品不入库上架，直接按门店的要货情况分货给门店，俗称中转。

（1）按 WMS 系统要求管理货物。仓库要进行货区规划，按照功能区域划分，一般分为整件区、拆零区、贵重区、集货区、越库区、退货区等功能区域。每个区域再分货道、货架，最后到货位。

对于仓储型商品，每个商品区分整件或拆零，指定一个拣货位。

整件商品可采用横梁式货架或地堆存放。如果采用横梁式货架，存储位和拣货位分开，最好采用拣选设备，由叉车员进行上架和补货。

拆零商品可采用多层隔板式货架，拣货位和存储位合一，摆放不下的商品就近摆放，放于拣货位的上层货位。如果是采用横梁式货架进行拆零商品存储，则采用打印标签法进行补货管理。

（2）中小型仓库中拣选设备应用的业务范围。对中小型仓库，推荐在收货、上架、补货、拣货复核、移库、盘点等业务中使用拣选设备，来提高作业效率。

（3）在物流中心实现全程批号管理。HDWMS 在收货时收集商品的生产日期和批号。该批号贯穿商品在仓库内的整个生命周期，出货时严格按照商品的批号进行出货，同一批号商品按收货时间，先收先出。

可以设置商品的收货控制天数，这样，收货控制天数之前生产的商品系统拒绝入库。

可以设置商品的保质期和到期提醒天数，这样，系统在即将到期后会自动提醒管理人员尽快出货。

如果要进行批号管理，最好用 RF 进行收货，因为这样它的效率和准确率都很高。

（4）提高整件拣货效率。整件拣货采用成本相对低廉的标签拣选法进行接力式拣货，每个拣货员配一张 RFID 员工卡，主动刷卡拣货。

优点：每个商品一个标签，拣货时粘贴，避免在场地摆放和搬运过程中的差错。

缺点：成本较高，1 分/个。

（5）提高拆零拣货效率。拆零拣货时，采用“存到哪、从哪出”，所有货位设置为“拣货存储位”，充分利用货位空间，并取消补货来减少仓库内部作业量。由系统自动计算拣货路线、指示拣货位货位。通过扫描复查平台进行拆零复查，拣货错误的，辅以管理措施，以提高拣货准确率和对门店的服务水平。

（6）提高中转业务效率。中转分为两种模式：一种是供应商订单按门店要货分开生成，并且供应商已经将货物按门店分拣好了，送货到仓库后，仓库收货员直接将各门店的货收到门店集货位就行，这个业务在海鼎 HDWMS 中称为代配送。另一种是所有门店要货集中生成一张订单，供应商将货统一送到仓库，仓库拣货员在收货时直接进行分拣，分拣后的货直接放到门店直分位，这个业务在海鼎 HDWMS 中称为直分。

3. 能够解决的问题

海鼎 HDWMS 中小企业版可帮助用户解决经营管理中的 7 个问题。

（1）商品批号和到效期管理，符合当前食品管理规范。

（2）仓库储位管理，可以实现商品库存的详细定位。

（3）商品先进先出，可以降低商品损耗。

(4) 整箱拣货流程。

(5) 拆零拣货—复查流程。

(6) 中转作业流程。

(7) 全程计件考核管理。

二、上海华联超市物流中心信息化案例

上海华联超市物流有限公司坐落在上海市市级物流园区——普陀区桃浦西北物流园区内，物流中心有新、老两个仓库（3.3 万平方米），主要承担 600 家供应商的进货仓储管理、100 家直营店和 1700 家加盟店的日常配货管理，以及每年 4 次的针对加盟店的特卖会。

由于原物流系统开发较早，已不能满足配送中心日益增长的进货和配货需求，公司迫切希望通过实施信息化改革来提升自身的核心竞争力，打造一个高效快捷、配送差错率小的现代化物流中心。

2007 年 5 月，华联进行公开招标，上海海鼎公司的 HDWMS 系统以其高效的标准业务流程、多样的例外流程和适合企业个性化业务的解决方案与华联的物流业务需求和发展战略目标一致而最终入选。

1. 物流信息化欲解决的问题与建设目标

(1) 华联物流公司信息化建设主要解决以下几个问题。

①配送费率高。当前的配送费率为 2.41%（常温），配送费 2650 万元/年（恒温），配送额 11 亿元/年（常温）。

②配货差错率高。当前的配货差错率为 4%，配货差错主要表现为门店间串货，为此物流中心现场有两个人专门处理串货问题。

③收货量波动大。由于 MIS 系统和 WMS 系统里都没有订单管理，供应商可在 3 天内自由选择送货日期，导致每天的收货量难以控制，收货的波峰、波谷无法调节，场地、人员无法做到合理分配。

④门店满足率低。由于对供应商送货没有严格控制到某天，所以货品库存不能保持在一个合理的水平，而且库内人员的作业效率低，排车花费长时间等诸多问题导致门店的满足率一直徘徊不前。

⑤作业人员效率低。收货方面，速度慢，经常加班，6 万 ~ 7 万件收货到21:00完成，特卖会期间要收到凌晨 2 点；拣货方面，日均作业量：476 件/人，4 万 ~ 5 万件出货要在22:00才能完成。

（2）华联物流公司信息化建设目标。解决上述困扰公司发展的问题，应降低配送费率、配货差错率，提高供应商送货到达率、门店满足率、作业人员效率等。

①配送费率。通过系统，对物流中心整个作业流程进行全程监控，对每个节点进行资源分析，找出瓶颈、梳理流程，提高货品库存周转率，在保证门店满足率的前提下，降低配送成本。

②配货差错率。通过电子标签拣货，一件货品一个标签，并进行拣货复核、集货区监控等多种方式，控制配货差错率。

③供应商送货到达率。通过订单管理及对配送货品的出货分析，系统为每次订货提供科学的参考数据。同时，把供应商的送货时间具体到某天的上午或下午；对于不按时送货的供应商，可在合同条款里写明处罚规定。这样，不但平衡了每天的收货数量，也有效地提高了供应商送货到达率。

④门店订单满足率。通过对货品出入库分析、门店销售分析及主动分货、越库配货等多种方式，来提高门店满足率。

⑤作业人员效率。通过计件工资管理，多劳多得，提高作业人员效率，从而减少库内作业人数，降低人力成本。

以信息技术为基础，实现物流、资金流运作流畅，使华联物流顺利地从成本中心转为利润中心、从配送中心转为供应链中心。

2. 信息化解决方案简述

针对华联物流的业务特点和其发展战略目标，海鼎项目组提出了分阶段实现目标的方案，得到了华联物流公司的赞同。

（1）降低配送差错率与配送费率。通过 ABC 分析、优化拣货路线以及采用标签拣选，来提高拣货速度、减少配货差错率；通过计件工资管理，提高各环节的作业效率；通过排车管理，提高车辆装载率、优化送货路线，减少运输成本等，以降低配送差错率与配送费率。

2007 年配货差错率逐步降到 2%，配送费率逐步降到 2%，配送作业成本减少 500 万元，人力成本下降，日常人均拣货量达到 1000～1500 件/天。

（2）提高供应商送货到达率。先进的进货订单管理模块，可以避免盲目进货造成的货位紧张，也可以改进无序进货带来的人工安排不合理现状，从而降低作业成本。

①从源头上控制进货量，均衡库内作业。供应商根据订单所规定的送货量及指定日期分别按上午或下午的批次送货，有效控制了库存，确保到货有足够的货位存放。

②有效控制供应商的送货到达率。每个定单员通过系统提供的到达率报表监督供应商的到货情况，通过对供应商送达率的分析，定期考核供应商，必要时通过处罚来提高

送货到达率。

2007年供应商送达率达到85%~95%。

(3) 减少库存周转天数。海鼎WMS系统具有完善的库存跟踪和计算方法，实时、准确的反映真实库存，高效的管理大型仓库和物流中心。

①货位管理。通过严格的货位管理，每一个货品都对应一个准确的拣货位，系统提供精确的出库建议和入库上架建议，配合功能强大的各种库存查询功能提高拣货和理货的工作效率。

②批次控制。系统提供了先进先出和指定批次的出货管理，通过批次管理，大幅提高库存管理水平，降低库存损耗。同时，严格的先进先出配货也为门店的退货提供了监控功能。

③通过越库、货品库存分析、货品出入库分析，辅助优化订货模式与库存模式，减少库存周转天数。

越库拣货往往具有品种数较少、货量大、库存周转时间短的特点，对于这些货品，收货时就没必要上架到正常仓的存储位，而是直接收到中转仓，然后在中转仓内进行配货出库。所以，在仓库面积资源有限的约束条件下，在不减少门店经营品种的前提下，通过对货品库存、货品出入库等信息的分析，调整存储位，利用越库作业能大大减少仓库库存商品品种数，有效达到加快库存周转率的目的。

2007年库存周转天数由20天逐步达到12天。

(4) 提高门店订单满足率。通过对物流中心出入库分析、门店销售趋势分析以及采购员的主动分货、季节性货品进行越库配货、排车管理、辅助优化的订单模式、门店配货模式等多种方式，来提高门店满足率。

2007年门店订单满足率逐步达到95%。

(5) 降低运输与车辆管理。海鼎WMS系统提供了强大的TMS运输管理与分析功能，通过"行车线路管理"、"车辆管理"、"加油卡管理"、"排车管理"、"出车登记管理"、"装车登记管理"、"回车登记管理"、"车辆费用管理"等管理工具进行系统规范的控制，有效地提高了管理，控制了运费，降低了成本。

3. 系统实施后的应用效果

(1) 极大地调动了员工的工作积极性。由于实行了计件制管理，每个一线员工的作业量都在系统中予以统计。制定计件标准，多劳多得，作业员工全力投入工作。到2007年底，库内作业人员总体下降32%，大大降低了人力成本。人均每日拣货量超过1000箱，部分员工达到2000箱/天。

(2) 激发了门店真实的潜在进货需求量。新系统改革了门店"点菜"模式，让门店完全按需求“点菜”，不用考虑配送中心是否有库存。在新系统的支持下，2007年底门店订单满足率达到95%。

(3) 对供应商的送货、订单员的订货进行了有效的监督和管理。引入订单管理后，供应商按照订单所规定的送货量及指定日期送货，有效地平衡了库内作业，控制了库存；同时，每个定单员通过系统提供的到达率报表监督供应商的到货情况，使得业务合同的处罚条款有据可循；物流通过系统提供的订单员订货的监督报表，一方面能考核定单员的订货数量和订货时机，另一方面也让订单员清晰地了解自己工作的不足之处。

(4) 收货的准确率大幅度提高了。收货预检、实收验货与最终的审核收货单工作都通过双方当场核实，核实无误后供应商签字，打印收货单并作为结算依据，准确率大幅度提高了。

(5) 系统更好地支持了华联业务的多样性。系统支持多种配货限量控制，既有针对门店类型的配货限量控制；也有针对业务类型的配货限量控制，如正常配货、批发配货、特卖会配货；同时以ID卡启动标签拣货，从而实现拣货差错、串位、破损责任落实到人。

(6) 拣货作业效率大幅度提高。采用计件工资管理，激发了员工的积极性；采用标签拣货以及优化拣货路线，极大地提高了拣货人员的作业效率。

系统上线4个月后，4万~5万件出货在18:00即可完成，比系统上线前提前了4个小时。

(7) 对加盟店资金的控制实现了自动化。配货过程中，系统自动执行资金控制，既支持“有多少钱、配多少货”的模式；也支持一个门店多个资金账户，如香烟资金控制、特卖会资金控制、生鲜资金控制、特供商品资金控制等，按用户需要自行增加；同时也支持多个账户之间资金的自动转账。

(8) 改革了自提加盟店的配货方式，减少库存长时间被门店锁定。在原来的系统中，自提门店只要上传要货信息后库存就被锁定，即使门店不提货，其他门店也不能利用此资源。新系统实行提前一天预约锁定库存，最大限度利用库存资源，预安排库存、拣货员、出货码头等资源；而且是车到凭行驶证当场配货，解决了因配货场地有限而导致的“瓶颈”问题。

(9) 通过特卖会配货计划模块，大量减轻了之前特卖会期间的混乱状况。系统根据特卖会配货计划，自动导入特卖会订货计划、拣货计划。对特卖会的要货信息，系统提供提前3天的备货原则。系统可以将加盟店3天后的需求量按目前库存及出货情况进行预估，提供建议进货量，避免了订单员的盲目进货。

2008年1月的特卖会，出货金额创了8000多万的巨量，现场作业仍然有条不紊。

(10) 大幅度减少了排车作业时间。对所有配送门店，按送货顺序维护线路上的门店排序。系统提供自动排车功能，同时也允许人工调整排车结果，每天的配车时间由原来的2.5小时缩短到约1小时即可完成。排车信息通过办公自动化系统公布给门店，让门店及时了解到货量、送货时间、车牌、司机等信息，改善了以前门店对送货信息一无所知的局面。而且，司机出车、回车通过刷卡登记，也为司机的考核提供了有效手段。

三、日本行星物流公司案例图解

图7－1是日本行星物流公司的批发商（或大型零售企业）与生产厂家（或供货商）的物流流程及物流活动的信息流概念示意图。

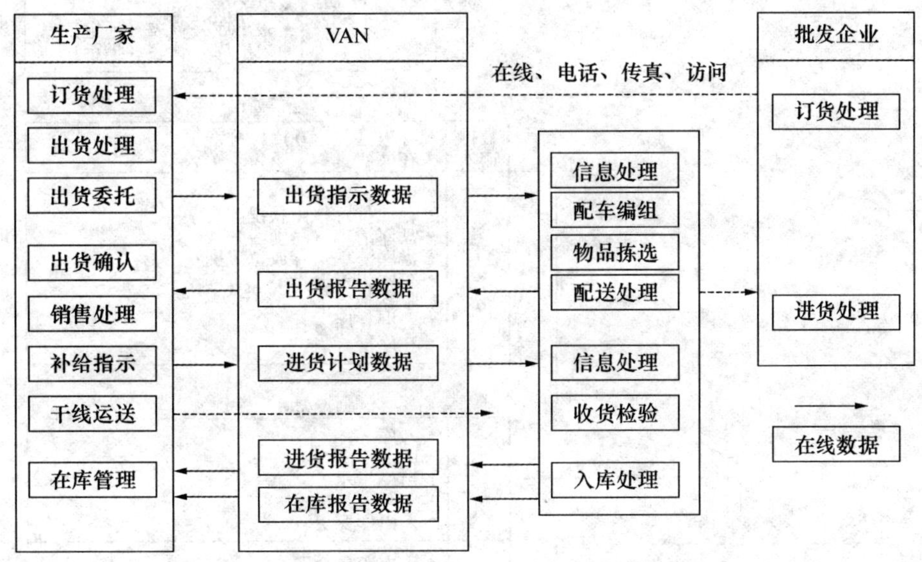

图7－1　行星物流公司的共同物流业务示意图

目前，VAN一词已不常用，但日本使用的骨干系统却还是VAN全盛时期所设计的庞大网络。所谓VAN，顾名思义，就是网络自身具有附加价值的、进行信息分配和加工的结构。它是一种由一台主机以及多台终端机构成的电脑通讯模式，但其物流业务流程没有什么变化。

四、物流配送中心的系统功能图解

物流配送中心的信息系统主要对订货管理、入库预定管理、在库管理、入出库管理、配送管理五方面物流活动进行管理。其中，物流业务流程与具体内容详见图7－2。

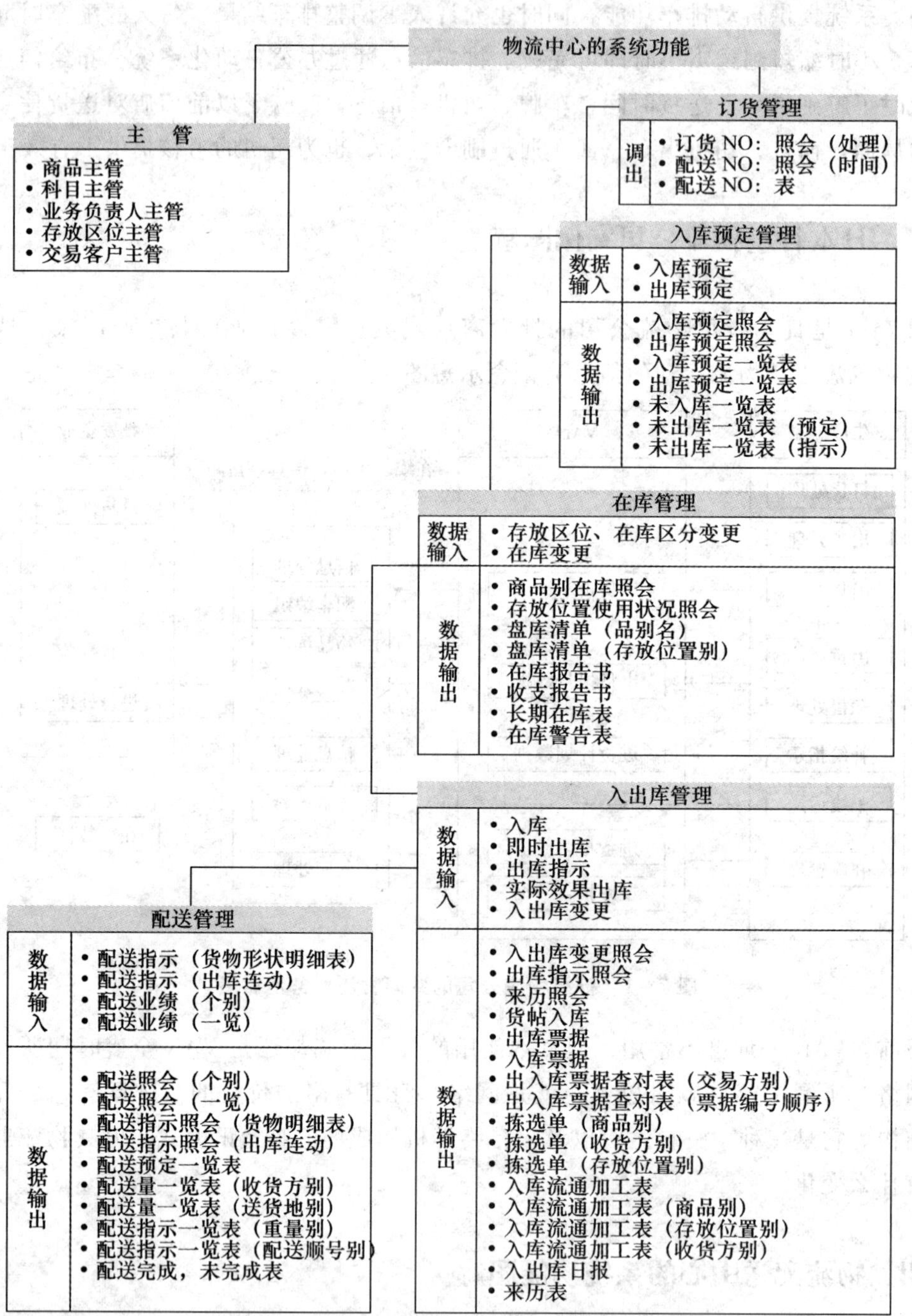

图7-2　物流配送中心的系统功能概念图

五、日本某玩具公司物流中心仓库管理系统案例

日本某玩具公司不断扩大经营领域，包括婴儿专用品在内，目前经营的商品种类已达1万种，百分之百采取B to C的无店铺销售方式。因发货形态有较大差异，库存管理与物流中心完全分开。该公司的物流中心——弗鲁门特物流中心（设在京滨配送株式会社内）的库存管理、接货、验收、发货等所有物流业务全部外包给了京滨配送株式会社。

2004年10月14日，为了提高作业效率、降低成本，公司在外包企业京滨配送株式会社内设立的弗鲁门特物流中心引进了WMS（仓库管理系统）等。

该公司此次引进的WMS是韩国开发的“自主物流WMS”。WMS已在三星SDI、LG电子、富士通、LG化工、莫娜米等多家韩国大型企业应用，并发挥了较好的效果。玩具公司运用自己多年积累的经验和物流ABC方法，对引进的系统进行了调整改造，新开发的系统命名为SCLMS（Supply chain Logistics Management System)，堪称是日本零售业最早、最正规的B to C仓库管理分析系统。SCLMS还与西姆丝会计系统结合，进一步提升系统的功能。

过去，该公司的物流作业一直委托给第三方物流公司——京滨配送株式会社，从接货、库存管理到商品配送，他们一直利用由通用设备构筑的电子商务管理系统和无线局域网检验系统完成合同业务。这次引进新WMS系统时，在京滨配送（株）的协助下，结合日本IBM公司的物流ABC等分析手段，彻底改变了公司的物流作业现状。物流中心内的作业和设备出租等工作仍由京滨配送株式会社负责，运营体系由该玩具公司自己承担，配送业务转包给佐川急便公司。

因为引进了最新的WMS，即使今后商品流通量再增加，也能够保证商品的配送需求，物流的效率化已不成问题。由于利用WMS这一管理系统，与其他公司相比，他们的商品送达速度加快了，备货的时间进一步缩短，库存的效率水平得到不断提高，同时通过对发货和库存状况的准确分析，及时补充货物，保证不出现缺货现象。新引进的WMS可以通过对热销商品销售状况的分析，提前发出缺货预警，确保商品的库存量保持在最佳水平。

>> 本模块小结

配送中心信息管理系统是以商品的物流管理为对象，以商品的到货、验货、库存、配货、配送、出库为管理内容的管理信息系统，具备入库管理、出库管理、盘点管理、报损报残管理、报警管理、库存管理、调拨管理、条码打印管理、查询管理及数据传送管理等功能。

不同行业与企业因为商品和其他条件有异，会选择不同的配送中心信息系统，但其基本功能包括基本管理系统、进货入库管理系统、出货出库管理系统、在库管理系统、运输管理系统五大模块。

(1) 基本管理系统。包括主档管理、用户管理、基本查询、库区划分、库位管理、接口管理、计费管理七个子模块，为物流配送中心提供基本的管理数据。

(2) 进货入库系统。包含进货预定、收货验收、推荐库位、入库上架、入库进度管理五个子模块。

(3) 出货出库系统。包含出货预定、订单管理、补货作业、缺货管理、出货作业、出货进程管理六个子模块。

(4) 在库管理系统。包含移库作业、盘点作业、数据分析、流通加工、退货管理五个子模块。

(5) 运输管理系统。在物流配送中心信息系统中有些比较简单的可以作为 WMS 的一个子模块，也有相对复杂的，将其单独作为 TMS（运输管理系统）开发、使用的。

>> 本模块参考

浏览网址

[1] 北京物资学院 http：//www. bwu. edu. cn/

[2] 北京交通大学 http：//sem. bjtu. edu. cn/

[3] 复旦物流网 http：//www. logistics - ec. com/

[4] 南开物流网 http：//logistics. nankai. edu. cn/

[5] 现代物流研究网 http：//www. cmlrc. org/

>> 课后思考

1. 调查一家连锁企业的配送中心，看看其信息系统是怎样的？

2. 配送中心信息系统信息流的主要内容是什么？

3. 描述配送中心的信息处理过程。

4. 总结你所了解的连锁企业物流配送中心的信息化建设状况。

>> 案例分析题

日合资华堂商场的计算机信息管理

1998年4月，伊藤洋华堂集团与中国糖业酒类集团公司合资的华糖洋华堂商业有限公司在国内建立的第一家大型综合超市——华堂商场在北京开始营业。

伊藤洋华堂集团在经营理念和管理上都非常重视计算机应用。集团总部设在日本东京著名的东京塔下，而计算机中心设在横滨，而且所用的计算机系统是向野村综合事务所按机时租用的。应用计算机后，总部能掌握、控制各店商品的存销情况。

华堂商场也很重视计算机的应用，其应用计算机的具体情况如下。

1. 订货和供货

订货机上可提供诸如下周气象信息、去年同期销售数字（如红色M号衬衣卖了多少）、下周有何重大活动（有什么节日，附近学校有什么运动会）等提示信息。还可以查到什么货已订了多少。根据库存数量，把需要的数字输到上面，包括物品的类别、尺码和颜色。

2. 统一传票

然后经过电脑整理处理后，制订出所需商品的进货计划。供货方面，他们和供应商都已建立了计算机对进货传票的管理。以前供应商用自己的传票，使得传票不规范、不及时，现在用计算机统一打印传票，供应商拿着统一的传票送货。

3. 条形码使用

另外，要求供应商必须有商品条码。北京华堂的配送中心在顺义，属伊藤忠集团的太平洋物流，所以，其配送的衣服一定要用挂装箱运送。

4. 防损措施

考虑到国内情况，华堂商场内安置了商品防损装置，允许顾客携带挑好的物品去结款台，先进的设备可以起到防损和威慑作用。

5. 决策参考

各国零售业都在用计算机，但用它干什么呢？日本人做文案工作，写材料2/3靠数字。如何运用数据做量的分析，提高数据的处理能力，是考核一个员工的重要前提。计算机系统先进并不只是表现在计算机硬件多么先进，也不在于POS多么先进，而是在应用方面如何获得更好、更快、更大的信息量。学会用数据，所得到的信息才能变成有价值的决策依据。

华堂商场充分利用每天的POS数据，掌握各个商品销售动向的“单品管理”。在单品管理的基础上，研究顾客需求在某一时间、某一季节条件下有怎样的变化，然后安排商品构成，进行商品开发，接近顾客需求。

问题：

1. 华堂商场是怎样利用计算机信息的？它对别的企业有什么借鉴作用？

2. 一般情况下，怎样设置配送中心的信息系统，才会使配送中心的运行更为合理和有效？

模块八

电子商务与客户信息管理

>>学习目标

1. 理解电子商务的定义及作用
2. 掌握客户信息管理系统的构成及实施程序
3. 了解顾客关系管理的信息化
4. 掌握客户关系管理在零售业的应用
5. 理解电子商务与顾客信息的关系

【案例导读】

伊藤洋华堂的客户管理

伊藤洋华堂有一个重要经营理念——"准确把握客户不断变化的需求"。为了提高经营效率，满足消费者需求，伊藤洋华堂实施了单品管理模式。单品管理模式就是将商品管理的重点和基础直接放在所经营的每一个具体的商品项目上，也就是将各类商品按质量、款式、尺码、型号等的不同进行分类，通过这种商品品种的细分来明确客户的需求差异，在经营过程中随时掌握每一种单品的销售动向和趋势，不断调整商品结构，精确地确定进货的品种和数量，最大限度地为客户提供他们所需要的商品。另外，伊藤洋华堂还灵活地调整卖场布局，展示商品数量、货架空间，努力减少库存短缺，以适应消费者需求上的变化。

首先，对营销对象进行细分。品牌消费和大众消费已成为两大消费主流，为适应不同收入群体的需要和品味，创建分别以高、中、低收入者为主要经营对象的多层次的大型综合超市。以多样化、细分化、差异化的经营特色，应对各种不同的消费需求。

其次，为客户提供轻松愉快的购物环境。例如，考虑残疾人购物时的不便，在停车场、洗手间、柜台等处增添相应的设备，同时，在售货厅里，店员们也主动向这类客户询问需要，并给予热情的帮助；在店里，设置母子健康咨询室、婴儿休息室、儿童图书馆、儿童游乐场所等设施，努力让客户在购物中度过一段轻松的时光。

另外，为客户提供更高质量、更无微不至的服务。在伊藤洋华堂的商店里，不是简单地将商品摆放在销售现场，而是基于"准确地向客户传达商品所具有的价值信息"的商品陈列理念，认真研究商品的特征，不断尝试新的陈列方式和销售方法。在方便客户选购商品的同时，创造新的卖点。伊藤洋华堂还通过改进与消费者的沟通以及介绍商品的方式，为客户提供更高质量的服务。例如，通过设计一种途径来准确地为消费者提供他们所寻求的"价值"；在服装和家居用品部，通过对货架进行调整，在日常生活的背景下展示商品，从而清晰而具体地表现商品的"价值"。

在消费多样化、个性化时代，大型综合超市应该时刻准确地掌握客户的最新消费需求，及时调整经营内容和经营方式，为客户提供更高层次的服务，以保持具有满足社会需求的社会效应，使企业持续、稳固地发展。

电子商务及其发展现状

电子商务（Electronic Commerce）的范围很广，一般可分为B to B（Business-to-Business，企业对企业）、B to C（Business-to-Consumer，企业对消费者），另外还有C to C（Consumer-to-Consumer，消费者对消费者）。随着国内因特网使用人数的增加，利用因特网进行网络购物并以银行卡付款的消费方式已渐流行，市场份额也在迅速增长，电子商务网站也层出不穷。电子商务最常见的安全机制有安全套接层协议（SSL）及安全电子交易协议（SET）两种。

一、电子商务的定义和作用

1. 电子商务的定义

电子商务是在因特网开放的网络环境下，基于浏览器/服务器应用方式，实现消费者的网上购物、商户之间的网上交易和在线电子支付的一种新型的商业运营模式。

因特网上的电子商务可以分为三个方面：信息服务、交易和支付。主要内容包括：电子商情广告、电子选购和交易、电子交易凭证的交换、电子支付与结算以及售后的网上服务等。参与电子商务的实体有四类：顾客（个人消费者或企业集团）、商户（包括销售商、制造商、储运商）、银行（包括发卡行、收单行）及认证中心。

2. 电子商务的作用

电子商务是因特网爆炸式发展的直接产物，是网络技术应用的全新发展方向。因特网本身所具有的开放性、全球性、低成本、高效率的特点，也成为电子商务的内在特征，并使得电子商务大大超越了作为一种新的贸易形式所具有的价值。

（1）电子商务将传统的商务流程电子化、数字化，一方面以电子流代替了实物流，可以大量减少人力、物力，降低了成本；另一方面突破了时间和空间的限制，使得交易活动可以在任何时间、任何地点进行，从而大大提高了效率。

（2）电子商务所具有的开放性和全球性的特点，为企业创造了更多的贸易机会。

（3）电子商务使企业可以以相近的成本进入全球电子化市场，使得中小企业有可能拥有和大企业一样的信息资源，提高了中小企业的竞争能力。

（4）电子商务重新定义了传统的流通模式，减少了中间环节，使得生产者和消费者的直接交易成为可能，从而在一定程度上改变了整个社会经济运行的方式。

（5）电子商务一方面破除了时空的壁垒，另一方面又提供了丰富的信息资源，为各种社会经济要素的重新组合提供了更多的可能，这将影响到社会的经济布局和结构。

从贸易活动的角度分析，电子商务可以在多个环节实现，由此也可以将电子商务分为两个层次：较低层次的电子商务，如电子商情、电子贸易、电子合同等；最完整的也是最高级的电子商务应该是利用因特网络进行全部的贸易活动，即在网上将信息流、商流、资金流和部分的物流完整地实现，也就是说，你可以通过因特网，将从寻找客户开始，一直到洽谈、订货、在线付（收）款、开具电子发票以至到电子报关、电子纳税等环节一气呵成。

要实现完整的电子商务，还会涉及很多方面，除了买家、卖家外，还要有银行或金融机构、政府机构、认证机构、配送中心等的加入。由于参与电子商务的各方在物理上是互不谋面的，因此整个电子商务过程并不是物理世界商务活动的翻版，网上银行、在线电子支付等条件和数据加密、电子签名等技术在电子商务中发挥着重要的作用。

【开拓视野】

中国电子商务发展的标志性事件

2010年6月，百度B to C在线服务平台“乐酷天”开放，亮出“中国超大网络购物商城”的旗号。

2009年5月，当当网宣布率先实现赢利；7月，淘宝网诚信自查系统上线，为C to C历史上最大的一次反涉嫌炒作买家自查措施。

2008年5月，中国电子商务协会授予杭州为“中国电子商务之都”称号。

2007年6月，网盛科技并购服装网；11月阿里巴巴在香港上市。

2006年5月，环球资源入股聪慧国际，结成中国最大的B to B战略联盟；12月，网盛科技上市，标志着A股——“中国互联网第一股”诞生。

2005年4月，《电子签名法》正式施行；8月，阿里巴巴集团收购雅虎中国，同时被雅虎控股。

2004年6月，第一届网商大会举办；8月，亚马逊以7500万美元收购卓越网。

2003年5月，阿里巴巴投资成立淘宝；12月，聪慧网在香港上市。

2002年3月，eBay以3000万美元收购易趣网33%股份。

2001 年 7 月，中国人民银行颁布《网上银行业务管理暂行办法》；11 月，中国电子政务应用示范工程通过论证。

2000 年 5 月，卓越网成立；6 月，中国电子商务协会正式成立。

1999 年 8 月，国内首家 C to C 平台易趣网上线；5 月，王峻涛创办 8848，首家 B to C 电子商务网站诞生。

1998 年 2 月，中国制造网在南京上线；12 月，阿里巴巴在开曼群岛注册。

1997 年 12 月，中国化工网上线，成为国内首家垂直 B to B 网站。

二、电子商务网站市场影响力评估

根据艾瑞咨询发布的《iResearch-B to C 电子商务网站市场影响力评估研究报告(2010)》数据显示，当当网以 398.4 的综合评分位列第一，卓越网、京东商城紧随其后，形成 B to C 市场第一集团。

1. 百货业毛利率更具诱惑力

随着 B to C 网站的百货化发展，它们之间的商品差异将越来越模糊。如何更好地利用企业传统优势，弥补自身发展短板，将成为未来市场制胜的关键。

B to C 网站纷纷进军百货市场，是看准了这一市场的高额收益。目前，中国 B to C 市场的平均毛利率仅为 10% ~15%，特别是电子类产品的毛利率甚至低于 5%。这导致某些 B to C 网站虽然销售额很高，但实际赢利却很低。相比 IT、3C 市场，百货业的毛利率显然更具诱惑力。

与新兴购物网站相比，老牌 B to C 网站进军百货拥有先发优势，其多年经营积累的良好口碑，让用户在购买百货时首先会考虑这些网站。艾瑞调研数据显示，当当网以 93.28% 的品牌提示提及率（用户在调查者提供的选项中进行选择排序）位列第一，卓越网以 89.72% 位列第二，这一数据比 2009 年的 77.56% 和 81.21% 分别高出 15.72% 和 8.51%，增长明显。

而在用户渗透率（用户数与被调查者总数的百分比）方面，在所有受访用户中，27.7% 的用户经常使用当当网，卓越网为 22.7%，京东商城为 17%，结合品牌认知度数据，与品牌认知度数据所表现出的趋势一致。

2. 大型商城黏性更大

与一些小网站相比，大型网上商城具有另一个关键优势，即拥有高黏性的优质用户。这些用户对网站的信任度高、依恋性强，在大型 B to C 网站开拓百货市场的进程中，这些用户可以挖掘的市场空间非常大。

例如，当当网的核心用户集中在19～35岁、本科及以上学历、月收入3000～6000元的人群，是最优质的网购消费人群。当当网某高管接受采访时表示，“许多当当网创立之初便注册的会员至今仍然是当当网的活跃用户，这些老用户对于我们开拓百货市场，会产生不可估量的价值”。

艾瑞的数据印证了这种看法，报告显示，2010年1～4月，当当网的月度总访问人数为9094万人，总选购人数为1911万人；卓越网月度总访问人数为8170万人，总选购人数为1106万人。优质的用户资源为B to C网站提供了巨大的发展动力。

艾瑞咨询监测的数据显示，2010年第二季度，中国网购市场规模继续高速增长，达到112.3亿元，同比大幅增长97.5%，且有强者恒强趋势。

【开拓视野】

艾瑞咨询集团

艾瑞市场咨询（iResearch）是一家专注于网络媒体、电子商务、网络游戏、无线增值等新经济领域，深入研究和了解消费者行为，并为网络行业及传统行业客户提供市场调查研究和战略咨询服务的专业市场调研机构。iResearch秉承专业、严谨、客观的工作作风，目标是发展成为网络经济时代中国最优秀的专业市场调研公司。

艾瑞市场咨询成立于2002年，公司创始人杨伟庆先生毕业于华东理工大学。1998年开始接触网络广告行业，是中国最早的一批网络营销专业人士。在创立iResearch公司之前，杨伟庆于1999年底参与创建商业版本的“网络广告先锋”（WiseCast）网站并负责具体运营。“网络广告先锋”最早由任向晖于1997年5月创立，是中国第一批网络行业从业人员的行业研究资讯网站，主要提供网络广告行业发展相关资讯。

艾瑞市场咨询（iResearch）目前的主要服务产品有iUserTracker（网民行为连续研究系统）、iAdTracker（网络广告监测分析系统）、iUserSurvey（网络用户调研分析服务）、iDataCenter（网络行业研究数据中心）等。

iResearch以上海为公司总部，并于2003年10月在北京成立分部，目前有员工60名。iResearch每年发布中国网络经济研究报告超过50份，为推动中国互联网行业的发展起到重要的推动作用。

三、传统零售与电子商务的异同

有专家认为：电子商务会催生传统零售业的产业链裂变，从价值链看来，电子商务企业和传统零售企业，甚至前端总代理、经销商，都处于同一个价值链中。

尽管传统零售业和电子商务零售业在模式上有很多不同，但是商品流通的路径是相同的，即商品从生产企业到物流到配送再到消费者手中。

它们的区别是：电子商务需要一个强大的中心点来应对无数消费者；而传统零售业则是以多点对应消费者的。传统零售业是一个一个物理门店分布的，每个门店处在不同的地域，面对不同的客户，可以有不同的定位。如果有100个门店，每个店面只赢利1万元，那么总共赢利可以达到100万元。也就是说，并不要求每个门店的赢利能力都特别强，但是当有100个门店时，聚集效应就显现出来了。电子商务则不同，一个点应对无数的消费者，这些消费者来自全国甚至全球，这就对这个中心点提出了极高的要求，要求中心点的信息系统、商品采购和管理、物流仓储等各种能力都足够强大。

【开拓视野】

渠道营销与零售企业

对于零售企业来说，今后的发展趋势是不管渠道模式如何，最重要的是供应链运营能力、资源整合能力、数据能力和IT系统，这是今后高科技零售业的特征，也是核心竞争力。

传统零售和电子商务零售业的界限越来越模糊，不能简单、绝对地区分成传统零售业、电子商务、直销、目录销售等不同类别，因为渠道的有机融合已经屡见不鲜。

1. 日本7－11（7－Eleven）

日本的7－11起家于传统零售业，但是它拥有遍布各地的庞大门店数量，它的电子商务部分也发展得非常灵活，依托于高效的社区便利店发展起来7－11的电子商务，既可以在网上购买店内约定商品后到店来取，也可以选择由门店主动分发。7－11成功高效的便利店体系后面是完善的供应链和IT后台的支持。

2. 沃尔玛（Wal-mart）

沃尔玛在线销售学习了电子商务大佬亚马逊，开始向厂商、供应商开放自己的系统Walmart Market place，引进了上百万种新商品，甚至有的是独家产品。根据Compete调查公司的数据，亚马逊和沃尔玛在网络零售业中分列第一和第二位。2008年的沃尔玛电子商务的销售额为 17 亿美元。

3. 乐购（Tesco）

2000 年，传统零售业出身的 Tesco 开始电子商务之旅，成立了网上销售服务部门，开始电子商务之旅。直至目前为止，该网站仍是世界上最大的食品在线销售网站。它在线销售部分很快赢利，并在美国与 Safeway 合作，用 Tesco 的销售系统开展家庭购物服务。

四、亚马逊网上书店案例

亚马逊网上书店成立于 1995 年，是全球电子商务的成功代表。在亚马逊网站上，读者可以买到近 150 万种英文图书、音乐和影视节目。1999 年开始，亚马逊网站开始扩大销售的产品门类。现在，除图书和音像影视产品外，亚马逊也同时在网上销售服装、礼品、儿童玩具、家用电器等 20 多个门类的商品。

1994 年，贝索斯用 30 万美元的启动资金，在西雅图郊区租来的车库中创建了全美第一家网络零售公司——AMAZON. COM（亚马逊公司）。在公司起步阶段，为了让亚马逊在传统书店如林的竞争压力中站稳脚跟，贝索斯充分利用了他对于网络的理解和网上技术优势，花了 1 年的时间来建设网站和设立数据库。1995 年 7 月，亚马逊正式打开了它的“虚拟商务大门”。

1. 亚马逊书店的营销策略

（1）产品策略。亚马逊书店根据所售商品的种类，将其分为三大类：书籍、音乐和影视产品，每一类都设置了专门的页面，同时，在各个页面中也很容易看到其他几个页面的内容和消息。它将书店中不同的商品进行分类，并对不同的电子商品实行不同的营销对策和促销手段。

（2）定价策略。亚马逊书店采用了折扣价格策略。所谓折扣策略，是指企业为了刺激消费者增加购买，在商品原价格上给予一定的回扣，通过扩大销量来弥补折扣费用和增加利润。亚马逊书店对大多数商品都给予了相当数量的回扣。

（3）促销策略。常见的促销方式，即企业和顾客以及公众沟通的工具主要有四种，它们分别是广告、人员推销、公共关系和营业推广。在亚马逊书店的网页中，除了人员推销外，其余部分都有体现。

2. 售前售后服务

（1）搜索引擎。一家书店如果将其所有书籍和音像产品都一一列出，是没有必要而且对用户来说也是很不方便的。因此，设置搜索引擎和导航器就成为书店一项必不可少的技术措施。在这一点上，亚马逊书店的主页就做得很不错，它提供了各种各样的全方位的搜索方式，有对书名的搜索、对主题的搜索、对关键字的搜索和对作者的搜索，同时还提供了一系列的（如畅销书目、得奖音乐、最卖座的影片等）导航器，而且在书店的任何一个页面中都提供了这样的搜索装置，以方便用户搜索、引导用户选购。

（2）顾客的技术问题解答。除了搜索服务之外，书店还提供了对顾客的常见技术问题的解答服务。例如，公司专门提供了一个 FAQ（Frequently Asked Questions）页面，回答用户经常提出的一些问题，例如，如何进行网上的电子支付，对于运输费用顾客需要支付多少，如何订购脱销书，等等。而且，如果你有特殊问题，公司还会专门为你解答。

（3）用户反馈。亚马逊书店的网点设置了电子邮件、调查表等，以获取用户对其商务站点的反馈。用户反馈既是售后服务，也是经营销售中市场分析和预测的依据。电子邮件中往往有顾客对商品的意见和建议。书店一方面解决用户的意见，这实际上是一种售后服务活动；另一方面，也可以从电子邮件中获取大量有用的市场信息，可以作为指导今后公司各项经营策略的基础，这实际上是一种市场分析和预测活动。另外，它也经常邀请用户在网上填写一些调查表，并用一些免费软件、礼品或是某项服务来鼓励用户发来反馈的电子邮件。

（4）读者论坛。亚马逊书店的网点还提供了一个类似于 BBS 的读者论坛，主要目的是吸引客户了解市场动态和引导消费市场。在读者论坛中，可以开展热门话题的讨论，以一些热门话题，甚至是极端话题引起公众兴趣，引导和刺激消费市场。

3. 物流系统的强力支撑

电子商务是以现代信息技术和计算机网络为基础进行的商品和服务交易，具有交易虚拟化、透明化、成本低、效率高的特点。在电子商务中，信息流、商流、资金流的活动都可以通过计算机在网上完成，唯独物流要经过实实在在的运作过程，而不像信息流、资金流那样被虚拟化。因此，作为电子商务组成部分的物流，便成为决定电子商务效益的关键因素。在电子商务中，如果物流滞后、效率低、质量差，则电子商务经济、方便、快捷的优势就不复存在。所以，完善的物流系统是决定电子商务生存与发展的命脉。

（1）配送外包。在电子商务中，亚马逊将其国内的配送业务委托给美国邮政和 UPS，将国际物流委托给国际海运公司等专业物流公司，自己则集中精力去发展主营和核心业务。这样可以减少投资，降低经营风险，又能充分利用专业物流公司的优势，节约物流成本。

（2）实行零库存运转。亚马逊通过与供应商建立良好的合作关系，实现了对库存的有效控制。亚马逊公司的库存图书很少，维持库存的只有200种最受欢迎的畅销书。一般情况下，亚马逊是在顾客下了订单后，才从出版商那里进货。购书者以信用卡向亚马逊公司支付书款，而亚马逊却在图书售出46天后才向出版商付款，这就使得它的资金周转比传统书店要顺畅得多。2002年第三季度，其库存平均周转次数达到19.4次，而沃尔玛的库存周转次数在7次左右。

（3）降低退货比率。虽然亚马逊经营的商品种类很多，但由于对商品品种选择适当，价格合理，商品质量和配送服务等能满足顾客需要，所以保持了很低的退货比率。传统书店的退书率一般为25%，高的可达40%，而亚马逊的退书率只有0.25%，远远低于传统的零售书店。极低的退货比率，不仅减少了企业的退货成本，也保持了较高的顾客服务水平，并取得良好的商业信誉。

（4）为邮局发送商品提供便利，减少送货成本。在送货中，亚马逊采取一种被称之为“邮政注入”的方式，以减少送货成本。所谓“邮政注入”，就是使用自己的货车或由独立的承运人将整卡车的订购商品从亚马逊的仓库送到当地邮局的库房，再由邮局向顾客送货。这就免除了邮局对商品的处理程序和步骤，为邮局发送商品提供了便利，也为自己节省了资金。

（5）建立不同的配送中心。亚马逊的配送中心按商品类别设立，不同的商品由不同的配送中心配送。这样做有利于提高配送中心的专业化作业程度，使作业组织简单化、规范化，既能提高配送中心作业的效率，又可降低配送中心的管理和运转费用。

（6）扩大运输批量。当顾客在亚马逊的网站上确认订单后，就可以立即看到亚马逊销售系统根据顾客所订商品发出的是否有现货，以及选择的发运方式、估计的发货日期和送货日期等信息。

由于亚马逊根据商品类别建立了不同的配送中心，所以顾客订购的不同商品是从美国的不同配送中心发出的。亚马逊的配送中心只保持少量的库存，所以在接到顾客订货后，亚马逊需要查询配送中心的库存，如果配送中心没有现货，就要向供应商订货，因此会造成同一张订单上有的商品可以立即发货，有的则需要等待。为了节省顾客等待的时间，亚马逊建议顾客在订货时不要将需要等待的商品和有现货的商品放在同一张订单中，这样在发运时，承运人就可以将来自不同顾客、相同类别且配送中心有现货的商品配装在同一货车内发运，从而缩短顾客订货后的等待时间，也扩大了运输批量，提高运输效率，降低运输成本。

【开拓视野】

FAQ

FAQ 是英文 Frequently Asked Questions 的缩写，中文意思就是“经常问到的问题”，或者更通俗地叫做“常见问题解答”。在很多网站上都可以看到 FAQ，列出了一些用户常见的问题，是一种在线帮助形式。在利用一些网站的功能或者服务时往往会遇到一些看似很简单，但不经过说明可能很难搞清楚的问题，有时甚至会因为这些细节问题的影响而失去用户，其实在很多情况下，只要经过简单的解释就可以解决这些问题，这就是 FAQ 的价值。在网络营销中，FAQ 被认为是一种常用的在线顾客服务手段，一个好的 FAQ 系统，应该至少可以回答用户 80% 的一般问题，以及常见问题。这样不仅方便了用户，也大大减轻了网站工作人员的压力，节省了大量的顾客服务成本，并且增加了顾客的满意度。

五、阿里巴巴案例

1999 年，马云等 18 人满怀创业的激情和梦想，在杭州创建了阿里巴巴公司。时至今日，已发展成中国最大的电子商务企业，员工达到 1.8 万人。

阿里巴巴集团经营多元化的互联网业务，包括 B to B 国际贸易、网上零售和支付平台，以及以数据为中心的云计算服务，致力为全球所有人创造便捷的网上交易渠道。

阿里巴巴通过旗下三个交易市场协助世界各地数以百万计的买家和供应商从事网上生意。三个网上交易市场包括：集中服务全球进出口商的国际交易市场（www. alibaba. com）、集中国内贸易的中国交易市场（www. 1688. com），以及通过一家联营公司经营、促进日本外销及内销的日本交易市场（www. alibaba. co. jp）。

阿里巴巴于 2007 年 11 月在香港联合交易所上市（香港联合交易所股份代号：1688）（1688. HK），集资额达 17 亿美元，在当时仅次于 2004 年在美国纳斯特克上市的互联网股份谷歌所创下的首次公开发。

1. 淘宝网（www. taobao. com）

成立于 2003 年，是中国最大的零售网站，涵盖最全面的商品类目。由阿里巴巴集团投资创办。根据中国互联网信息中心公布的数据，截止 2009 年 12 月 31 日，中国互联网用户数为 3. 84 亿，而淘宝拥有注册会员 1. 7 亿。2009 年，淘宝网全年交易额达到 2083 亿人民币，是亚洲最大的网络零售商圈。艾瑞咨询调查显示，淘宝网占据国内电子商务80%以上的市场份额。

据国内第三方机构IDC统计，截至2009年底，已经有超过80万人通过在淘宝开店实现了就业，带动的物流、支付、营销等产业链上间接的就业机会达到228万个。目前，每天全国三分之一的宅送快递业务都因淘宝网交易而产生。

淘宝网同时经营服务国内数十万个网站主的网上广告交易平台及广告联盟阿里妈妈（www. alimama. com），以及中国领先的分类资讯网站口碑网（www. koubei. com）。其中口碑网截至2009年中拥有超过3000万名注册用户。

2. 支付宝

支付宝（中国）网络技术有限公司建立于2004年，由阿里巴巴集团创办，是国内领先的独立第三方支付平台，致力于为中国电子商务提供“简单、安全、快速”的在线支付解决方案。始终以“信任”作为产品和服务的核心，不仅从产品上确保用户在线支付的安全，同时让用户通过支付宝在网络间建立起相互的信任，为建立纯净的互联网环境迈出了非常有意义的一步。

自创立以来，用户覆盖了整个C to C、B to C及B to B领域。截至2010年6月底，支付宝的注册用户数已超越3.5亿，每天在支付宝上完成的网上交易约有550万笔，日交易金额超过14亿元人民币。

支付宝创新的产品技术、独特的理念及庞大的用户群吸引越来越多的互联网商家主动选择支付宝作为其在线支付体系。

目前，除淘宝和阿里巴巴外，支持使用支付宝交易服务的商家已经超过46万家，涵盖了虚拟游戏、数码通讯、商业服务、机票等行业。这些商家在享受支付宝服务的同时，还拥有了一个极具潜力的消费市场。

支付宝以稳健的作风、先进的技术、敏锐的市场预见能力及极大的社会责任感，赢得了银行等合作伙伴的认同。目前，中国工商银行、中国农业银行、中国建设银行、招商银行、上海浦发银行等各大商业银行以及中国邮政、VISA国际组织等各大机构均与支付宝建立了深入的战略合作，不断根据客户需求推出创新产品，成为金融机构在电子支付领域最为信任的合作伙伴。

六、当当网案例

1999年11月，当当网正式开通。当当网在线销售的商品包括了家居百货、化妆品、数码、家电、图书、音像、服装及母婴等几十个大类，逾百万种商品，在库图书达到60万种。

目前，每年有近千万顾客成为当当网新增注册用户，遍及全国32个省、市、自治区和直辖市。每天有上万人在当当网买东西，每月有3000万人在当当网浏览各类信息，当当网每月销售商品超过2000万件。这其中，它的配送中心和电子技术发挥了很大的作用。具体见表8-1。

表8-1　当当网设立配送中心及应用电子技术的情况

2009.10	当当网武汉物流中心启用，全国库房总面积达到12万平方米，成为国内电子商务公司中库房面积最大、物流配送网络最广泛和最发达的公司
2009.9	手机当当网全面升级，并推出革命性的手机购买功能，在国内B to C电子商务领域，此举尚属首例
2009.5	当当网成都物流中心启用
2008.10	当当网新首页上线，改版后的页面突出了综合购物商城的网站形象
2008.7	当当网针对北京、上海、广州、深圳四地进行物流大提速
2007.5	占地面积达4万平方米的新物流中心在北京投入运营
2007.1.8	当当网和北京新华中启信息技术有限公司签署当当网ERP项目一期工程，ERP项目总投资500万
2006.7	当当网获得第三轮风险投资，著名风险投资机构DCM、华登国际和Alto Global联合投资当当网2700万美元
2006.6	当当网将送货上门，货到付款的服务，并承诺免费上门收取退换货的服务在全国突破180个城市
2005.4	当当网将送货上门，货到付款的服务，并承诺免费上门收取退换货的服务扩展到全国66个城市，使中国电子商务的服务水平迈上新的台阶
2004.4	当当网开通时尚百货专卖店
2004.3	当当网开通期刊频道
2004.2	当当网获得第二轮风险投资，著名风险投资机构老虎基金投资当当1100万美元
2001.6	当当网开通网上音像店
2000.2	当当网首次获得风险投资
1999.11	网站进入运营

七、京东商城案例

京东商城是中国B to C市场最大的“3C”（即计算机Computer、通讯Communication和消费电子产品Consumer Electronic）网购专业平台，是中国电子商务领域最受消费者欢迎和最具影响力的电子商务网站之一。

360buy 京东商城自 2004 年初登陆电子商务领域以来，先后组建了上海及广州全资子公司，将华北、华东和华南三点连成一线，使全国大部分地区都覆盖在 360buy 京东商城的物流配送网络之下；同时，不断加强和充实公司的技术实力，改进并完善售后服务、物流配送及市场推广等各方面的软、硬件设施和服务条件。

2009 年 6 月，京东商城 2009 年第二季度销售额达 8.4 亿元，占据中国 B to C 电子商务市场 28.8% 的份额。而且，单月销售额突破 3 亿元，与 2007 年全年销售额持平。同时，日订单处理能力突破 20000 单。

2004 年 1 月，京东开始涉足电子商务领域，京东多媒体网正式开通，启用域名。到 2005 年 11 月，在不到两年的时间里，京东多媒体网日订单处理量稳定突破 500 个；到 2007 年 6 月，京东商城日订单处理量突破 3000 个。随着业务量的不断扩大，京东建成了北京、上海、广州三大物流体系，总物流面积超过 5 万平方米。它的快速发展也赢得了外国公司的青睐，2007 年 8 月，国际著名风险投资基金——今日资本首批融资千万美金投资于它。2008 年初，京东开始销售平板电视，并于 6 月将空调、冰洗、电视等大家电产品线逐一扩充完毕。这标志着京东公司在成立十周年之际完成了 3C 产品的全线搭建，成为名副其实的 3C 网购平台。2009 年 3 月，京东商城单月销售额突破 2 亿元，成为国内首家也是唯一一家月销量突破 2 亿元大关的 B2C 电子商务公司。

客户信息管理

客户管理，即客户关系管理（Customer Relationship Management，CRM）的简称，就是通过对客户详细资料的深入分析，来提高客户满意程度，从而提高企业的竞争力的一种手段。客户关系管理的核心是客户价值管理，通过“一对一”营销原则，满足不同价值客户的个性化需求，提高客户忠诚度和保有率，实现客户价值持续贡献，从而全面提升企业赢利能力。

一、客户信息管理系统的构成

作为管理系统，客户关系管理在国外已经有 20 多年的发展历史，从初期的帮助管理销售定额、计算销售人员的提成、预测利润、协调销售人员活动的自动销售系统（Sales Force Automation，SFA）到后来的为客户提供800电话服务、通过自动菜单选择和交互式语言反馈让客户很快与专业电话服务人员通话的电话计算机集成（Computer Telephony Integration，CTI）等，虽然在一定程度上给企业带来了便利，提高了客户价值，但是都没有解决客户信息协调集成的问题。其原因在于，销售人员查询的SFA和电话服务人员查询的CTI以及后台数据库没有进行有效的集成，同一客户的资料被分别存储在不同的信息系统中，造成了企业、客户和服务人员的分头行动。

客户关系管理要取得成功，首先应该解决企业、客户和服务人员的集成问题。其技术手段就是供应链一体化的平台系统，主要包括以下五个方面。

1. 运行环境的集成

这主要是将不同的硬设备、操作系统、网络操作系统、数据库管理系统、开发工具以及其他系统支撑的软件集成为一个系统，形成一个统一的、高效协调运行的应用平台，实现系统软硬件资源的共享。

2. 信息的集成

从信息资源管理（Information Resources Management，IRM）出发，进行全企业的数据总体规划与应用分析，统一规划、设计、建立数据库系统，使不同部门、不同专业、不同层次的人员在信息资源方面达到高度共享；通过公用系统和可兼容系统的连接，实现合作伙伴的信息共享。

3. 应用功能的集成

这是将决策支持系统、计算机管理信息系统、计算机辅助工程、计算机辅助设计、客户关系管理系统和企业资源规划系统等应用系统融为一体，从而将产品设计、制造、库存、分销、采购、物流、财务、人力资源等连接起来，建成计算机集成工程设计系统。如果企业已经分步骤实施了某些管理功能的信息系统，在进行应用功能集成时，还应该与现有信息系统集成。

4. 技术的集成

开发建设面向行业应用的计算机集成应用系统是多种高技术的综合运用。例如，进行系统分析设计时，必然要运用系统工程理论以及某种系统开发方法论（如结构化方法、信息工程方法、面向对象方法等）做指导；又如，网络通信技术、数据库技术、多媒体技术、可视化技术、并行工程与计算机支持的协同工作、人工智能与优化技术以及工程设计理论与技术和管理科学等，需要多方面的高级技术人员参加和有关专家学者的技术咨询。

5. 人和组织的集成

首先，要开发建设集成应用系统，高层领导必须亲自介入，加强统一领导。其次，随着集成应用系统规划、分析、设计和逐步实施的完成，必须促进管理机制的变化，使之真正达到管理机构和生产组织的现代化和科学化。最后，对集成应用系统的每一个管理者和使用者而言，都要有系统集成的明确观念，每个人都将在系统的控制下进行工作。每个人的工作任务能否正确、实时地完成，也将影响系统的维护和运行。

因此，客户关系管理系统的实施应该以客户数据库建设、供应链伙伴关系的建立、技术集成和业务流程重组为基础。

二、客户关系管理系统模型设计

在设计客户关系管理系统模型时，要重点解决好如下事项。

1. 企业类型

企业类型不同，客户关系管理的内容也不同。例如，直接面向客户的零售企业和制造企业，其客户管理的对象、要素、内容、要求都不相同。

2. 客户定义

客户的行为特征千差万别，企业应该根据对客户的合理划分来设计客户关系管理系统，使之能够方便地辨别出一般客户、合适客户和关键客户，然后提供有针对性的服务。

3. 供应链的层级

企业不是独立的，它们是供应链一体化的成员。因此，企业在设计客户关系管理系统时，要与现有客户关系管理系统尤其是核心企业的系统兼容。

4. 外部关系处理

（1）与企业的关系。客户关系管理系统设计是企业不可或缺的环节，从企业的角度来看，客户关系管理设计是以创新的观念和先进的方法使企业适应新的环境，保持活力。

（2）与环境因素的关系。一个设计精良的客户关系管理系统在实际运行中并不一定能按照预想的那样达到设计的要求，这不是设计或构想不完美造成的，而是环境因素在起作用。因此，构建和设计一个客户关系管理系统时，既要考虑现在的环境因素，还要预测将来的环境变化趋势，用发展的眼光来设计供应链。无论是信息系统的构建，还是物流通道设计，都应具有较高的柔性，以提高供应链对环境的适应能力。

（3）与物流系统的关系。物流系统是供应链的物流通道，是供应链管理的重要内容，是客户服务的保证。物流系统设计是供应链系统设计的最主要的工作，设计一个结构合理的物流系统，对于降低库存、减少成本、缩短提前期、实施 JIT 生产与供销、提高供应链的整体运行效率都是很重要的。但是，客户关系管理系统的设计并不能代替物流系统的设计，因为客户关系管理系统的设计是企业模型的设计，它除了物流系统外，还包括信息系统、组织系统、服务系统等子系统的集成。

三、客户关系管理系统的实施程序

实施客户关系管理系统，既涉及对企业现有资源的整合，又涉及对企业发展的规划，因此，它是一个创新的系统工程。从 DELL、GE、HP 等著名企业实施客户关系管理系统的情况来看，一般包括以下七个步骤。

1. 可行性评估

在实施客户关系管理之前，企业应当先做客观、充分的可行性评估。可行性评估不仅仅只是一种技术评估，更应该是一种文化的评估，因为从全球实施客户关系管理的经验可以清楚地看到，企业成败的原因主要在于企业文化的变革。实施客户关系管理的企业首要的问题不是去购买软件，而是聘请有丰富经验的专业咨询管理公司对企业进行诊断，明确问题的关键何在，如哪些问题可以通过技术解决，哪些问题需要通过战略调整解决，哪些问题需要观念转变、文化重造来解决等，只有这些看似“软”的问题解决了，企业的客户关系管理信息化才能水到渠成。

2. 规划客户关系管理战略目标

企业在实施客户关系管理之前，首先应该规划好目标，然后才想办法去达到这一目标。因为实施客户关系管理的真正目标是通过与客户建立适当的关系，来整合企业和社会的优势资源，提高企业竞争力，从而提高企业的赢利率。

在确定要实施客户关系管理系统时，应该与有关专家认真研究，并提出企业的短期、中期、远期目标和直接、根本目标。另外，目标不要定得太高，如果目标太高，工程就越大，不确定性也就越多。

3. 阶段目标与实施路线

在确定实施进程之前，要确定阶段性目标和实施效果。许多企业对实施客户关系管理的目标设计得很好，但就是由于没有量化，最后导致失败。所以，一定要对目标进行量化，而且在量化之前，不要仓促上马。

实施路线对客户关系管理的成功也是非常关键的。设计好目标之后，企业还要确定客户关系管理系统的入口，这需要根据企业的具体情况和技术发展的趋势来定。因为入口的方法很多，而选择最适合本企业情况的入口才是最重要的。现在常用的是 Call Center 和 Web 入口。

4. 设计业务流程

项目小组应该把注意力放在流程上，而不是过分关注于技术。第一件事就是花时间去研究现有的营销、销售和服务策略，并找出改进方法。业务流程确定之后，企业应该根据业务流程来调整组织结构，使企业的组织结构具有足够的柔性，以增强对市场和客户的反应能力，避免企业行为与市场行为脱节。

5. 设计客户关系管理系统结构

客户关系管理系统结构的主要功能有：对供应商、销售商、客户和企业内部信息的流程化、系统化和信息化；与供应商、销售商、客户沟通手段的集成化、自动化和简便化；在此基础上的决策智能化。

企业千差万别的具体情况以及方案选择的多样性，使得它在设计客户关系管理系统结构时可以借鉴他人的模式，但是不能照搬。因为不可能存在“一种号码，人人通用”的万能软件。如果一个企业的高层领导对企业的战略没有明确的方向，没有流程的科学化，而是寄希望于所购买的软件，或者仓促上马客户关系管理项目，结果输掉的不仅是钱，而且还会输掉企业发展的机会。

6. 系统整合

系统各个部分的集成对客户关系管理的成功很重要。客户关系管理的效率和有效性的获得有一个过程，它们依次是：终端用户效率的提高、终端用户有效性的提高、团队有效性的提高、企业有效性的提高、企业间有效性的提高。因此，在客户关系管理系统试运行过程中，应当使之与企业的其他信息系统，如物料采购系统、生产制造资源系统等相耦合，形成信息兼容的庞大功能群。

7. 评估实施效果

企业在实施客户关系管理时，最好聘请专业监理公司的参与。其好处是，一方面可以让它为企业当顾问，另一方面它可以适时评估实施进程和实施效果。

评估效果还应作为项目参与人奖惩的依据，因为在实施过程中可能会发生工作人员效率不高、情绪消极甚至互不协作的情况。有了奖惩依据，可以保证参与者的职业操守得到尊重。

项目三

顾客关系管理系统与电子商务

顾客关系又称消费关系，是商品经济社会中最重要的关系。狭义上的顾客仅仅是指市场上生活资料的消费者，而广义上的顾客不但包含了生活资料的消费者，还包括生产资料的购买者和消费者，也包括精神产品，如思想产品、科研成果等的购买者和消费者。下面仅仅阐述狭义上的顾客。

一、顾客关系管理的信息化

连锁企业总部的顾客关系管理的信息化实施是一个漫长的系统工程。其中，有三个问题是决定系统实施成功的关键：一是系统集成问题，二是系统模型设计，三是实施程序。不解决这三个问题，就不能实现顾客关系管理的信息化。

连锁企业的门店是连锁企业中直接与顾客接触的部门，同时由于各门店处在不同的地区，它的顾客关系管理也就有别于总部的顾客关系管理。就商业服务业企业而言，如果你想拥有充分、准确的顾客信息，就必须通过一定的途径了解、掌握顾客的信息。例如，你必须知道你的对象顾客是谁，住在哪里，他或她的家庭构成、消费履历等基本信息。只有掌握了这些，你才有可能摆脱空间、时间、竞争环境的限制，与你的目标顾客进行有选择的、及时的、对话型的沟通，进而建立长期稳固的顾客关系。而这实际上正是顾客信息的价值所在。

当然，顾客信息的价值并不局限于非常时期的风险管理范畴。在日常营销活动中，是否及时、准确地把握与应用顾客动态信息，将对了解企业营销活动的真实状况、提高营销活动的效果产生至关重要的影响。

二、顾客基本信息的构成

一般来讲，顾客的基本信息由静态信息和动态信息构成。其中，静态信息由基本信息和附属信息构成；动态信息由购买信息、促销信息、判断信息、信用卡、信用信息和债权信息等构成。具体如图 8 – 1 所示。

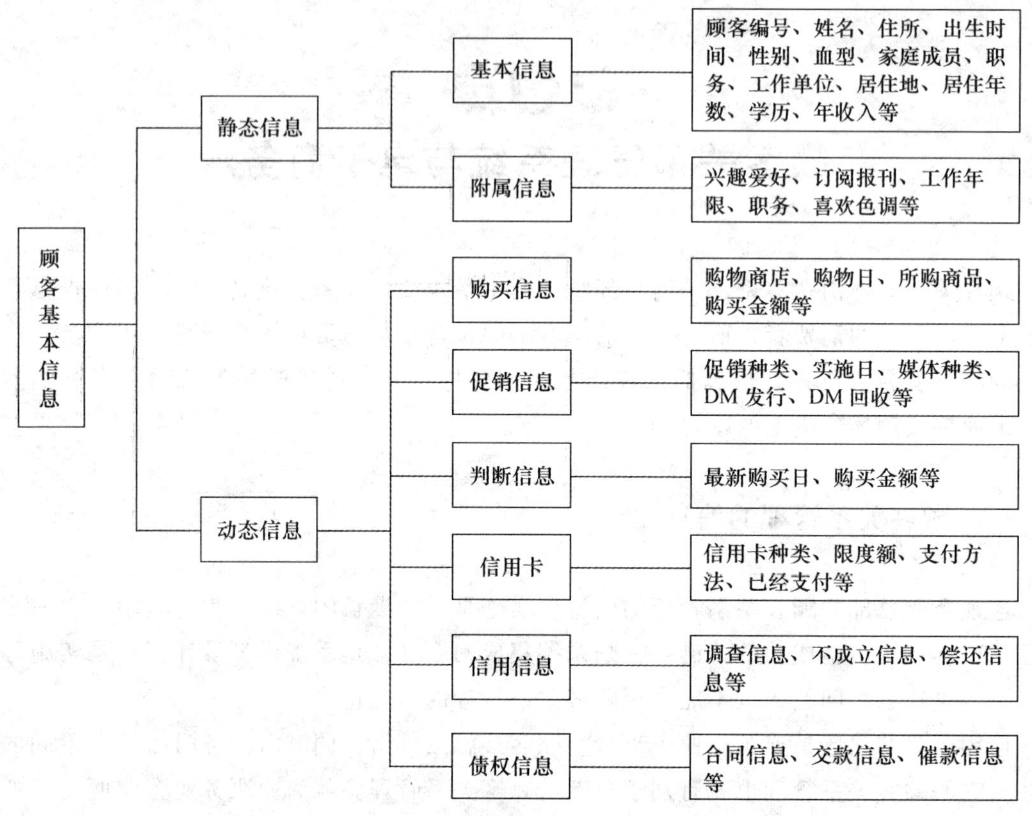

图 8－1　顾客基本信息图

三、客户关系管理在零售业的应用分析

随着经济全球化的迅速发展，“以客户为中心”的管理理念得到了许多企业的高度重视。自从 Gartner Group 提出客户关系管理的概念以来，客户关系管理逐步形成了一套管理理论体系和应用技术体系。

1. 客户关系管理概述

客户关系管理是一种管理思想和理论体系，以客户为中心，以信息技术为手段，并对工作流程进行重组，以客户需求驱动整个组织的运作。它包括组织机构判断、选择、争取、发展和保持其客户所要实施的全部过程。

客户关系管理的目的是了解客户真正的需求，提高客户的忠诚度，对赢利客户进行针对性营销以及挖掘客户的潜在价值。所谓了解客户真正的需求，就是要准确把握客户的个性化需求，实施“一对一”的营销服务，真正提高客户的满意度，建立企业自身的竞争力；所谓提高客户的忠诚度，就是要在客户满意的基础上，留住老客户，防止客户流失；所谓挖掘客户的潜在价值，就要努力提高客户的重复购买次数，实现交叉销售和增值销售。

客户关系管理还是一套管理软件和应用技术体系，它综合集成了数据库与数据仓库技术、数据挖掘技术、在线分析处理（On-line Analysis Process，OLAP）技术、Internet技术、面向对象技术、客户机/服务器体系、销售自动化技术以及其他相关技术成果，能够为企业的销售、营销、客户支持服务等领域提供一个完整的自动化解决方案，使企业既具有一个面向客户的前台办公系统，又具有面向管理决策层的决策支持能力。客户关系管理软件是现代信息技术的最新成果与客户关系管理理论的结晶。

2. 客户关系管理系统的体系结构及主要功能

从整体上看，客户关系管理系统应包括接入管理、流程管理和关系管理三个组成部分。

接入管理也叫做协作层客户关系管理，用来管理企业与客户之间的交互方式，包括全自动的语音、传真响应、设有人工坐席的电话、互联网、电子邮件响应系统以及基于计算机电话集成技术的呼叫中心。

流程管理也称为操作层客户关系管理，用于自动地集成商业过程，包括对销售、营销和客户服务与支持三部分业务流程的信息化。对于销售自动化、企业营销自动化、客户服务与支持这三部分主要功能，是业界对操作层客户关系管理的基本共识。

关系管理也称为分析层客户关系管理，它是整个客户关系管理系统的灵魂。分析层客户关系管理用于操作层客户关系管理和协作层客户关系管理产生的信息分析，通过基于数据仓库的OLAP、数据挖掘方法及统计方法等，产生商业智能以支持企业战略战术的决策，包括客户服务支持、客户市场细分、客户变动分析、交互和垂直分析、新客户模型、客户接触最优化、广告分析等。

3. 客户关系管理在零售业的应用现状

目前，客户关系管理系统在我国零售业已有初步的应用，诸如EDI系统、POS系统的运用极大地提高了我国零售企业的销售水平，使得超级市场等新的零售业态在市场竞争中获得了较大优势，但客户关系管理系统的应用还是简单的、不完整的。零售业要实施完整的、合理的客户关系管理解决方案，还面临着一系列现实问题。

（1）客户数据收集环节薄弱。无论是百货业还是连锁超市，要取得客户的详细资料是比较困难的。例如，一家大型超市一周有几十万个客户，但无法说清有多少不同的客户，以及客户的类型、偏好、特征等问题。这对一家大型超市来讲是非常遗憾的，虽然拥有众多的客户，却对其客户缺乏了解。因此，零售企业要设法主动地获取和记录客户的资料，通过数据挖掘、数据分析来认识客户的行为和偏好，了解客户消费模式及习惯的变化，培养企业的客户洞察能力。

（2）客户与零售企业的接触渠道不灵活。目前，零售企业主要采用电话或直接接触沟通的方式，但大多客户由于时间因素或嫌麻烦而不太愿意配合，企业难以获取客户的反馈信息。在销售方式上，主要是通过卖场进行，实现网上销售的只占3.4%，这缩小了企业的客户范围，把那些因工作太忙而没时间出门采购或不喜欢逛超市的潜在客户排除在外，这是一个损失。

（3）缺乏个性化的营销方案。客户在商场或超市购买的过程中，面对琳琅满目的商品和茫茫人流，得不到个性化的服务。另外，零售企业在促销活动中采用的方式主要是折扣、积分、会员制等老套路，而对于这些促销活动的效果如何，是否满足了客户的不同需要，却不一定清楚。

4. 零售业实施客户关系管理的策略

零售企业为了应对国内外同行的挑战，构筑起竞争优势，积极实施客户关系管理是十分必要的。在实施过程中，应注意采取以下的策略。

（1）加强客户数据的收集和分析。客户洞察能力的培养对零售企业至关重要，它可以帮助企业识别目前和将来最有价值的客户。客户洞察能力的基础就是客户数据的收集和分析。

精心设计客户申请成为会员时的登记表格，可以获取许多有价值的客户资料；利用企业网站的用户注册信息以及Web日志文件记录的用户浏览行为等信息，有助于零售企业分析研究客户的需求、偏好及消费模式的发展趋势，更好地理解客户以及将潜在客户转变为现实客户。通过各种途径获得了大量的客户信息之后，应将它集成到企业数据库或数据仓库之中，然后运用数据挖掘技术去发现有价值的客户资料，用于辅助经营决策。例如，沃尔玛采用关联规则挖掘算法，从其数据仓库发现了尿布与啤酒的奇特关联，从而启发其合理布置货架上的商品，取得了良好的销售效果。

（2）建立呼叫中心。基于CTI技术的现代呼叫中心，可为客户提供每周7天、每天24小时的全天候服务；能为客户提供包括传统的语音、IP电话、电子邮件、传真、文字交谈等在内的多种通信方式选择；能为零售企业收集市场情况、客户资料，增加销售潜力；能维护客户忠诚度，让客户感受到价值。但是，基于因特网的电子商务和自助服务网站比呼叫中心更进一步，通过提供客户网上的自助购物和自助服务，开展电子商务，为企业节约了大量的销售和支持费用。

（3）实现客户智能。客户智能就是通过一定的技术手段对呼叫中心或在线网站提供实时支持，搜集客户数据，识别、区分、理解客户，把握客户个性化需求，针对不同客户采取不同的策略，实现所谓的“一对一”营销或个性化服务，从而提高客户的满意度、忠诚度。亚马逊书店的成功就是充分利用了客户关系管理的客户智能的一个典型例子。当你在亚马逊书店购买了图书之后，其客户关系管理系统会记录下你购买和浏览过的书目，并分析你的偏好，当你再次登入该书店的网站时，系统会识别出你的身份，并根据你的喜好推荐有关书目；当书店有了新书之后，它会自动发邮件给有关感兴趣的客户。这种针对性的服务对维持客户的忠诚度极有帮助。

（4）与现有信息系统集成。客户关系管理与现有信息系统的集成，既可以使零售企业现有的信息资产的价值充分发挥出来，又可以优化整个企业的进、销、存各个业务流程，形成一体化的以客户为中心的企业流程。

【开动脑筋】

顾客信息系统在日本零售企业中的应用

积分卡系统真正存在的价值在于积分的过程，即赢得会员顾客对企业的持续性支持——长期来店消费，而不在于持卡顾客用卡中累计的点数来店购物或兑换奖品时的一次性来店消费。因为，所谓积分的过程实际上是消费的过程，企业在为会员顾客提供积分的同时，得到的是该顾客实实在在的消费金额。至于积分的费用支出，其实也并非出自提供积分卡服务的商家，而是由其对手负担。因为，积分卡的存在可能促使持卡顾客把原本有可能用在对手的消费支出转用到本店，使本店赢得相应的销售利润。而这一“额外”的销售利润足以填平用于积分的费用支出，且绰绰有余。

在对积分卡价值认识的基础上，为了使顾客对积分活动感兴趣，就必须保证其宜于积分，进而使其乐于积分。而要达到这一目的，就必须灵活制定积分方式、增加积分机会、缩短积分返还周期、丰富兑换选择。只有这样，才有可能保证并提高积分卡的使用率，使积分卡系统真正运转起来，并收到应有的经营营销效果。

例如，位居日本航空业第二的“全日空”公司所采用的就是网络式积分模式。通过联盟协议，持有“全日空”里程积分卡的顾客可以在各加盟企业消费时获得不同返点比例的积分。同时，其里程积分卡内的累计点数可以当做电子货币用于各加盟企业，如便利店、餐饮店等。

同样是提供积分服务，大型连锁百货店“京王百货店”的“京王护照卡”系统采用的则是复合式积分模式，会员顾客只要把积分卡插入设在店内的自动积分机中，就可以获得5个点数的来店积分。同时，如有购物，还可以把购物额的5%转换成点数，加记在会员卡中。

【开动脑筋】

顾客和客户在概念上有什么异同?

四、电子商务与顾客信息的关系

1. 电子商务和客户关系管理相辅相成

可以说，电子商务的出现产生了真正意义上的客户关系管理，客户关系管理又成就了真正意义上的电子商务。客户关系管理很重要，但可能在管理电子商务的业务中，它才是最重要的。事实上在信息科技和网络技术持续发展的情况下，厂商功能作业面的“e”化全面地改善了内外部信息沟通的效能和传递速度，有助于客户关系管理的建立与运作。而客户关系管理系统的运作和潜在效益，也是对企业“e”化一个强有力的支持。

先进的客户关系管理应用系统必须借助因特网工具和平台，实现与各种客户关系、渠道关系的发生同步化、精确化，符合并支持电子商务的发展战略，最终成为电子商务实现的基本推动力量。

2. 客户关系管理推动电子商务实现

客户关系管理的“e”化，还体现为全面扩展化。客户关系管理扩展到企业前后台全部业务层面，而具有一个更为重要的使命——支持与开发电子商务。客户关系管理系统不仅要提供电子商务的对接口，还全面支持和开发电子商务。客户关系管理系统中包含的整套电子化解决方案，要能够支持电子商务的销售方式，如 B to B 以及 B to 2C 交易；可以满足企业开展个性化“一对一”营销及电子店面创建的需求；在支付方面，要支持并提高因特网和客户机、服务器应用的能力；在客户服务方面，客户关系管理的自助式客户支持应用软件可使客户在线提交服务请求，并与交流中心链接，营造一种闭环客户支持环境；等等。

3. 客户关系管理只是电子商务的子集

电子商务是一个非常大的概念，客户关系管理在其中只是一个子集。客户关系管理是一种特定类型的电子商务，其软件系统的成功实施往往从根本上改革企业的管理方式和业务流程。

【阅读案例】

京东商城的在线销售

当消费者在国美电器和京东商城购买电子商品后，二者对消费行为的掌控有什么不同？作为传统零售业的国美电器的 POS 机无法留下这个消费者的消费行为痕迹——他看过哪些商品，在哪些商品前有过长久的驻足，在哪几款里反复比较。他们像流沙一样消失在结账柜台前，再也找不到踪迹，而对这款商品是否满意，除非你打电话过去，否则他是不会主动告诉你的。可在京东商城不一样，在互联网上，消费者的每一个消费行为、每一次点击都能被完整地记录下来，那些令他们长久犹豫是否要购买的商品，停留在他们的收藏夹里。这就是传统零售业和互联网零售相比所缺乏的。

1. 传统零售业的继承与发展

限时打折是传统零售业常玩的套路，但是被京东商城搬到了网上，突破了地理的局限，让全国各地的顾客都能参加进来。

2009 年 6 月 18 日，是京东商城公司 11 周年庆典，当晚开展了月黑风高的活动，京东商城现身月黑风高——用户同时在线数高达 57 万，两小时内的点击量超过 217 万次。

京东某高管介绍，其实传统零售业发展多年，在品类管理、渠道管控以及促销方面都有很多积累。转化率和客单价是京东商城检验优化客户体验的重要指标。而传统零售业的模式也在一定程度上帮助提高京东商城的转化率和客单价。

传统零售业很看重提袋率的指标，实际上，互联网零售也会考察提袋率。提袋率是指在一定时期内，将商品放入购物车以及加入收藏夹的顾客人数占该时间段网站访问量的比例。网络销售的提袋率并不能直接反映出企业经营业绩的好坏，因为将商品加入购物车里的消费者并不一定要为它们买单。

2. 客户分级会员制

互联网零售更为重要的是转换率，即访问流量中有多少比例转换为实际购买。

对于客户的分析，互联网零售业的经验源于传统零售业，然而更胜一筹，因为同一类的客户一定有关联相似性。京东商城很早就把客户分级，从普通注册会员到铁牌到铜牌，层层递增到双钻石会员，加上企业客户一共 8 个等级的会员制。传统零售业的会员分级还极少细化到 8 个等级的。

通过 8 个等级的会员分级，来细化不同等级的服务和挖掘客户需求，持续培养客户的黏性。这些类似于传统零售业的会员互动方式提高了客单价和转化率，还增强了京东商城对客户的黏性。

3. 客户信息跟踪

与传统零售业相比，京东商城某总裁表示，“明确知道客户的每一步行踪，并且进行跟踪，客户到京东商城转一圈就像用鼠标投票，我们能分析出他的喜好”。

无论是把商品加入购物车，还是对商品进行各种咨询，甚至是在页面的停留时间，京东商城的信息技术部门都可以进行数据分析，分析预测客户的喜好、需求及消费趋势。

顾客在某个商品页面上停留的时间越长，可能是对这件商品的需求程度越高；或是对某件商品的点击量越大，这件商品的需求量就越大。京东商城建立了一套按照点击量来预测计算销售的体系，这些预测的指标就能作为京东商城库存的风向标。

不仅如此，京东商城还对供应商开通了厂商直送的开放平台接口，减少对库存的占用，加速供应链。

>> 本模块小结

本模块主要讲述了电子商务、客户（供货商）管理、顾客（消费者）关系管理等方面的内容。其中，电子商务是相对独立的内容，而客户与顾客关系管理不论在电子商务还是在连锁经营企业中，均会发生。

电子商务是在因特网开放的网络环境下，基于浏览器/服务器应用方式，实现消费者的网上购物、商户之间的网上交易和在线电子支付的一种新型的商业运营模式。电子商务可分为信息服务、交易和支付三个方面，主要内容包括电子商情广告，电子选购和交易、电子交易凭证的交换，电子支付与结算及售后的网上服务等。

客户管理，即客户关系管理，主要是通过对客户详细资料的深入分析，来提高客户满意程度，从而提高企业竞争力的一种手段。客户关系管理主要包括运行环境集成、信息集成、应用功能集成、技术集成以及人和组织的集成。

顾客关系又称消费关系，指市场上生活资料的消费者。系统集成问题、系统模型设计、实施程序是顾客关系管理信息化的三个关键问题。

>> 本模块参考

浏览网址

[1] 王府井百货集团 http：//www. wfj. com. cn/pages/

[2] 百盛 http：//www. parkson. com. cn/

[3] 赛特购物中心 http：//www. stplaza. com. cn/

[4] 华堂 http：//www. ht - store. com/d/index. do

[5] 北京吉野家 http：//www. bjyoshinoya. com. cn/

>> 课后思考

1. 收集和整理我国电子商务的发展历程。
2. 总结和归纳我国电子商务发展过程中的经验和教训。
3. 你从阿里巴巴成功的案例中感悟到了什么？
4. 从你自己的角度谈谈电子商务的发展前景。
5. 谈谈传统零售和电子商务各自的优势和不足。

>> 案例分析题

真锅咖啡用信息化武装连锁业务

真锅咖啡管理信息化系统解决了企业在不断扩大规模时的管理信息化需求，提升了工作效率，节省了成本，最终帮助企业提高了行业竞争力。

真锅咖啡馆于1997年9月在上海正式开展业务，本着“一杯咖啡，满怀诚恳”的精神理念来推广咖啡文化。

真锅咖啡在多年的管理信息化建设过程中，积累了丰富的实践经验。但在开业之初，最苦恼的就是收银系统。随着店越开越多，麻烦就越来越多。每次上班时收银台上坐了三四个人在填表格，每天平均有150个人力耗费在统计资料上，而且统计资料因为都是手写的，还看不清楚，要变成总部可以应用的资料，还需要好长时间。

对此，真锅咖啡首先做的是线上订货。因为通信条件很差，每次从外地把定单传进来之后，物流人员还要拿起电话再核对一遍，然后再把这个传到物流仓库，物流仓库再打个电话跟物流人员核对一遍。要出货了，仓库人员还得再跟店铺核对一遍。物流部、餐厅部每个人都在打电话，经常会看到一个人拿着两三个电话在讲。所以，先把线上订货的问题解决，再把POS留下的问题赶快解决。

其次是让“真锅”所有信息都进入POS系统，包括各种时段、天气、季节销售情况，店里人员的排班、库存等。这样，数据收集上来后，总部就可以控制了。

日本7-11公司

日本7-11公司是一个经营便利店的特许连锁集团，其公司总部与各连锁店之间是特许连锁关系。按照特许经营的规定，公司总部要向各加盟店提供经营所必需的信息、知识和技术诀窍等，给予加盟店在一定地区使用其店名、商号的权利。在加盟店开业后，总部继续对其经营实施指导，加盟店则以一定的方式向总部支付“特许使用费”。

日本7-11公司的特许加盟店大部分是由公司总部选择基础较好、位置有利的小店，一个一个地发展加入连锁集团的。这种方式对于公司总部来讲，是一个迅速发展公司规模的有效途径，比发展直营连锁店节省资金、见效快。而对于原有的小店来讲，加入连锁后就可以利用总部的统一招牌，吸取先进的经营技巧，获得共同的进货渠道和统一广告宣传，这都使得这些小店很容易迅速改善原来的经营状况，在短期内提高赢利水平。

日本7-11公司的特许连锁体制，本着为加盟店着想的原则，总部与加盟店之间的合作有以下主要特点。

1. 总部负责培训加盟店长及店员

7-11公司为了使店主适应最初的经营，解除他们的不安和疑虑，在新开设的加盟店开业前，对店主实行课堂训练和商店训练，使其掌握POS系统的使用方法、接待客户的艺术、商店运营的技巧等。此外，总部还应店主要求，围绕商店的运营和商品管理、接待客户等内容，对店员和临时工进行集中短期培训，以提高店员对商店经营的能力。

2. 合理分配毛利

日本7-11公司毛利分配的原则是：对于24小时营业的加盟店，总部分给57%的毛利额；对于16小时营业的加盟店，总部分给55%的毛利额，其余为总部所得。商店开业5年后，根据经营的实际情况及实际成绩增加1%～3%的毛利额对加盟店进行奖励。

3. 最低保证制度

若毛利达不到预定计划时，营业24小时的加盟店得到的毛利额不低于1900万日元，营业16小时的加盟店的毛利额不能低于1600万日元，以确保最低收入。

4. 总部对加盟店的援助体制

日本7－11公司总部对各加盟店设有多种援助体制，具体包括：向加盟店提供商品陈列橱、敞开式货架、岛状陈列台以及其他陈列器皿；负担加盟店电费、能源费的80%；派经营指导顾问代行经营指导、会计账簿处理、盘点业务等；设立以店主、店主夫人、从业人员为对象的抚恤金制度、医疗慰问金制度、退休金制度、店员养老制度等；在店主因特殊情况不能到店的情况下，总部代行经营，以援助店主，总部负担广告宣传费；提供POS收银机、商店计算机、图解订货终端、扫描终端等信息系统设备等。

问题：

1. 真锅咖啡是如何开展信息化建设的？从中你能得到哪些启示？
2. 日本7－11公司与加盟店是如何合作的？它对国内的连锁加盟店有何借鉴作用？

模块九

典型连锁企业信息化案例

>>学习目标

1. 了解连锁便利店、连锁超市和连锁专卖店信息系统建设的必要性
2. 了解世界先进的连锁企业的信息系统建设情况
3. 掌握典型连锁企业信息化建设的经验

【案例导读1】

信息系统对于沃尔玛成功的支撑

没有计算机的帮助，山姆·沃尔顿是没有办法建立一个像沃尔玛这么大规模的零售帝国的。如果没有近30年来计算机领域的飞速发展，沃尔玛的发展恐怕只能是空中楼阁。突飞猛进的现代计算机技术，加上出类拔萃的员工队伍，造就了沃尔玛今日的辉煌局面，不论在美国本土，还是全球市场，沃尔玛都取得了前所未有的发展。

早在1966年，山姆·沃尔顿只拥有几家商店的时候，他就已经清醒地认识到，除非他能够及时地掌握所有账本上的信息，否则就无法在他现有的基础上再大规模地扩张，他必须具备控制、管理处于任何方位的商店的能力。这是因为，沃尔玛的商店大多分布在相对偏僻的乡村地区，对于沃尔玛或它的管理者来说，每天都到这些地方了解情况绝非易事，就算2~3天一次也很难做到。所以，问题的关键在于：没有计算机的帮助，山姆·沃尔顿是没有办法建立一个像沃尔玛这么大规模的零售帝国的——根本不可能。而现在，一系列新的处理系统实现了创立并且成功地管理更大型的零售商店的可能性。其规模之大，甚至超出你过去的想象。

当代零售业态的发展呈现出了以下几种趋势：新的零售业态层出不穷、零售生命周期缩短、零售技术日益重要、各业态之间的竞争日趋激烈、经营向两极化方向发展、垂直营销系统进一步发展、无店铺销售迅速成长、零售界的全球化趋势。这些复杂多变的形式，都要求企业的发展必须依靠强有力的信息系统战略，才能满足当今零售业销售的需求。而沃尔玛正是凭借着对零售业不同阶段的认识，使用不同阶段的信息技术才能得以领先于其他竞争对手，从而铸造沃尔玛帝国的传奇。

【案例导读2】

连锁企业与电子商务的结合

目前，一种新兴的B to C物流方式正在发达国家悄然流行，即通过连锁便利店为B to C电子商务提供物流配送。在日本，连锁商店成为电子商务的必争之地，先是索尼等7家大公司与日本规模最大的连锁商店7-11宣布成立电子商务交易新公司，之后各个连锁商店纷纷效仿。不少日本业界人士提出，谁能尽早掌握有效的销售渠道，谁就能在未来称霸电子商务交易市场。这种说法是有道理的，主要是因为连锁店所具有的诸多优势使它能够成为担当B to C物流配送的主力军。

首先，由于连锁店一般全天候营业，它可以满足网上消费者的要求，提供24小时送货服务；又由于连锁店贴近居民区，可以缩短取货时间。这样有效地解决了B to C中送货时间长、成本高的问题。

其次，地域分布广阔的商业网络、优越的电子信息技术以及高效的物流系统，使连锁经营店能够为网上虚拟商场提供实际意义的支持。可以说，连锁店使电子商务生了根，让电子商务落了地。B to C网站一旦与连锁经营店相结合，即可真正享受到连锁店巨大的商业网络和电子信息技术给它带来的好处。人们通过上网订购商品，到附近的连锁店取货或由连锁店人员送货上门，就可十分便利、省时地完成购物活动。另一方面，连锁经营店遍布全国的配送中心又为电子商务提供了有形的舞台，形成了电子网络对信息流进行“交检”、连锁经营店对物流进行“配送”的协作关系。

此外，连锁经营店如果与B to C网站实现对接，可为网站运营商在节省费用的情况下带来大量忠实顾客。对于所有零售商而言，用于扩大顾客群的花费是一笔不小的开支。

连锁便利店信息系统

便利店是指位于居民区附近，以经营即时性商品为主，以满足便利性需求为第一宗旨，采取自选式购物方式的小型零售店。便利店（Convenience Store，CVS）是一种满足顾客应急性、便利性需求的零售业态。该业态最早起源于美国，继而衍生出两个分支，即传统型便利店与加油站型便利店，前者在日本、中国台湾等亚洲诸国得以发展成熟，后者则在欧美地区较为盛行。

一、日本7－11配送系统的演进

一家成功的便利店背后一定有一个高效的物流配送系统，7－11从一开始采用的就是在特定区域高密度集中开店的策略，在物流管理上也采用集中的物流配送方案，这一方案每年大概能为7－11节约相当于商品原价10%的费用。

一间普通的7－11连锁店一般只有100～200平方米大小，却要提供2000～3000种食品，不同的食品有可能来自不同的供应商，因此其运送和保存的要求也各有不同；每一种食品又不能短缺或过剩，而且还要根据顾客的不同需要随时能调整货物的品种。种种要求给连锁店的物流配送提出了很高的要求。7－11 的物流管理模式先后经历了三个阶段三种方式的变革。

1. 批发商配送

起初，7－11 并没有自己的配送中心，它的货物配送是由批发商来完成的。以日本 7－11 为例，早期日本 7－11 的供应商都有自己特定的批发商，而且每个批发商一般都只代理一家生产商，这个批发商就是联系 7－11 和其供应商间的纽带，也是 7－11 和供应商间传递货物、信息和资金的通道。供应商把自己的产品交给批发商以后，对产品的销售就不再过问，所有的配送和销售都会由批发商来完成。对于 7－11 而言，批发商就相当于自己的配送中心，它所要做的就是把供应商生产的产品迅速有效地运送到 7－11 手中。为了自身的发展，批发商需要最大限度地扩大自己的经营，尽力向更多的便利店送货，并且要对整个配送和订货系统作出规划，以满足 7－11 的需要。

2. 集约化配送

渐渐地，这种分散化的由各个批发商分别送货的方式无法再满足规模日渐扩大的 7－11 便利店的需要，7－11 开始和批发商及合作生产商构建统一的集约化的配送和进货系统。在这种系统之下，7－11 改变了以往由多家批发商分别向各个便利点送货的方式，改由一家在一定区域内的特定批发商统一管理该区域内的同类供应商，然后向 7－11 统一配货，这种方式称为集约化配送。集约化配送有效地降低了批发商的数量，减少了配送环节，为 7－11 节省了物流费用。

3. 共同配送

配送中心的好处特定批发商提醒了 7－11，何不自己建一个配送中心？与其让别人掌控自己的经脉，不如自己把自己的脉。7－11 的物流共同配送系统就这样浮出水面，共同配送中心代替了特定批发商，分别在不同的区域统一集货、统一配送。配送中心有一个电脑网络配送系统，分别与供应商及 7－11 店铺相连。为了保证不断货，配送中心一般会根据以往的经验保留 4 天左右的库存，同时，中心的电脑系统每天都会定期收到各个店铺发来的库存报告和要货报告，配送中心把这些报告集中分析，最后形成一张张向不同供应商发出的订单，由电脑网络传给供应商，而供应商则会在预定时间之内向中心派送货物。7－11 配送中心在收到所有货物后，对各个店铺所需要的货物分别打包，等待发送。第二天一早，派送车就会从配送中心鱼贯而出，择路向自己区域内的店铺送货。整个配送过程就这样每天循环往复，为 7－11 连锁店的顺利运行修石铺路。

二、日本7－11的物流配送体系

日本7－11也是根据食品的保存温度来建立配送体系的。日本7－11对食品的分类是：冷冻型（零下20度），如冰淇淋等；微冷型（5摄氏度），如牛奶、生菜等；恒温型，如罐头、饮料等；暖温型（20摄氏度），如面包、饭食等。不同类型的食品会用不同的方法和设备配送，如各种保温车和冷藏车。由于冷藏车在上下货时经常开关门，容易引起车厢温度的变化和冷藏食品的变质，7－11还专门用一种两仓式货运车来解决这个问题，一个仓中温度的变化不会影响到另一个仓，需冷藏的食品就始终能在需要的低温下配送了。

除了配送设备，不同食品对配送时间和频率也会有不同要求。对于有特殊要求的食品如冰淇淋，7－11会绕过配送中心，由配送车早中晚三次直接从生产商门口拉到各个店铺。对于一般的商品，7－11实行的是一日三次的配送制度，早上3点到7点配送前一天晚上生产的一般食品，早上8点到11点配送前一天晚上生产的特殊食品如牛奶，新鲜蔬菜也属于其中，下午3点到6点配送当天上午生产的食品，这样一日三次的配送频率在保证了商店不缺货的同时，也保证了食品的新鲜度。

为了确保各店铺供货的万无一失，配送中心还有一个特别配送制度来和一日三次的配送相搭配。每个店铺都会随时碰到一些特殊情况造成缺货，这时只能向配送中心打电话告急，配送中心则会用安全库存对店铺紧急配送，如果安全库存也已告罄，中心就转而向供应商紧急要货，并且在第一时间送到缺货的店铺手中。

三、多业态商业自动化管理系统HDPOS

多业态商业自动化管理系统HDPOS，主要使用于连锁便利店、连锁超市、大型超市、建材超市等。

便利业态的重点在于“连锁”与“便利”。也就是说，第一，要形成严密的连锁体系，统一管理，建立规模化优势；第二，坚持便利的经营思想，在任何时间、任何地点为客户提供贴心的商品和服务，如提供便利食品、代收公共事业费、代订牛奶、代送鲜花、代订车票、预售电话卡等。其经营特点如下。

1. HDPOS设计与实现

（1）首创“胖总部、瘦门店”的管理模式。强化总部管理功能，简化门店职责和操作；四个自动智能化管理：自动补货、自动配货、自动结报、自动结算；总部主动回收所有信息并及时进行自动配送；不停业盘点与门店前台盘点；门店叫货与直配收货录入。

目前，HDPOS 连锁便利版已经成功应用到上海可的、东莞美宜佳、山西唐久、山西早早等诸多便利用户中。

2. 功能特点

（1）前台销售、前台退货。提供灵活多样的促销支持、智能化错误提醒功能（错误条码、商品价格、数量等）、严格权限控制、销售缴款等信息及时查询。

（2）前台公告。总部向门店发送通知、新品信息，不再需要电话、传真，全部通过系统完成。

（3）前台订货。门店在收银机上录入叫货单，总部自动回收处理，实现整个过程的无纸化。

（4）前台直配商品进、退货。收银机上录入直配收货单、退货单，并打印凭据，简化直配流程。

（5）盘点。前台录入盘点数据（不影响销售）总部自动回收盘点数据，盈亏情况一目了然。

（6）系统管理。前台日志详细记录收银机上的所有操作，方便核对；收银小票、键盘的灵活设定；系统故障的智能修复功能；支持税控发票。

3. 总部、配送后台 MIS 系统主要功能

（1）商品管理。包括：商品资料维护、商品生命周期管理（经营属性、限制业务）、多角度的跟踪分析（商品引进淘汰分析、品类分析、单品分析）。

（2）供应商管理。包括：供应商资料维护（账期、送货天数、压库金额管理）、供应商贡献度、信誉度分析等。

（3）客户管理。包括：客户资料维护（账期、信任额度管理）、客户消费、贡献度、信誉度分析。

（4）员工管理。包括：2000 多种权限管理，与管理密切配合；员工组管理（与实际部门对应，方便管理）。

（5）仓位管理、类别管理。

（6）采购管理。包括：自动补货，严密、精简的订货流程（供应商、采购员商品控制，避免越权和串货现象），对采购进行公正及时评估（采购员业绩统计、订货满足率分析等）。

（7）库存管理。包括：进货管理、库存调整（内部调拨、损耗、溢余管理）、盘点（自动化的盘点流程，支持多种盘点方式）、全方位的信息监控（库存周转、不动销商品分析、单品库存跟踪等)。

(8) 配送管理。包括：自动配货；门店要货情况下，总部自动完成回收数据、拆分单据、生成配货单等所有动作；多种拣货方式的支持（摘果式、播种式）；配送分析(门店要货满足率、库存周转率等)。

(9) 批发管理。包括：批发业务支持、批发客户消费习惯分析、批发销售分析。

(10) 价格管理：包括：单店单品价格体系、40 多种促销方式的一单解决方案。

(11) 财务结算。包括：多种核算体系的支持（售价、进价、移动加权、批次)；提供供应商/客户对账单，简化对账工作；提供供应商结算单、客户结算单、付款单、调整单；与财务软件的良好接口；全面财务报表的支持。

(12) 门店管理。包括：总部统一管理门店各种操作（权限集中管理、打印模板、核算体系管理等)；数据交换，支持 PSTN、FTP 两种交换方式，总部在不影响门店销售的情况下，主动回收数据（速度快、效率高、差错率低)；总部及时回收门店信息，掌握门店销售、库存等重要信息；门店自动结报。

(13) 信息分析。包括：各部门报表支持、总经理决策支持（如员工业绩统计、销售毛利分析、ABC 分析等)、自定义查询功能（可以自己定制各种报表，轻松满足您各种查询需要)。

连锁超市信息系统

在流通业态的发展与演变过程中，可以说由于连锁超市的发展，产生了物流配送中心和共同配送模式。也正是由于配送中心的发展和计算机技术的普及应用，才使连锁经营企业的信息系统成为必要和得到发展。下面列举了北京京客隆、沃尔玛与家乐福三家中外零售企业的实例，来说明连锁超市信息系统的基本情况。

一、京客隆超市信息管理系统案例

1995 年，京客隆确定了以连锁经营为主的经营业态。经过多年的不懈努力，采取新建、租赁、加盟和托管等多种形式迅速扩大企业规模，并依托京客隆品牌优势，形成区域购物中心、大卖场、综合超市、便利店四种经营业态统筹发展态势，从建设初期的

7家店铺发展到目前的243家，营业面积33万平方米，遍及北京市18个区县及河北廊坊地区。同时，京客隆拥有朝批商贸有限公司、欣阳通力商业设备有限公司和廊坊有限公司3家控股子公司。2008年，京客隆销售额为98.64亿元，利润达到2.76亿元。

在以零售业务一统天下的连锁超市业，京客隆把批发业务做得与零售业务一样突出。京客隆以超市连锁为基业，以物流产业为发展重点，而批发和零售两个“轮子”一起推动了京客隆前进。

2007年，京客隆投资设立了朝批中得和朝批汇隆两个批发市场，分别从事日化用品及面向餐饮娱乐业的批发业务，辐射北京、华北等地的百货商场和超市等行业。京客隆能够在批发业务取得较高的收益，得益于拥有一个经营批发业务的全资控股子公司朝批商贸公司。目前，朝批商贸有13个事业部，主要向超市、商场及餐饮等企业提供粮油、调料、酒类、日用品的批发业务，各事业部独立核算。

京客隆集团在北京及周边地区的批发网络，是批发业务的核心竞争力所在，为其带来了稳定的现金流。其批发网络独家代理61个品牌，下游零售商客户1000多个，是北京地区最大的食品、副食品、快速消费品的批发代理商。正因为拥有这么多下游客户，品牌才愿意让京客隆代理。

1. 建设高效率的信息系统

目前，京客隆在全国17个省、64个县镇建立了采购基地和种植基地，共有1800多家供应商，全国采购网络基本搭建成型。京客隆构建的以信息化技术为依托的商业自动化系统和供应链管理模式，对提高企业的工作效率、节约社会资源、减少企业内耗和方便企业管理等起到了重要的作用。

IT建设与业务是紧密契合的。在进行IT规划时，京客隆充分考虑了业务特点，推行了无障碍结算体制。如今，至少有900家供应商是通过京客隆的采购平台与之进行业务往来。当京客隆进行采购时，会将采购信息发送到供应商的系统里，供应商发货后，可以通过京客隆的网站看到货品验收情况和退换货情况，这些数据将在京客隆的系统中产生结算数据，再根据前台售卖和库存验收等情况，自动形成结算清单，定期发给供应商。

京客隆的这一举措，避免了大量信息的重复复制、确认和修改的烦琐工作，提高了工作效率；更重要的是，在京客隆的采购平台上，每个送货、确认、验收等中间环节，将生成动态的过程报表，清晰了零供双方的账目，避免了结算账目时互相推诿而产生不必要的矛盾。

京客隆对信息系统运营效率的追求，也体现在京客隆的物流体系、MIS/POS系统、财务体系、数据分析系统中。

2. 业务自动化

通过引入商业自动化系统，京客隆达到了“三低三高”的经营目标，即低成本、高效能，低利率、高销量，低价格、高回报，做到了经营理念统一、企业识别系统统一、商品和服务技术统一以及经营管理动作统一。

根据简单化（Simplification）、专业化（Specialization）和标准化（Standardization）的“3S”管理原则，结合北京总部、配送中心、门店及网站的不同功能，整个京客隆商业自动化信息管理系统划分为总部管理系统、配送中心管理系统、门店管理系统及供应链管理系统四大部分。这四个系统之间通过信息技术达到了无缝连接，也使整个京客隆的业务流程完全实现了自动化。比如，京客隆门店通过自动补货形成的订货单，每日会自动传到总部采购中心，系统在约定的时点进行自动分单，分别将订单传给配送中心和京客隆网站的供应链系统；门店可以随时看到订单的处理过程，包括审批情况、出库情况、在途、在订信息等；配送中心接到采购中心传来的商品订货信息后，在配选中心的管理系统内自动分拣，出库后自动加计门店库存；厂家在京客隆网站上下载本公司的订单信息，进行拣货、配货工作；实物验收后，验收信息自动回传到公司的结算中心，进行统一结算；所有的业务数据最终由系统自动转入财务系统，形成公司总的经营账目。

京客隆实施信息化建设的战略，在业务发展和市场占有率提升上取得了很大的成果。一方面，在信息系统的带动下，以往烦琐的业务流程变成了自动化和智能化，极大地降低了物流成本；另一方面，新开分店在自动化、智能化信息系统的带动下，很快进入一个良性循环。

3. 系统维护

在系统不能正常运行时，只有运营维护人员才知道发生了什么问题，而企业丧失了对信息管理的监督力。怎样才能让运营维护管理透明？怎样才能让运营维护主动出击？有这样一些保障措施。

（1）数据备份。为了保证核心数据的安全性，他们对总部、门店、配送中心、网站的服务器定期进行系统备份及数据备份，特别是对总部服务器的数据进行了异地备份。为了保证核心业务不间断运行，对关键服务器及核心网络系统都使用了双机热备的方式。为了提升核心系统的运行效率，使用了应用服务器及数据服务器分离的方式，达到了负载均衡。

（2）全面监测管理。对日常网络管理、设备运行状况、数据库运行状况及各种应用系统的运行状况，不可能通过人工的方式进行每日巡检。而任何一个设备出现微小问题，都可能造成重大的业务损失。为此，京客隆将信息化建设延伸到了企业的各个角落，从应用可用性、系统资源占用和数据库性能指标三个方面进行全面的监测管理，来确保企业应用系统的高效运行。

（3）报障系统。报障系统帮助运行维护管理人员有效地预防或发现故障，警报将通过声音、E－mail、手机短信、Post、脚本甚至光电等方式及时发送给相关人员，实现责任到人，明确管理。同时，在系统模式下，搭建了呼叫中心系统，该系统在出现故障时启用，将故障及时、准确地通知到运维人员（包括京客隆信息中心运维人员及各种设备、软件的外包商），并跟踪故障解决的全过程，直到故障及时、有效地解决。

二、沃尔玛信息管理系统案例

20 世纪 70 年代，沃尔玛率先将卫星通讯系统运用于公司的发展；新世纪开始，沃尔玛又投资 90 亿美元开始实施“互联网统一标准平台”的建设。

沃尔玛之所以领先于竞争对手，主要是对零售信息系统进行了积极的投资。

1969 年，最早使用计算机跟踪存货。

1974 年，全面实现 S. K. U. 单品级库存控制，开始在其分销中心和各家商店运用计算机进行库存控制。

1980 年，最早使用条形码。

1983 年，沃尔玛的整个连锁商店系统都用上条形码扫描系统。

1984 年，最早使用品类管理（Category Management，CM）软件；开发出一套市场营销管理软件系统，这套系统可以使每家商店按照自身的市场环境和销售类型制订出相应的营销产品组合。

1985 年，最早采用 EDI。

1988 年，最早使用无线扫描枪。

1989 年，最早与宝洁公司（Procter&Gamble）等大供应商实现产销合作（VMIECR）。

在信息技术的支持下，沃尔玛能够以最低的成本、最优质的服务、最快速的管理反应进行全球运作。在沃尔玛的管理信息系统中，最重要的一环就是它的配送管理。20 世纪 90 年代，沃尔玛提出了新的零售业配送理论：集中管理的配送中心向各商店提供货源，而不是直接将货品运送到商店。其独特的配送体系，大大降低了成本，加速了存货周转，形成了沃尔玛的核心竞争力。沃尔玛的配送系统由三部分组成：高效的配送中心、迅速的运输系统、先进的卫星通讯网络。

除了优秀的配送系统外，沃尔玛还把信息技术与经营活动进行密切配合，开发出沃尔玛管理信息系统。该系统的应用更是使其如虎添翼，它可以迅速得到所需的货品层面数据、观察销售趋势、存货水平和订购信息等。

1. 沃尔玛信息系统建设方案

沃尔玛的电子信息系统是全美最大的民用系统，甚至超过了电信业巨头美国电报电话公司。沃尔玛拥有如此先进的科技装备，这在当时美国商界是极为罕见的，这与沃尔顿先生追求卓越的经营管理理念是密不可分的。

早在1977年，沃尔玛就完成了整个公司的计算机网络配置，实现了公司总部与各分店及配送中心之间的快速直接通信。20世纪80年代初，沃尔玛开始利用电子数据交换系统与供应商实行自动订货。到了80年代末期，沃尔玛配送中心的运行已完全实行了自动化。通过网络，沃尔玛可以在1小时之内对全球的几千家分店的商品库存和销售量盘点一遍。20世纪90年代初，沃尔玛在通信网络上投资已达到7亿美元之多，而其销售额和经营利润也同时获得了大幅度增长。

2. 沃尔玛信息系统的战略作用

由于使用了配送中心和EDI，沃尔玛在1992年的配送成本低于其销售额的3%，而其他竞争对手则高达4.5%~5%。这意味着沃尔玛平均每年可以比竞争对手节省下7.5亿美元的配送支出。更重要的是，由于使用了EDI和配送中心，货物和信息在供应链中始终处于快速流动的状态，提高了供应链的效率。

沃尔玛采取了快速、高效的现代化供应链管理，通过对信息流、物流、资金流的有效调控，利用最先进的技术和设备，把供应商、分销商和零售商、最终的用户连成一个整体的功能性网链结构，以便进行更加有效的协调和管理。可以说，沃尔玛是最早尝试现代企业式管理和信息传输技术的传统企业代表。

沃尔玛要求它所出售的每一件商品都有售货条码，从工厂运货来的卡车要进配送中心的接收一端。货箱被卸下来以后放到高速传送带上，这个传送带要经过能阅读条形码的激光扫描，最后商品按照不同商店的要求被已等候在中心另一端的运货车运走。几乎所有的沃尔玛商店每天都有进货。商店每天卖完一些商品，应一些顾客的预约第二天继续进货。因为调给中心高度复杂的进货走货渠道和条形码允许的分配制度使得所有商店的进货都畅通无阻。

在互联网时代，为了顺应数码时代的需求，沃尔玛应用数字化工具，导入了新经济管理模式，从而获得新的竞争能力。目前，沃尔玛的新型交互式网站仍在建设之中，据美国著名的经济权威杂志《商业周刊》的网络专家分析，这项措施将使沃尔玛相当于新建了25个新商场，同时也使消费者网上购物的选择范围扩大了近两倍。

三、家乐福信息管理系统案例

在中国这一经营土壤中，家乐福成为连锁零售企业模仿的对象，不少企业学习家乐福供应商的管理策略、店面运营模式、外租场地策略和选址办法、总部集中控制力量、成本控制、物流系统和信息系统等体现连锁零售企业核心竞争力的因素。

有业内人士认为，中国搞信息化，应该做真正的供应商管理优化、真正的内部信息管理和真正的顾客关系管理，从高端的决策信息入手，抓住主要的信息来提升基础管理。

1. 供应商管理系统优化

像家乐福这样的超级量贩零售商场，不可能靠自己的流动资金去运作，而必须有源源不断的各类供应商将质优价低的商品送来销售。于是，家乐福开始实施自己的 VMI（Vendor Managed Inventory，供应商管理库存）计划。

VMI 是 QR（Quick Response，快速反映）系统的一种重要的物流运作模式，也是 QR 走向高级阶段的重要标志。VMI 的核心思想在于零售商放弃商品库存控制权，而由供应商掌握供应链上的商品库存动向，即由供应商依据零售商提供的每日商品销售资料和库存情况来集中管理库存，替零售商下订单或连续补货，从而实现对顾客需求变化的快速反应。VMI 不仅可以大幅改进 QR 系统的运作效率，即加快整个供应链面对市场的回应时间，较早地得知市场准确的销售信息，而且可以最大化地降低整个供应链的物流运作成本，即降低供应商与零售商因市场变化带来的不必要库存，达到挖潜增效、开源节流的目的。

家乐福在引进 QR 系统后，一直努力寻找合适的战略伙伴以实施 VMI 计划。经过慎重挑选，家乐福最后选择了其供应商雀巢公司。在双方的业务往来中，家乐福具有十足的决定权，决定购买哪些产品与购买数量。

2. 员工管理信息系统

家乐福会在短短的 6 个月内，从培训新员工开始，边工作边教学，成功地培养出能够独立带班的组长。

职工上班时必须穿着制服到打卡点打卡，其出勤情况和加班情况都通过这张卡反映。到家乐福应聘后，公司要求将个人档案、文件和证书收到公司人力资源部保存。个人档案在公司建立后，任何纪律处分将进入该档案，直到离开家乐福。

家乐福要求所有掌握密码的职工，将密码记录并保存在专门的信封内，不得对他人泄露。计算机人员即使离开工作岗位几分钟，也必须退出计算机系统；计算机所有设备不准带回家；从公司内部复制数据和管理软件，一律按盗窃处理。

3. 业务数据处理系统

家乐福的业务数据处理非常及时、准确。大量的商品、每天大量的交易额等数据处理是令每个超市头疼的问题，同时又因为人工处理的不及时、差误等，使决策层不能掌握准确的数据和及时的分析，企业的经营存在着风险隐患。家乐福应用信息化系统后，通过软件的开放接口，将 POS 机数据及时处理并传递到软件系统中，不论有多少商品、当天有多少交易额，只需要通过接口程序，当天的商品交易情况、商品是否适销、交易额的汇总、交易数据的分析等问题就轻松解决，真正做到了及时、准确，为家乐福的决策层及时提供了准确的数据，为企业的良好经营发挥了重要作用。

家乐福应用的信息系统，只需要期初设置好每个门店的报表公式和合并报表的流程，可以说只要当月工作结束，门店的报表和公司的合并报表就可以及时出具，而且数据准确，这对企业减少人力成本、及时调整经营思路、降低经营风险都有着不可估量的作用。

4. 顾客管理信息系统

家乐福的顾客管理系统主要依据电子设备记录消费者进入超市后的购物轨迹，以及在货架前驻留的时间，结合顾客最终购买的货品来综合分析商品的销售情况，从而指导店铺的排面、促销等行为。所有的这些，使得家乐福在顾客管理方面优于其他超市，保持了大而稳定的销量。

【阅读案例】

苏宁电器 ERP

苏宁电器高层领导的支持、紧密结合企业战略、有效的项目管理、与组织文化保持一致、行业领先的技术和经验丰富的合作伙伴，共同促成了其极具效率与品质的 ERP 项目实施。

苏宁电器 ERP 项目由 IBM 公司全球企业咨询服务部负责实施，于 2005 年 7 月正式启动，到 2006 年 4 月 12 日成功上线，在 8 个月内实现了苏宁电器近 300 家店面、24000 个终端的系统上线，开创了中国零售业 ERP 项目实施速度、规模和人员培训的新纪录。

苏宁电器是中国最大的家电连锁零售企业之一，近年来一直保持极高的增长速度。随着苏宁电器连锁规模的扩大，异地扩张增多，尤其是公司上市后计划管理要求的增强，公司决策层决定通过 ERP 系统尽快把公司运营和管理移植到国际大公司通用的管理平台上。

苏宁电器 ERP 项目包括核心零售系统、财务系统、售后服务系统、供应链管理及后勤仓库管理系统等核心业务，IBM 的实施团队进行了系统调研、蓝图规划、流程设置、系统测试、人员培训、系统上线等六大环节。对于苏宁这样一个扩张速度快、门店数量多的连锁企业来说，如果项目实施周期过长，会影响业务运营；如果一次性在全国上线，其风险又难以控制。经过多次论证，根据连锁企业管理标准化程度较高、可以快速复制的特点，IBM 将实施过程分为两步，先在山东全省上线，在性能和业务流程通过验证后，进行全国推广。

ERP 项目的成功实施和业务流程的改造，统一了前端销售到售后服务的业务体系管理，使苏宁电器的营销、销售、服务、财务完全在一个平台上运作，实现了跨公司的管理（如集中采购）、跨地区的运营（如集中配送）和投资、业务、财务、服务的一体化管理。ERP 平台为苏宁电器在全国范围内推广全会员制、实现会员点对点销售提供了基础，从而为客户提供更为个性化的购物体验；供应链管理系统直接联结众多的供应商，实现了高产和高效，采购—销售—服务的一体化集成系统为客户带来更高的满意度，并且节省了财务和记账成本，有效支持了零售门店的快速扩张，并加强了灵活的本地化能力。

苏宁通过该项目的成功实施，引领和加快了中国本土零售企业实现企业的改革与信息系统的升级。

项目三 连锁专卖店信息系统

专卖店一般选址于繁华商业区、商店街或百货店、购物中心内；营业面积根据经营商品的特点而定；以著名品牌、大众品牌为主；销售体现量小、质优、高毛利；采取定价销售和开架面售；注重品牌名声、从业人员必须具备丰富的专业知识，并提供专业知识性服务。

一、同仁堂连锁药店信息系统案例

北京同仁堂连锁药店是海内外著名老字号——中国北京同仁堂（集团）有限责任公司旗下的二级独立法人药品零售经营企业，成立于 2001 年 3 月 12 日。该公司拥有门店46家，建有快捷、高效的现代化配送中心。现有库房面积4000平方米，其中，阴凉库650平方米，冷库20平方米。经营近万种商品，经营范围包括：中成药、中药饮片、化学原料药、化学药制剂、抗生素、生化药品、生物制品。2002年，全年销售额达1.87亿元。

随着同仁堂连锁药店规模的扩大，门店的增多，连锁结构越来越复杂，同时也产生了许多亟待解决的管理问题。例如，如何全面实施GSP管理，如何强化采购管理，如何提高配送中心的运营效率，如何实现连锁总部与门店的信息及时、准确地互通互动等。解决这些管理难题，依靠传统的管理手段已是困难重重，而管理信息化就是同仁堂连锁药店解决管理难题，实现管理创新的一条捷径。

“药品经营质量管理规范”（GSP）是一个国际通用概念，也是国家对药品经营企业一种法定的监督管理形式。按照GSP的要求，药品经营企业必须围绕保证药品质量，从药品管理、人员、设备、购进、入库、储存、出库、销售等环节建立一套完整的质量保证体系，通过层层把关，有效杜绝假劣药品的进入和质量事故的发生。

2001年3月，同仁堂连锁药店与北京佳软信息技术有限公司合作，开发出了北京同仁堂连锁管理信息系统。目前，该系统已在总部、配送中心和40多个门店成功投入使用，其中GSP管理功能的设置已得到了相关药品监督管理部门的认可。

1. 信息系统的构成

同仁堂连锁管理系统（以下简称“系统”）以E6平台信息技术为支撑，将药品传统的商流、物流、信息流和采购、运输、仓储代理、配送、结算等环节按照科学的方法及手段紧密联系起来，形成完整的供应链管理。本系统基于互联网，全面融入GSP管理思想，实现多品种、多渠道的物流配送，可与其他信息系统实现集成，对配送、渠道、线路、站（中心）等进行统一规划、合理布局，能实现对药品流通的实时、动态跟踪和站（中心）、线的动态查询统计。系统适应超大型连锁及物流管理。

系统包括四个子系统：企业总部管理系统、二级配送中心（管理中心系统）、门店管理系统、批发销售管理系统。四个子系统互为独立，而又紧密关联，形成统一的药品物流管理系统。具体包括：采购管理、配送管理、系统管理、结算管理、价格管理、销售管理、零售管理、门店管理、GSP管理、会员管理、万能查询、报表中心、经营分析、远程通讯等功能模块。

2. 信息系统的战略作用

信息平台完全基于Internet技术设计，采用分布式数据设计，实现业务与程序的彻底分离。

基于E6平台构架管理系统，最大的特点是实现了标准化、模块化、灵活化和知识化。该系统通过编码服务器自定义编码功能，可实现业务中心原子化细分的独立运作，并且通过灵活定义的通讯方式，实现各个业务环节的数据连接和交互。

基于本平台的管理软件开发，基本无传统的程序代码，采用的是文本式的业务流程描述语言，开发人员、实施人员、咨询人员均可快速实现包括修订业务流程和重新定义、多样的数据组织方式、定义单据及数据格式，实现穿透式查询、灵活定义同一系统分部数据之间的数据交换、数据加密和压缩等的软件设计工作，尤其是在修改业务流程的时候，不影响后台数据库，大大增加系统的稳定性。

系统可以满足客户不断变化的需求，将复杂的系统逐步分解，通过快速的实现能力解决软件项目很难顺利收尾和客户信息系统分步建设难题，从而实现了“管理软件研发”向“管理软件生产”的重大突破。

3. 信息管理系统实施成果与效益

通过该系统的使用，同仁堂连锁药店效益有了明显的提高，其优越性可以简单归纳为以下几点。

（1）规范管理流程。表现在：辅助完成 GSP 的达标；强化首营审批的执行；细化了合同管理；统一价格管理。

（2）迅速降低了运营成本。表现在：引进货位管理、优化了存量控制、推进效期管理。

（3）帮助规避经营风险。体现在统一销售控制和降低财务风险两方面。

（4）提高管理效率。表现在：增进总部内部、总部与门店之间的信息沟通；强化了门店控制；提供了决策支持。

（5）经济效益突出。表现在：实施单品比价采购，2002 年使整体采购成本下降了 2%，约合 300 万元。2002 年新增 2000 余个品种，淘汰 900 余个品种，办理退货 611 万，减低了不良资产的形成。商品进销存计算机管理，可节省 1～2 人/店，按每人每年 2 万元计算，门店减少 50 个人员设置，每年可节省 100 万元。总部和配送中心引入 APN 技术（Access Point Name，接入点名称），采用 ADSL（Asymmetric Digital Subscriber Line，非对称数字用户环路）的通讯方式，利用话费包月，每年可节省通讯费用约 20 万元。

本系统采用分布式的信息管理模式，总部、门店、批发和配送中心有各自的设备和信息处理模块，其益处在于系统运行的效率较高和成本低。同时，在逻辑上，把这些信息处理模块（如运输、仓储、配送、结算还有门店、货物跟踪、经营分析等等）按供应链最优的方案进行统筹设计，从而使企业在协同作业和综合效果方面也能有上佳表现。

本系统的另一个特点体现在技术开发模式上，一种多层内核模块、近似自然语言的外部界面描述和逐级构造的开发体系，使得重构系统极为快速，重构的系统也相当强壮。这对于管理信息系统必须快速适应企业应用信息系统的变化要求非常重要，也是物流行业实现管理信息系统研发向管理信息系统生产的可喜尝试。

【开拓视野】

GSP

GPS 是英文 Good Supplying Practice 缩写，直译为良好的药品供应规范，在我国称为《药品经营质量管理规范》。它是指在药品流通过程中，针对计划采购、购进验收、储存、销售及售后服务等环节而制定的保证药品符合质量标准的一项管理制度。其核心是通过严格的管理制度来约束企业的行为，对药品经营全过程进行质量控制，保证向用户提供优质的药品。

1982 年我国开始了 GSP 的起草工作。经过两年多的努力，1984 年中国医药公司组织制定的《医药商品质量管理规范（试行)》，由原国家医药管理局发文在全国医药商业范围内试行。我国第一套 GSP 的发布实施，引起医药商业企业的广泛重视，许多企业将 GSP 逐步纳入企业发展的轨道，使之成为企业经营管理的重要组成部分。在经历几年的试行后，1991 年中国医药商业协会组织力量对 1984 年版 GSP 进行了修订，1992 年由原国家医药管理局正式发布实施，使 GSP 成为政府实行医药行业管理的部门规章。

1998 年，国家药品监督管理局成立后，总结了十几年来 GSP 实施经验，在 1992 版 GSP 的基础上重新修订了《药品经营质量管理规范》，并于 2000 年 4 月 30 日以国家药品监督管理局令第 20 号颁布，2000 年 7 月 1 日起正式施行。新版 GSP 对药品批发企业和零售企业进行了区分对待，内容更加具体、科学、丰富、实用。

二、屈臣氏管理信息系统案例

屈臣氏个人护理商店创立于 1828 年，它的前身是中国广州的广东药房。作为中国目前最大规模的保健及美容产品零售连锁商店，屈臣氏的目标人群是 18～36 岁的都市女性，因此它从货架陈列到售卖的商品，无一不针对女性的消费特点，倡导“健康、美态、欢乐”的购物理念。

屈臣氏中国信息技术总监说：我们必须得有成熟的 IT 模式，才能支持屈臣氏的扩张规划。在零售行业，IT是隐藏在店铺扩张背后的“次扩张”。对屈臣氏的挑战在于，IT既要满足屈臣氏的扩张需求，又要稳定地支持分散在全国几十个城市已开店铺的运营，并且还要提高供应链的效率，以降低迅速扩张给企业带来的财务压力。

2010年8月，屈臣氏的业务已经遍布全球13个国家与地区，通过旗下1500多家分店出售超过2.5万种的产品，包括药物、化妆品、个人护理用品以及时尚精品、糖果、礼品卡和玩具等。

1989年，屈臣氏进入内地市场。现在，屈臣氏在内地已经有200多家店铺，无论是选址、店面陈列、货品销售及供应链等运营，IT都渗入其中，成为屈臣氏扩张的强大“后援”。

屈臣氏在选址时，与一些技术领先型的零售企业一样，采用地理信息管理系统，将一些参数放进去，包括附近的人流、办公室数量、居民数量等，再结合地图信息，计算出选定店址的辐射效应，借此推断出店铺的收益等数据，从而做出开店决策。

屈臣氏的大部分产品难以在其他超市和商场寻到同类产品，这是因为它在选择商品时，非常注重独家性和特殊性，这也是其差异化的经营之道。目前他们售卖的产品中，部分是屈臣氏的自主品牌，它们营造了屈臣氏在消费者心中的独特性，也为其带来了可观的利润。另外，一些大众化产品，如品牌洗发水等，一些供应商会专为屈臣氏定制独特的容量，单供屈臣氏。

屈臣氏有专门人员去各大超市了解商品价格，然后用手机、PDA等移动通信设备将价格传输到后台的电脑中，再上传到系统里，以便屈臣氏对比自己商品的价格。

在屈臣氏供应链的各个环节，都力求用IT提升效率。对于屈臣氏这种强调产品多样性与差异化的零售商而言，快速补货是其核心竞争力的构成要素之一。每天晚上打烊后，屈臣氏的供应链系统便开始自动收集各店铺的订单且计算仓库库存。对于缺货商品，信息系统将通过与供应商相连的B to B平台，自动将采购需求发送给供应商；对于已有库存的商品，系统将进行自动匹配，在第二天开店前将发货信息传递给仓库，仓库随即开始出货。

对于顾客而言，屈臣氏的诱人之处还在于经常推出促销活动。对于促销货品，IT依然提供了有力支持。一般而言，屈臣氏在促销货品之前要制定严密的促销计划，包括促销方式、地域及预估销售量。这样在订货时，会考虑到货品如何在全国店铺中进行分发，IT系统会向市场部提供相关产品的历史销售数据，以支持业务部门制定分货策略。

三、批发业信息系统

在流通渠道中，批发业是介于生产者（或供应商）与零售者之间一个非常重要的一个环节。

流通渠道是指商品从生产领域到达消费领域所经过的通道，包括商品流通的途径、环节、形式等。从更深一层的意义上讲，商品流通渠道实际上是由一个从事商品交换活动，并共同推动商品面向消费者运动的商品所有者组合而成的组织序列。

一般生活用品的流通渠道中存在着生产者（供货商）、批发者、零售者等。配送中心有由批发商投资、或零售商自建、或社会力量建设等多种情况。

图 9－1 是批发业信息系统示意图。

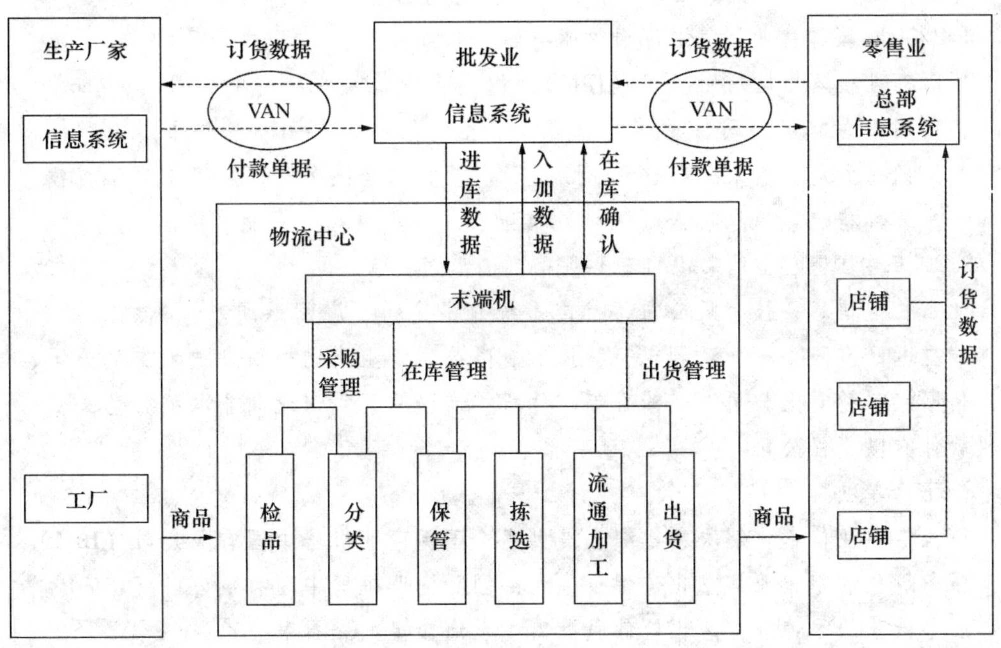

图 9－1　批发业信息系统示意图

【开拓视野】

2006 中国零售业信息化 IT 服务商 20 强名单

为了更好地满足零售企业用户了解 IT 企业的需求，加强零售企业与 IT 企业之间的沟通，更好的引导和促进整个行业信息化的有序发展，发掘发展迅速、未来成长性好的信息化IT企业，中国零售业门户网站联商网（www. linkshop. com. cn）于2005年底隆重启动了“2006中国零售业信息化IT服务商”评选。

评选秉持“科学、权威、专业、公正、广泛”的评选原则，共设立了八大评选指标，各项评分指标所占权重如下：企业销售额30%、零售企业客户满意度调查30%、专家评审10%、在线投票10%、客户数量5%、员工规模5%、产品和服务所覆盖的地区市场范围5%、产品线丰富程度5%

评选得到了许多IT企业的积极响应，共有34家软件企业填报了企业的年度销售额、客户数量、员工规模等基本情况，有14家硬件服务商填报了企业的年度销售额等基本资料。经过三个多月的评选统计工作，“2006中国零售业信息化IT服务商”评选结果在2006年3月23日联商网五周年大会上揭晓。

1. 2006中国零售业信息化IT硬件服务商前十强名单

国际商业机器中国有限公司（IBM）、德利多富信息系统有限公司（wincor）、海信智能商用设备有限公司、拍档电子科技（上海）有限公司、汕头市川田科技有限公司、厦门顶尖电子有限公司、北京四通计算机技术有限公司、武汉市先讯科技有限公司、东芝泰格流通信息机器（深圳）有限公司、梅特勒－托利多中国。

2. 2006中国零售业信息化IT软件服务商前十强名单

北京长益信息科技有限公司、科传系统有限公司、广州融通系统集成有限公司、上海瑞星电子有限公司、深圳市科脉技术有限公司、上海同振信息技术有限公司、青岛海信网络科技有限公司、江苏百年软件科技有限公司、河北商业电脑公司、双汇计算机软件有限责任公司。

3. 五个单项奖

最佳零售业信息化解决方案综合提供商：国际商业机器中国有限公司（IBM）

服务最佳的零售业信息化硬件服务商：国际商业机器中国有限公司（IBM）

服务最佳的零售业信息化软件服务商：上海瑞星电子有限公司

最具成长潜力的零售业信息化软件服务商：科传系统有限公司

最具成长潜力的零售业信息化硬件服务商：海信智能商用设备有限公司

>> 本模块小结

本模块主要介绍了中外典型连锁企业信息系统的特点、运作方式与软件供应商。连锁便利店列举了7－11的案例，连锁超市使用了京客隆、沃尔玛与家乐福信息系统案例，连锁专门店介绍了同仁堂、屈臣氏、苏宁等公司的案例。

以7－11便利店为代表的连锁便利店信息系统辅佐便利店经营理念的全面实现，它贯穿在连锁便利店运作的方方面面，是执行经营、管理运作的“神经中枢”。

以京客隆为代表的连锁超市信息系统，构建了以信息化技术为依托的商业自动化系统和供应链管理模式，对提高企业的工作效率、节约社会资源、减少企业内耗和方便企业管理等起到了重要的作用。沃尔玛在全球投资建了互联网统一标准平台，将信息技术与经营活动进行密切配合，开发出沃尔玛管理信息系统。家乐福采用供应商管理库存，同时注重顾客管理信息系统的建设。

以同仁堂为代表的连锁门店信息系统，开发出了连锁管理信息系统，目前，该系统已在总部、配送中心和40多个门店成功投入使用。个人护理商店屈臣氏供应链的各个环节，都力求用IT提升效率。

>> 本模块参考

浏览网址

[1] 特许网 http：//www.texu.com.cn/

[2] 零售网 http：//www.lingshou.com/

[3] 联商网 http：//www.linkshop.com.cn/

[4] 开商网 http：//www.kesum.com/

[5] 超市周刊 http：//www.cszk.com.cn/

>> 课后思考

1. 描述连锁企业的信息系统的整体框架。
2. 描述连锁企业总部和配送中心间的信息传递内容。
3. 在连锁企业中，什么是流通信息系统？
4. 在连锁企业中，什么是物流信息系统？
5. 考察或调查某个内资连锁企业信息系统建设现状。
6. 通过本模块案例，试分析外国零售企业发展过程中的信息化建设经验。

7. 各选取一家规模相近的外资与内资的连锁企业，通过在网上收集相关资料，做一比较分析。

>> 案例分析题

连锁药店信息化成功要素

采用信息化技术，是企业为加快对市场反映、提高企业资源利用率而采用的主要措施之一，现阶段在医药流通行业的竞争尤为突出。运用信息化科技不仅是未来药店在激烈的竞争环境中赢得挑战、获取成功的重要因素。

这个观念目前已渐被接受，但如何进行信息化呢？大多数企业都是摸着石头过河——走一步看一步。这就造成了我们在业界经常听到某家的企业系统崩溃、某家系统瘫痪的案例。甚至有的企业历经多次失败，耗费大量的人力与财力才初获成功。

为什么会出现这样的问题呢？经过仔细探讨和研究发现，有以下原因制约企业信息化的实施。

（1）导入计算机化的过程过于简化，未做事前需求评估。

（2）企业没有全盘的信息规划，盲目的跟进。

（3）听信同业使用经验，选择采用相同之软件，但上线后发觉公司管理制度相差太多，此套软件完全不适合本公司使用。

（4）选择的计算机软件供应厂商不够专业或是开发力量与经验不足。

（5）企业的高级主管缺乏正确的心理准备，未全力支持或负责自动化人员离职了。

（6）软件与硬件设备厂商权责分不清。

对于企业信息化的失败原因，大多数企业管理者未能从根本上进行分析，而是抱怨软件厂商的开发水平、技术实力等。如果静下心来认真的总结分析，能坚持找出失败原因，对症下药，则医药连锁药店的信息化成功是指日可待。

问题：

如何在医药行业特别是医药连锁行业实行信息化？

模块十

连锁企业信息系统运营维护及发展研究

>>学习目标

1. 理解信息系统转换的方式
2. 掌握信息系统总体评价的主要内容
3. 了解信息系统的日常维护
4. 了解既有信息系统的改进与完善方案

【案例导读】

超市信息化建设中的若干问题

随着电子商务的迅速发展，在超市的信息化建设中，必须考虑到电子商务的配套，这是其系统的生命力所在，也是其成败的关键，必须下大力气做好。

1. 超市信息化建设中的新课题

超市是近些年来国内流通领域里的一种发展很快的新型业态。由于超市使商品直接与顾客见面，增加了顾客对商品的了解，激发了消费者的购物欲望，受到了较大的欢迎，成为流通领域生机勃勃的运作机制。超市交易方式具有物流、信息流和资金流流转速度快的特点。所以超市必须采用现代化的信息管理系统。

超市有独立超市和连锁超市两种类型。独立超市的管理信息系统应有完整的管理功能，要从企业资源规划的角度出发进行系统分析与设计，无论是自主开发还是购买已有软件，都要从这个角度全面统筹安排。连锁超市根据具体情况又分为直营连锁超市、加盟连锁超市和特许连锁超市等形式。它们之间虽然有区别，但不管是哪种连锁形式，其管理信息系统基本上都由销售经营管理、本地管理和远程管理三大部分组成，可以将这三部分看成是低层、中间层和上层的层次关系。

目前，国内多数的管理信息系统是从传统百货店的信息系统发展而来，虽然起到了很大的作用，但要适应发展的需要、与国外的商业抗衡和竞争，还需要进一步努力。因此，在超市的信息化建设中，怎样建造自己的优势，是对超市信息化建设者提出的新课题。

2. 超市管理信息系统结构设计中要注意的几个问题

在超市的信息化建设中，无论是新建还是改造，首先要进行的是系统设计，这既是关键也是基础。

首先，系统功能应具有较强的灵活性。我国的超市管理模式多种多样，经营机制也需要随形式的变化而改变，因此，超市的管理信息系统设计要保证功能的灵活。

为了实现这一目标，需要采用模块化结构与积木式架构相结合的思路。在超市管理系统中，也应使用分层结构：一层是基本主体，由销售管理、信息管理等子系统形成；另一层是各功能模块，如 POS 管理中的收款处理模块、销售处理模块、结算和查询模块及信息管理中的库存管理模块、进货管理模块等，每个模块根据需要可由自己的下一层子模块组成。这种结构的特点是，每个层、每个功能模块都是独立的，它只依赖于数据结构，可以单独设计、单独调试、独立运行。这种结构实现的系统非常适合变化和重组，适合超市管理。

模块的工作是在其上一层的管理下进行，模块功能的实现要与其上一层进行接口联系，模块的变化和重组也必将对其上一层模块或系统提出要求，所以，在设计或修改模块时，要同时考虑其上一层的相应变化。如果是新设计的系统，在设计各层之间的接口时，尽可能通用化、标准化、规范化，使各模块设计修改对其没有影响或将影响减到最小。在各部分设计时，都要考虑到未来的发展，使系统具有易修改、可升级、可扩展性，以便在需要的时候进行修改、扩展或升级。

其次，适当增加商业智能。商业智能（Business Intelligence，BI）是通过对已有的数据进行分析，预测将来可能发生的情况，产生报警数据和预测分析数据，探测市场运作规律，给经营决策者以明确具体的提示。

目前，多数的管理信息系统主要侧重于大量数据的采集、加工处理，主要解决手工效率低与数据信息量大的矛盾。它提供的结果通常还是纸介质产品，如账簿、报表、凭证等。因此，可以说管理信息系统基本上是仿手工系统，是手工信息系统的机械化和自动化。一些管理信息系统后来增加了分析报表功能，但也只是一般的统计分析报表。

增加商业智能就是运用数据仓库、在线分析和数据挖掘手段来处理和分析数据。其基本工作原理是通过对数据进行抽取、清洗、聚类、挖掘、预测等处理，来产生可透析的各种数据，并以适当的方式表示出来。

商业智能主要的应用对象是销售分析、商品分析、顾客分析、供应商分析和营销人员分析等。例如，对销售分析，商业智能从商品的架构、类别、品牌、日期和时间段等角度出发，去分析商品的毛利、毛利率、进销比、盈利能力、同比、环比等，通过多视角对海量销售数据进行分析，可以得到较准确的情报和有指导性的提示。

由于进行智能分析需要相应的数学模型和算法，而目前尚缺乏完全成熟的方法和模式，所以需要进一步的开发和探索。但可以通过商业智能，部分地进行分析处理，分析的结果除了传统的账簿、报表外表现外，还可以用图形、曲线甚至是多媒体来表现，使分析结果更直观地表现出来，节省决策者了解和分析的时间，强化变化趋势，使其效果更明显。

信息系统测试与调试

一、信息系统转换及调试

1. 信息系统转换的方式

信息系统转换就是用新系统替换旧系统的过程，一般是用计算机系统代替原来的手工系统。系统转换存在或大或小的风险。系统转换的风险表现为：新系统不适合或新旧系统转换不成功，将会使恢复到老系统的代价极高，或者有些根本不可能再回到老系统，而必须使用新系统，在这种情况下，会对企业带来重大后果。因此，必须做出周密的系统转换计划，避免风险切换。

系统转换的关键是选择系统转换的方式和转换时机。一般的，按新旧系统的并行关系，系统转换有三种方式：直接转换、并行转换和分段转换。

（1）直接转换。直接转换是指立刻停止使用旧系统，启用新系统的转换方式。这种方式适用于一些处理过程不太复杂、数据不是很重要、即使转换失败也可以方便的切换到旧系统、对企业影响不大的场合。小型的、不太复杂的信息系统，或对信息时效性要求不是很高的系统，建议采用直接转换方式。直接转换方式的特点是转换简单，费用低。

选择直接转换方式，应有谨慎的转换计划，做好各种准备工作，使旧系统保持在随时可以启动的状态，留出充分的时间去修正可能出现的问题。

有些类型的系统不可能采用其他的转换方式，只能采用直接转换的方式，这时它的风险将非常高，新系统应经过详细的测试和模拟运行后，才进行转换。

（2）并行转换。并行转换是指新旧系统并行工作一段时间，经过一段时间的验证无误后，新系统才正式完全代替老系统。并行转换适合大型复杂信息系统或可靠性要求极高的系统，特别是银行、财务和一些企业的核心系统。例如，财务信息系统一般要求新旧系统并行运行 3 个月，若这 3 个月的处理结果完全一样，才可以完全采用新系统。

并行转换的优点是安全、可靠，在并行转换期间，如果新系统没有达到满意程度，对用户的正常业务处理不会带来影响。缺点是并行转换方式的费用很大，并且要保证两套系统都正常运行；而且转换高度紧张，使用人员的工作压力很大，员工要做两倍的工作或要配两套人马进行工作，往往也容易出错。

（3）分段转换。大型的物流信息系统包括企业的许多管理工作，包括许多子系统。这些子系统有的密切相关，必须同时运行；有的相关性较低，可以不用同时运行。对于相关性较低的子系统的物流信息系统，为了避免直接转换的风险及并行转换的双倍费用，可以采用逐步转换的方式，即每次只转换一个或部分子系统，直到全部转换完毕。

分段转换过程可靠且费用不高，但也带来了新的问题。例如，它增加了部分转换中的业务接口和数据接口问题，即部分新系统与旧系统的衔接问题，这类接口有时在转换中非常麻烦，旧系统要向新系统的模块提供数据，只能以人工方式键入，并且要编制一些临时接口程序，对每一个阶段，必须事先设计接口解决方式。

大型系统的开发，往往完成一部分，转换一部分，自然采用分段转换方式，而不必等全部完成才转换。

2. 系统转换设计的选择

系统转换时机是指何时进行系统的转换。企业要根据自己的生产和信息系统的特点选择合适的转换时机。

（1）选择企业的业务周期。选择企业业务周期的开始，如财务信息系统一般选择在新的会计期间开始，如 1 月 1 日进行年结时，在一年中都是用计算机中的数据。当然，也可以根据需要灵活选择其他的事件。

（2）根据企业的闲忙周期。企业一年的业务量不均匀，有的企业选择在业务量小的时候进行系统转换。这样，系统开始时的数据输入量少，使新系统转换的工作量和复杂性较低，便于使用人员快速掌握新系统，使转换成功的可能性提高。

（3）企业改制和大改革后。企业大变革和改制后，新系统是按照改革后的要求设计的，所以一般这时开始进行系统的转换。但是，这也会带来一些混乱，发生问题时，不知是系统设计问题还是企业改革的问题，需尽快协调。

3. 系统转换前的准备工作

系统转换前，一定要做好准备工作。如果是自己开发或参与开发的系统，开发人员和使用人员对新系统已有所了解，系统的转换会比较容易；如果是企业从市场上购买的系统，由于对企业内部的业务流程和新系统都比较陌生，系统转换会有一定的困难，甚至不能有效地实施。所以，对购买的系统，转化前的准备工作是至关重要的。

系统转换前的准备工作很多，主要有组织准备、物质准备、文档准备、数据准备用户培训。

（1）组织准备。新系统要求企业建立新的组织机构。企业在系统转换前，要建立必要的部门，如建立信息中心、数据中心、网络中心，并配备相关的领导和工作人员

——系统管理人员负责系统的全面技术管理（如初始化、环境维护、资源分配、权限控制）、系统维护人员负责硬件和软件维护、系统操作人员负责具体的业务操作、资料管理人员负责保管书面和电子资料等；也会合并、撤销一些部门，对其进行流程、功能优化，满足新系统运行的要求。从组织上为系统的转换做好准备。

另外，系统转换前还要指定符合新系统特点的相关制度，如新业务处理流程、安全保密制度、岗位管理条例、奖惩制度、安全制度、机房管理制度、档案管理制度、系统操作制度、交换班制度、纪律及业务学习考核制度等，从制度上保证系统转换。

（2）物质准备。在软件开发阶段，不能全面购进计算机和其他设备，这是为了减少资金占用。在系统转换前，应当购置需要的硬件——机房、网络系统、服务器、客户机、稳压电源、打印机等；安装好计算机系统和其他办公设备，需要的话接入互联网；准备好必要的耗材，放入专用打印纸。

（3）文档准备。系统转换前，应有一套完整的文档，文档是开发人员工作的依据，也是用户运行系统、维护系统的依据。对系统转换重要的文档是系统使用操作说明书，在系统转换前，开发者应做出全面的系统使用操作说明书，便于培训系统使用人员。

文档资料要与实际系统的运行过程相一致，且符合一定的规范。完整、准确的文档能对培训带来事半功倍的效果。

（4）数据准备。系统在正常工作前，要对其进行系统初始化。而系统初始化要输入大量的初始化数据，因此，要准备好初始化数据，做好数据的准备工作。

数据准备就是从旧的系统中整理出新系统运行所需的基础数据和资料。具体来说，包括收集历史数据、数据口径的统一、数据资料的格式一致化、数据的分类和编码、遗失数据的补遗等。数据准备的工作量是相当大的，应提前组织进行，否则会延迟系统转换的进程。

系统初始化还包括对系统的运行环境和资源进行设置、系统运行和控制参数的设定。这些参数也要准备好，并在系统转化后系统初始化时输入。

（5）用户培训。对用户的培训应在系统转换前完成。培训目的是保证系统实施计划的执行。培训对象是系统操作员、运行管理人员、系统管理人员和相关的管理人员，不同人员的培训时间和内容应有所不同。

培训内容包括系统整体结构、计算机基本知识、计算机基本操作与使用、系统设备的使用、汉字输入方法、系统输入方式和操作方式、常见故障与排除、运行操作注意事项、数据的备份、病毒的防治、灾难的避免和系统的恢复等。

用户培训前，首先要制定培训大纲，培训大纲的内容一般包括：新系统的目标和功能；新系统与旧系统的重要差别；新系统的工作流程；用户手册的使用方法；时间进度。

二、信息系统总体评价

企业信息化建设是一场革命，在提高企业管理水平、促进管理现代化、转换经营机制、建立现代企业制度、有效降低成本、加快技术进步、增强市场竞争力、提高经济效益等方面都有着现实的和深远的意义，是带动企业各项工作创新和升级的突破口，也是解决当前连锁企业管理中突出问题的有效措施。

信息系统投入使用后，为了证实其对企业产生的效果，需要对其进行正确的评价。该项工作由开发人员和用户共同进行，也可以由用户单独进行。系统评价一方面有助于对系统当前的效果有明确的认识，另一方面也为以后进一步提升系统做准备。

1. 评价的目的

系统评价的目的主要包括以下方面。

（1）检查系统的总体目标是否达到预期设计的要求。

（2）检查系统的功能是否达到预期设计的要求，有哪些功能不足。

（3）检查系统的各项运行指标是否达到预期设计的要求。

（4）检查系统的实际使用效果与预期的比较。

（5）根据评价结果，提出物流信息系统进一步的改进意见。

2. 评价的内容

信息系统作为一项企业的投资工程项目，应从成本和效益两方面进行评价，计算其投资回收期。

（1）成本。项目最终的一次性投资成本包括设备投资、开发费用、技术投资、经营费用、固定成本、变动成本。成本中的重点是设备投资和开发费。从成本的调度评价，其实都超出预算。

（2）效益。它包括直接的经济效益和间接的社会效益。直接的经济效益是企业节约的业务处理时间折算成人工费用。单纯信息系统的直接经济效益的计算是不能全面衡量物流信息系统的效益的，因为直接的经济效益往往很小。物流信息系统效益大部分体现在间接效益上，而间接效益不便于计算。例如，物流信息系统在提高企业管理水平和管理效率的程度、提高企业对市场的适应能力、提高企业的形象、提高企业的出名度等方面，都体现了其间接效益。

系统评价的内容还包括系统性能、系统的完整性、可维护性、可靠性、适应性、方便灵活性、安全保密性、设备利用率、响应时间、系统吞吐量等。对系统进行上述技术评价的目的是评价系统的实际效能，为系统的进一步改进或更新提供决策依据。

3. 连锁企业信息化评价的意义

到目前为止，信息化评价指标体系仍然是一个难题——很难制定出一个具体的指标，对不同连锁企业信息化的结果进行评价；即使对一个连锁企业，也很难确定出一套科学的指标体系。但连锁企业信息化水平评价是连锁企业信息化建设中的重要环节。

在信息化建设方面，存在着“重建设，轻评价”的现象。连锁企业信息化是企业不断应用信息技术、深入开发和应用信息资源的过程。或者更确切地说，企业信息化是信息技术应用和信息资源开发由局部到全局、由内部到外部、由战术层次到战略层次不断深化的过程，其建设过程应该包括计划、实施、评价和改进四个环节。

对连锁企业信息化建设的评价，要从连锁企业引进信息技术的目的和战略出发，考察信息技术应用给连锁企业经营和管理带来的影响。一方面，对其全过程进行全面的评价，彻底检查连锁企业信息化的现状，确定信息化建设的阶段，并与连锁企业的既定目标对比，发现实施信息化过程中存在的问题，找出差距；另一方面，总结连锁企业信息化实施过程中的经验和教训，并结合新的现实，根据连锁企业所面临的新环境和新业务，重新定义连锁企业信息系统，制订新的信息化方案。

信息系统运营管理

一、系统的运行维护与评价

1. 信息系统的运行

新系统通过验收测试后，进入系统的运行阶段。这一阶段的任务主要是对用户来说的，用户应做好系统的日常管理工作，使系统处于良好的运行状态。物流信息系统运行的日常管理不仅仅是机房环境和设施的管理，主要的是对系统每天运行的状况、数据输入和输出情况及系统的安全性与完备性进行及时、如实的记录和处置。

系统运行管理包括系统的日常操作和维护。系统投入使用后，要经过多次的开发、运行，才会逐步完善。企业应当为系统的切换建立新的组织机构形式，以保障其正常运行。

系统经在正式运行后，随着信息作用的增加，其组织的地位越来越高。所以需要建立相应的组织来管理其日常的运行工作。主要有以下几种类型。

(1) 业务部门所有。信息管理部门为企业的某个业务单位所有，使得信息不能成为全企业的资源，只能为本单位提供信息服务。

(2) 信息部门与企业的部门并列。企业有专门的信息部门，信息资源可共享，各单位权力相等。

(3) 作为企业的参谋中心。这种组织有利于信息共享和支持决策。现在的趋势是集散系统，即公司既有信息中心又允许部门拥有管理信息资源。

对大部门企业来说，建立信息系统是一项新的工作，往往在正常运行一段时期后才建立完善的管理制度。例如，建立完整的运行日志，运行日志可以在系统出现问题时帮助查找原因和恢复系统。运行日志有人工记录和计算机自动记录两种。计算机自动记录的日志包括操作系统日志、数据库日志、服务器日志和其他日志，这类日志也由开发人员设计。计算机自动记录日志可记录绝大部分的运行信息。人工日志主要包括交接时间、设备异常问题、软件系统异常问题、用户反映、安全、人员签字等。

2. 信息系统的维护

信息系统维护一般指软件系统的维护。信息系统在投入正常运行之后，其使用寿命短则四五年，长则达十年以上。期间，用户的业务环境会发生变化，按照当初的业务需求开发的信息系统的功能也要随着用户业务的需求变化而变化，这就是系统的维护。

具体来讲，信息系统的维护包括硬件维护、软件维护和数据维护。

(1) 硬件维护。它主要是指计算机网络设备、通信路线、服务器、客户主机及外设的日常维护和管理，定期进行机器部件的清洗、润滑，设备故障的检修，易损部件的更换等，以保证系统正常有效地运行。

(2) 数据维护。随着系统应用环境的变化需要调整系统的运行状态，有时不需要对程序代码更改，只对物流信息系统的参数进行调整，这时就可以调整系统的功能。数据维护的另一个含义是对系统的数据库结构进行调整，如增加数据记录、修改数据库结构、删除一些不适当的过期数据等。数据维护还包括运行时期的数据备份与恢复

(3) 软件维护。软件维护是对系统的在源代码级进行增加、修改或删除，以增加、调整系统的功能。具体来说，系统维护可以划分为下面三种类型：

①纠错性维护。在系统投入运行后的实际应用过程中，随着数据的加载量增加和应用的深入，系统可能暴露出新的错误。修正系统中的错误，就是纠错性维护。这种错误往往是从未遇到过的，有些系统运行多年以后才会出现这种情况。或者在系统刚刚投入使用时，这类错误比较多。

②适应性维护。适应性维护是为了使系统适应环境的变化而进行的维护工作，如在

新的操作系统中进行机构调整、管理体制改变、业务流程修改、数据与信息需求的变更等，都要求修改软件，使之适应应用对象的变化。如果用户提出的维护是对系统做根本的修改，那就不是维护了，而是效能的系统开发生命周期的开始。

③预防性维护。系统维护工作应由开发部门主动进行，预防性维护不是完全等用户发现问题后才进行维护，而是开发部门发现系统存在的问题后进行的预防性维护。通过预防性维护，为未来的修改与调整奠定更好的基础，消除潜在的错误。

一般认为，系统维护比系统开发容易得多，维护工作不需要预先拟订方案。事实上，维护比开发更困难，它需要更多的创造性工作。因为维护人员必须用较多的时间来理解别人编写的程序和文档，而且对系统的修改还不能影响该程序或文档的正确和完整。

3. IT 部门组织模式

IT 部门在连锁企业的发展经历了一个从无到有、从小到大的过程，而且其发展过程也有一定的规律性。按照 IT 部门组织结构的差异，大致可分为三种模式。

（1）从属模式。在我国 20 世纪 70 年代，主要是按照这种模式进行的。此阶段，IT 部门为企业其他部门提供技术支持，对于购买的信息系统及计算机硬件所做的仅仅是技术维护工作；组织结构上，在信息系统的部门下面安排一些人员进行数据、系统处理。

（2）平行模式。随着信息系统在各个部门中的应用越来越多，可以将所有进行技术维护工作的人员集中到一起，组建一个完整的职能部门，集规划、开发、维护等多种职能于一身。IT 部门可以进行信息系统的全过程开发工作、信息系统运行维护工作、未来企业信息系统建设的规划管理工作，使系统能和企业的业务流程更好地结合在一起。

（3）中心模式。可以成立一个由 IT 部门的主管负责的“信息化监管委员会”。IT 部门独立在其他业务部门体系之外，肩负起企业信息化的管理规划工作。结合国外先进的 IT 部门的构成和我国连锁企业现状，目前有两种 IT 部门组织结构较适合实际需要：一种是单独成立一个企业信息化的领导小组，由企业最高信息主管负责，其他部门负责人均为此小组成员。下设 IT 部门，具体负责企业信息化建设工作，IT 部门与其他部门平级。另一种是在连锁企业中建立企业信息中心，凌驾于其他业务部门之上，并在各部门之间设立一名特派首席信息官，特派首席信息官通过企业内部网直接将各部门的信息反馈到企业信息中心，信息中心综合各种信息协调企业各部门之间的业务关系。

项目三

大型零售企业信息系统建设与管理

从目前零售业的发展上看，商业信息自动化管理系统的建设、提升在应用上可分为外延功能、内部功能两部分。

一、提升外延功能

1. 高效消费者响应

它是零售企业满足顾客需求的解决方案和核心技术，目标是最高效地满足消费者不断增长、多样化的需求。只有更好地满足消费者的需求，零售商、分销商和制造商才能生存和发展，才更有竞争能力。高效消费者响应是流通供应链上各个企业以业务伙伴方式紧密合作，了解消费者需求，建立一个以消费者需求为基础和具有快速反应能力的系统。它包括零售业的三个重要战略：顾客导向的零售模式（消费者价值模型）、品类管理和供应链管理。

（1）顾客导向的零售模式（消费者价值模型）。通过商圈购买者调查、竞争对手调查、市场消费趋势研究，确定目标顾客群，了解自己的强项、弱项和机会，确定自己的定位和特色，构建核心竞争力；围绕顾客群选择商品组合、经营的品类，确定品类的定义和品类在商店经营承担的不同角色；确定商店的经营策略和战术（定价、促销、新品引进、补货等），制定业务指标衡量标准、业务发展计划。

具体实现方式包括 POS 系统、市场/顾客调查数据库、会员数据库、团购数据库、购物篮分析。

（2）品类管理。品类管理是以数据为决策依据，不断满足消费者的过程。品类管理是零售业精细化管理之本，其主要战术是高效的商品组合、高效的货架管理、高效的新品引进、高效定价和促销、高效的补货。

具体实现方式包括跨品类分析、决策数据仓库、货架管理/商店布局管理、商品组合分析与优化、定价、促销分析、新品引进评估、利润/成本核算。

（3）供应链管理。建设、加强供应链管理系统，促进与供应商之间的信息共享与交流，缩短商品的在途时间，从而加快商品在企业内部流转的速度。随着零售企业的规模化发展，特别是连锁经营发展模式的出现，零售企业的商品销售规模（品种数、销售数量、销售地区）不断扩大，无形中加速了产品向商品的转换速度，同时，商品又反作用于产品，供应商就需要快速根据市场的需求组织好产品的生产、采购。那么，供给双方就需要一个可以快速、高效、准确交换信息的应用平台，这就是供应链管理的需求基础。建立全程供应链管理的流程和规范，制订供应链管理指标；利用先进的信息技术和物流技术缩短供应链，减少人工失误，提高供应链的可靠性和快速反应能力；通过规范化、标准化管理，提高供应链的数据准确率和及时性；建立零售商与供应商的数据交换机制，共同管理供应链，最大限度地减低库存和缺货率，降低物流成本。

具体实现方式包括自动建议订单系统、供应商管理库存/联合管理库存系统、仓库/运输扫描技术、电子数据交换、电子商务等。

2. 客户关系管理系统

客户关系管理系统在金融、保险等领域有着广泛的应用，其作用也是显而易见。但零售企业的客户有自身的特点，其流动性大、偶然性大、特征不明显，不便于跟踪、定位，这也就给客户关系管理系统在零售业的实施增加了难度，限制了对其包含信息的利用。目前社区化的超市、专业店（家电、音像、书籍）一般通过会员卡这种营销手段为基础建立客户关系管理系统。

除此以外，大型的零售企业可以在各分店内部建立“触摸屏导购系统”、“电视导播系统”、“售后服务系统”，尽可能记录下与顾客交流的信息，拉近彼此间的距离，提供有针对性的服务。例如，根据资料给顾客寄生日贺卡，通过售后配送系统的资料对购买家电的顾客定期打电话询问电器的使用情况等。

3. 建设、加强配送中心管理系统

该系统对内可提高仓储、配送作业自动化程度，降低仓储成本，加大仓储量，加强卖场补货的主动权；对外可提供第三方物流配送，增加企业新的利润来源，同时实现从“销售终端角色”向“部分品牌商品分销角色”的转变，或两者兼之，使企业在整个供应链中处于比较有利的位置。

配送中心系统的建立包括两个方面，首先是配送中心核算单位的建立，其次是配送中心内部自动化系统的建立。目前，国内大部分零售企业部分的实现了第一层面，这是因为企业的销售规模不够大，企业的实力有限。小规模配送中心的特点是：主要向企业内部提供配送服务，解决商品仓储成本这个核算盲点，使之成为可以跟踪、监控的业务操作；解决卖场部分商品（特别是家电产品）陈列成本过高的问题，这样卖场只需摆少量样品，而实现分店购买统一售后配送，可以实现跨地区商品调配、合理分配商品资源，最终实现商品利润最大化；降低供应商的送货成本，减低采购成本，缩短采购周期。所以，配送中心的建立是实现零售企业连锁经营，特别是异地拓展的关键所在。

4. 建设、加强前台售卖系统与金融、税务等单位的数据交换功能

当前，一般零售企业都是使用各金融机构自己的银行 POS 系统，造成各自为政、系统操作复杂、收银时间长、收银成本增加、数据的稳定性和一致性差等局面。建立统一的银行卡消费系统，使其与前台售卖系统融合，首先要得到金融结算机构的支持，由它们为零售企业提供银行卡数据处理机（简称前置机），通过专线连接到金融结算机构的结算服务器，这样，所有的前台收银机都可以直接刷卡消费。系统根据数据接口的相关规则，准确、快速处理银行卡消费结算事宜。

二、如何建设、加强内部功能

1. 建设、加强企业办公自动化系统

解决零售企业异地拓展的分散办公管理、财务核算、人员考核、行政事务协调等问题，避免异地拓展所面临的人员、业务分散局面，使整个业务流程脱节，监控、考核实时性降低。零售企业有其行业的特性，具体要实现四类信息的共享、交流：一是业务型数据共享，主要指各种业务操作、单据、业务凭证交流、审核、跟进（订货单、验收单）；二是销售分析型数据共享，主要指对经营管理提供指导、督促的相关业绩性的数据（各种销售分析报表）；三是文档型数据，主要指各种行政、审批文件等不以数据库类型出现的数据；四是多媒体型数据，主要指语音、图像数据交流，如会议、业务沟通等。

其实，零售企业可以根据企业实际需求分阶段逐步实现，可通过改造自身的 POS 系统实现前两种。有些软件商已经提出了“数据驱动业务”的概念，其本质就是在 POS 系统的业务平台上融合一部分办公自动化的功能，所有的业务单据协作处理都通过企业内部的邮件、即时消息模块，在最短的时间内准确传送、通知到下一个业务环节的操作者，并通过系统记录来跟进、反馈业务操作中的问题。这样，就可以使整个业务操作处于一个相对规范、快捷、准确、完整的环境之中，可以充分利用企业内部网络平台，提升企业内部人员沟通的效率，为最终在企业内部网络传输多媒体数据，即通过企业内部网络介质实现网上会议、语音交流打下良好的基础。

2. 建立、整合零售企业内部的各相关系统（财务、人事、业务）平台

建立、整合零售企业内部的各相关系统（财务、人事、业务）平台，以便这些系统之间能够进行数据的交流与对比。现在，国外比较常见的实现方案是通过企业信息门户系统解决方案或企业知识管理解决方案。具体实现是，通过建立一个基于因特网的结构，把IE作为客户端输出操作、提取数据的工具，根据每个员工分工、角色的不同，模拟出一个办公环境，办公的事项均通过个人的网页界面操作来完成，同时系统自动记录、跟踪操作内容，把各种信息整理、整合成有价值的企业知识。

3. 建立、加强对零售企业内部数据的整理和挖掘工作

随着零售企业自身的发展壮大，企业业务产生的数据也越来越多，它所包含的信息无疑是相当大的，对提高、调整企业经营管理有相当大的指导意义，乃至对整个社会生产资源的合理流动与分配起到不可估量的作用。所以，企业的资金、人才、管理等数据都将成为企业的核心竞争力，是企业不可替代的宝贵财富。

三、系统建设中的几点共性

零售业是个充满挑战、竞争和多变的行业，企业有各自的实际情况，因业态、地理位置、定位、体制、实力等相关因素形成各自的特性。如何建立和加强企业信息系统，最终要根据企业特性来实施。虽然其步骤、效果千差万别，但还是存在几点共性。

（1）应整理、规范企业内部的业务操作流程，使其处于一个相对较稳定的状态，不能一味地追求灵活的经营手法，注意平衡“长远”与“眼前”利益的冲突。

（2）信息技术部门在实施中应发挥重要作用。信息部门应利用信息技术实现企业的信息化和改进业务流程，完善内部信息系统来满足ECR对数据分析的要求；建立标准化和规范化，提高数据准确性。这就要求挖掘、培养的信息技术人员是既懂业务又懂技术的“复合型”人才，即要具备分析问题、改进业务流程、交流沟通的能力、项目管理能力和领导能力。目前这类人才很少，但他们又是建立符合企业特性信息系统的关键所在。

（3）强化企业员工对数据信息理解、分析、利用的能力。只有整个企业的员工都融入信息系统的建设使用和管理中，才能使系统发挥出强大的生命力。因此，企业应重视对员工的业务培训工作。

连锁企业信息化发展研究与探讨

当超市进入薄利时代以后，信息化的方向也许就会出现一个转折。中国的超市信息化也许走近了一个重要的岔路口——是按部就班、继续目前的基础工作，自底向上，还是改变方向和策略，自顶向下，从高端入手？这是国内超市行业不得不考虑的一道选择题。

一、超市信息管理及数据挖掘落后

某国内著名连锁超市的首席信息官不无忧虑地说：“对于中国的超市行业信息化，我认为目前的思路是错误的。因为，超市信息化已经做了十多年了，但是到现在还在做流程和数据收集工作。也就是说，我们现在做的工作与十多年前做的工作并没有本质的区别。我们现在做的其实不叫信息化。业务不断在变化，如果我们永远跟在业务后面做基础数据的工作，那永远都是‘救火队员’。我们现在应该从高端决策信息入手，做好供应商管理优化和真正的顾客关系管理。”

据调查，跨国巨头们的营业收入动辄上千亿美元，如家乐福、沃尔玛等巨头在中国的年营业收入超过了200亿元，而年营业收入超过100亿元的本土零售企业屈指可数。

据联纵智达咨询机构2008年的调查，我国80%的大中型连锁企业不同程度地采用了计算机管理。这说明，我国连锁企业管理者对信息化策略还是很注重的。但有资料显示，我国零售企业IT投资所占零售总额的比例还不到0.2%，而国际零售巨头都在2%以上。从技术应用程度上看，我国连锁业的信息化程度较低，不仅销售、管理、财务、客户关系管理及数据挖掘等系统的应用落后于国外企业，而且企业缺乏对市场、资金流、物流的总体控制能力。

所以，有关专家认为，中国超市信息化存在以下问题。

(1) 中国的超市企业有时不对项目进行调研，就盲目投入大量资金用于信息系统建设，从而导致项目失败。

(2) 连锁企业总部无法准确、及时地了解各家门店的进、销、调、存等信息，也无法进行细致深入的沟通。

(3) 连锁配送系统难以跟上经营速度，连锁总部对商品的在库、在途控制水平低下，往往都是事后反馈，导致信息周转周期长，无法获知即时信息，从而使配送决策实施缓慢。

(4) 由于信息的滞后性，导致企业无法合理地制定采购、配送计划，进而使销售受挫。

(5) 大量人力、物力浪费在数据的重复输入和简单的处理之中。

(6) 销售前端关键业务信息的收集与反馈速度缓慢。

（7）一线的促销与活动信息无法快速反馈到连锁总部。

（8）对于商品评价与消费动态研究的信息，缺乏收集手段。

（9）由于信息沟通障碍，对人员的业绩考核无法顺利实施。

上述九点部分地阻碍了中国超市追赶沃尔玛、家乐福等大型跨国巨头的步伐。

【开拓视野】

联纵智达咨询顾问机构

联纵智达咨询顾问机构中国营销咨询界的领导品牌，是由享誉中国的现代著名市场营销、市场营销咨询与教育专家、“影响中国营销进程重要人物之一”的何慕先生于1996在上海创办的一家合伙制的高级营销咨询顾问机构。目前，联纵智达咨询机构有下属五个以营销为核心的咨询事业领域。

基于创始期合伙人的良好素质以及对中国企业的深刻认知，凭借丰富的市场实战经验、领先的具有中国特色的营销咨询思想和理念，凭借对中国市场的精准认知、专业咨询，联纵智达年咨询营业收入已跃居中国营销询领域的首位，无论在营业咨询收入、规模、客户数量、客户满意程度、品牌影响力等方面，都逐步确立了在中国营销咨询第一品牌的地位，已成为中国营销咨询领域最权威、资深、专业和值得信赖的顾问机构。

联纵智达服务的客户均为在中国以及行业处于领先的著名品牌，诸如：英国维珍、深圳观澜湖高尔夫、伊利乳业、光明乳业、宁波方太、苏泊尔、奇瑞汽车、新光饰品、上海新华传媒、锦江集团－锦江之星、攀枝花钢铁、金星啤酒、青岛啤酒、上海磁悬浮、喔喔奶糖、德国鳄鱼漆、罗蒙西服、红塔山、菲林格尔、娃哈哈、中国联通等。

二、我国零售业信息化发展的困境

中国社会科学院与利丰研究中心发布的《商业蓝皮书：中国商业发展报告（2008～2009）》指出，“信息囚笼”、“信息孤岛”和“信息对抗”现象成为阻碍零售企业信息化继续深入的“三座大山”。

该报告认为，在第一阶段的信息化推进过程中，零售企业积累了大量的数据，但这些数据却被深埋在单独的计算机系统中未加以或难以运用，其潜力也不能发挥出来。另一方面，企业在维护这些计算机设备和数据库系统上进行了可观的投资，却不见成效。

不仅丰富的数据被深埋，企业自身好像也被这些系统套着，这就是信息的“囚笼现象”。

“信息孤岛”即各个独立系统间的交互、兼容和集成问题。如某零售企业财务管理用“管家婆”，销售管理用“金蝶”，客户关系管理用商友 CRM，这样，各个系统之间的数据很难进行交换，决策者很难得到一个对大量数据进行运算后的企业经营运作总体图景。

另外，企业中的信息流、资金流和物流应该能够相互验证、协调一致，但由于数据的分散性和不兼容性，导致信息流所反映的资金流和物流的情况在很多时候还存在矛盾，这必然会导致信息之间的“相互对抗”。

三、零售业微利靠信息化突围

我国零售业步入买方市场和微利时代是一个不争的事实，近年来零售信息化更是出现了前所未有的增长，从硬件到软件都逐步走向成熟。ERP（商业企业资源管理）、SCM（供应链管理）、CRM（客户关系管理）及无线技术、条码技术等不断被应用到大型连锁零售企业中，信息化将成为零售企业可持续发展、增强核心竞争力的必要手段。

1. 加大信息系统投入

零售企业花费巨资建设先进的信息系统，不管是为了节约成本还是提高运作效率，都是以提供给消费者最大满意度为最终目标的，由此扩大顾客数量，最终获取利润。面对纷繁复杂的消费者需求，越来越多的零售企业已经将发展战略调整到以满足客户需求为宗旨的目标上，不断从同质化的市场中发现差异变量，在差异化经营中建立竞争优势和市场机会，从而使企业获得快速持续地发展。

专家分析认为，集团范围的 ERP 系统实施从管理上可以实现三大突破。

（1）集中管理模式。投资、业务、财务、服务、人事的一体化管理，以投入产出、成本利润为目标，以个人、部门、公司为核算单位，全面贯穿业务流程管理，把流程数据、流程控制和计划管理结合起来。

（2）实现跨公司的管理。连锁运营的核心价值在于统一采购、统一销售、统一配送，过去由于政策限制，人为造成连锁企业独立注册、割裂运营，ERP 系统有效解决了这一问题。

（3）跨地区运营。随着连锁规模扩大以及与外部环境相适应，总部功能需要拆分并在不同地区运作，以达到最佳效果。

当零售企业的发展达到一定规模后，原有的系统已无法支持日益增长的业务规模，是推翻原有系统还是改造原有系统，确实是两难的问题。企业要根据长期发展战略来考虑信息化的建设，要把信息化的投入作为不可随意削减的预算。

2. 打造配送供应链

电子分拣系统、WMS系统、车载移动数据业务系统、虚拟仓库、移动定位、条码RF终端等信息技术和手段，已经在提高营运效率、减少营运费用中起到了相当重要的作用，成为配送物流的基本装备。

专家指出，零售连锁企业在转型过程中，很重要的战略之一就是改革传统经营的模式，由原来区域性高度集中采购、物流集中统一配送向与全国供应商和生产商相链接转变，注重资源优势集中，供应链整合加强。

3. 门店增值服务

零售门店的盈利若仅仅依靠进、销差价，将越来越难以生存和发展，因此，零售门店更多地开始了服务的创新，以增值服务带来效益，不断地开发新的服务项目如支付宝、账户充值、目录商品营销、月饼邮寄、邮政EMS、公共事业费缴纳、积分兑换、代送鲜花、订票买票业务、洗衣等。这些服务项目的成功运营，得益于企业对信息平台建设的重视和投入。

四、零售业信息化未来发展的趋势要求

伴随着连锁业的迅速扩大和连锁门店的持续增长，对IT网络和信息化依赖程度更为凸出，不断提升信息化应用水平已成为行业发展和保持市场竞争力的关键。

1. 更专业的服务和个性需求

面向特定群体的专门店、专业店已经走上前台，大商场、购物中心无论面积有多大，其服务的个性化已经成为一种趋势。不同的群体、不同的嗜好、不同的生活方式与消费习惯，越来越多的个性需求将主导商场向专门化、专业化方向进行细分。

2. 从注重品类管理走向服务顾客管理

对零售企业而言，过去更多的是想知道如何进行品类管理，而今后可能更需要知道顾客的需要和购买路径。比如，顾客进入店铺后，他会在哪里购买哪一件商品，在哪里停留，按什么顺序查看不同的商品类别等。

当顾客再次进入商店时，由于零售商已经知道先前顾客已经来过多少次，都曾买了什么、浏览了什么、放弃了什么，就可以提供顾客正在查看物品的相关建议，以个性化、有效的方式与消费者互动，并对其他正在寻找类似产品的消费者提供有用的提示。

美国索伦森公司（Sorensen Associates）研发的路径跟踪者技术，通过安装在购物手推

车底部“路径跟踪者”RFID标签和接收器组成，可以记录手推车在整个商店内的移动路径，并可利用手提式跟踪设备，使研究人员能以实时的方式跟踪购物者的行为模式。

3. 向整个链条要效益

要满足消费者的需求，必须进行供应链管理的研究。零售企业不再是盯着一个点上的效益收益，而是从整个供应链上获取效益。

通过供应链管理，把原料供应商、生产商、分销商、零售商等在一条供应链上的所有节点企业都整合起来，优化人、财、物等诸多因素的配置，使商品以最快的速度，通过生产、分销环节变成增值的产品，送达消费者手中。

零售商通过将自己的数据库向合作的供应商开放，使供货商可以随时了解他们的产品在商店里的出售情况，以便做进一步改进。运用开放的数据库平台，可以使生产企业的成本大大降低，而这种合作使传统的零售商与供应商之间简单地以利润分配为核心的博弈，转变为整个供应链价值增值的过程。

4. 从数据搜集到挖掘价值

零售商利用数据挖掘技术分析消费者的购物模式，对将来的趋势和行为进行预测，支持企业的决策。比如，经过对整个公司数据库系统的分析，数据挖掘工具可以回答诸如“哪个客户对我们的促销活动最有可能做出反应，为什么”等类似的问题，将其运用到客户关系管理中，就能在海量的客户数据库中将看似无关联的数据进行筛选、净化，提取出有价值的客户关系，对客户需求做出恰当的回应，并预测需求趋势。

专家认为，真正的价值，并不是拥有不菲的IT设备和系统，而是利用这些设备和系统采集到的信息，支持企业决策，加强企业运营管理，使零售企业能更加健康的发展，创造更多的利润，并最终推动零售行业的信息化建设。

5. 人才培养和电子商务

人的因素亦然是第一要素，人才培养战略将依然是支持零售企业快速发展与扩张的主要支柱之一，而支持人才培养战略也将是零售企业信息化的未来任务之一。

【开拓视野】

基于RFID技术的未来商店的试验

2008年12月，上海交通大学项目组、上海新世界（集团）有限公司和上海均瑶集团有限公司合作，在上海南京东路558号合作建设面向世博的基于RFID技术的未来商店。

未来商店门店面积1000平方米，作为世博特许商品、旅游纪念品的团购中心，提供世博特许商品和旅游纪念品的团购和零售服务，2009 年 6 月初步建成并开始对外试运营。2009 年 10 月 12 日，被命名为“上海世博会特许商品旗舰店团购中心”。

1. 商业模式设计

2004 年 11 月上海工博会期间，以上海交通大学为主的技术团队就建立了一家演示性质的 RFID 未来商店。但是，当时 RFID 技术还有诸多需要解决的问题，如 RFID 标签成本很高，所以未来商店不能真正投入商业运营，商店的开办只是起到科普教育的作用。而随着 RFID 技术的日臻成熟，未来商店从科普展示走到正式的商业运营，为顾客提供了前所未有的购物体验。

2. 未来商店体验

整个商场没有传统的柜台，没有营业员。顾客办理 RFID 身份卡后由入口进入商店，商场屏幕立即发出欢迎声音并同时显示出“欢迎某某来到未来商店”。同时，顾客在进门时留下的个人信息，都已经被电脑“管家”记住了，当顾客再次光顾时，系统会用清晰的语音对顾客的再次光临表达感谢。

接着，顾客拿着服务人员随身份卡一起发给顾客的掌上电脑（手持终端）进入商场选购商品。这台掌上电脑就是随身“导购”。顾客买任何一款商品，不用从柜台内拿出该商品，只要把掌上电脑对准商品的 RFID 标签，这件商品的介绍、价格等各类信息就会以图像配文字和声音的形式出现在屏幕上，同时配有多种语言介绍。一部分柜台上还装有移动信息屏幕，只要把屏幕移到某个商品处，屏幕上会立即图声并茂地对该产品进行介绍。

而当顾客挑选完商品，掌上电脑上的购物清单会将所选商品的名称、单价、数量等完整地显示出来，连总价都为顾客计算好了。

在未来商店，不会给每件商品都贴上 RFID 标签，而只给展示柜里的商品贴标，顾客选中哪样商品，想订购多少，库存里都有。顾客只要点击发送，订单就会立即传送到后台仓库和结账台。仓库接到订单后会立即将货物拣选出来并发到收银台。顾客也可以推着装满商品的购物车经过收银台，不需要像普通超市一样逐一扫描所有商品的条码，收银台的 RFID 读写器可以在一两秒内自动识读几十件甚至上百件商品的 RFID 标签，购物清单立刻就会呈现在电脑上了。如果顾客对某一商品不满意，则在掌上电脑上选择注销即可。在结账时，顾客也无需排队，只需要在结账时刷一下身份卡，就知道哪张账单该你付。

3. 附属功能

未来商店还有很多其他神奇的功能。比如使用智能货架，通过无线价格标签，可以实时动态地修改所有商品的价格信息。顾客只要一拿走货架上的某些商品，后台系统马上就能得到被拿走商品的种类、数量等一系列信息，系统会主动地通知营业员及时补上缺货的商品。此外，对于所有进入过未来商店的VIP顾客，商店的电脑“管家”还会将顾客的历史购物记录、在商店内的行走轨迹、在某些商品前停留的时间等信息保存到该顾客的个人数据库，利用商业智能技术对顾客的信息进行挖掘，为顾客提供个性化的服务。

4. RFID技术的推进

就像20世纪70年代条形码技术推动了连锁超市这一新的商业零售业态的发展一样，RFID技术将引发上海乃至全国商业零售业态的又一场深刻变革。

20世纪90年代初，上海联华超市和华联超市就是及时、准确地把握商业零售业态向连锁超市发展的趋势，引领全国连锁超市业的发展，成为国内连锁超市的旗舰企业。未来商店的建设将能再次引领国内商业零售业态的发展。

5. RFID中间件技术

经过近两年的技术攻关，在可重构RFID中间件技术、面向移动计算的RFID中间件技术和嵌入式RFID中间件技术等方面取得关键技术突破，开发了相关软硬件产品，在上海世博未来商店等具有重要影响力的工程中进行了应用示范，取得了良好效果。

试运行期间，已经有装备移动RFID中间件的25台手持智能购物终端、2台智能购物车，以及装备可重构RFID中间件的3台智能查询终端、3台旋转信息机、8只智能货架和1个智能结账台投入使用，在未来商店中部署了近20台国内外不同品牌的RFID读写设备和5000张国内外不同品牌的RFID标签。通过基于RFID中间件，实现了RFID软硬件与仓库管理系统、零售结账系统、顾客注册系统、员工管理系统、商品管理系统等的集成。

6. 基于RFID的未来商店的展望

在未来商店，RFID系统与商店后台的仓库管理系统、财务管理系统、采购管理系统、客户管理系统等实现了无缝对接，浑然一体，形成了一个智能购物环境，体现并实践了“科技让生活更美好”的理念。另外，顾客手中的手持终端的发展趋势是“小而精”，做成和手机一样大小，发送指令时就像手机发短信一样方便。而RFID技术在未来商店的应用也将是同类行业一个很好的案例，推广应用也是自然而然。

【开动脑筋】

信息管理系统难以使客户满意的原因是什么？

>> 本模块小结

本模块首先介绍了信息系统测试与调试、信息系统运营管理中一般需要注意的问题。接着简单叙述了在大型零售企业信息系统建设与管理中，零售业的发展可分为外延功能、内部功能两部分。这是对本书前面全部所讲述的“连锁企业信息系统”建设成后所需要进行的测试、调试以及日常运营维护工作。最后引用和列举了有关连锁企业信息化发展研究与探讨的部分内容。

改革开放以来，特别是加入 WTO 以来，我国的流通环境发生了很大的变化，各种零售业态几乎同时出现，连锁经营不断扩大，其信息化的发展也可能到了一个即将飞跃的时期。为此，我们应当关注连锁经营信息化研究的最新成果和发展趋势。

>> 本模块参考

浏览网址

[1] 国家工商行政管理总局 http：//www. saic. gov. cn/

[2] 国家税务局 http：//www. chinatax. gov. cn/n8136506/index. html

[3] 商务部生活必需品市场监测系统 http：//shscyxs. mofcom. gov. cn/espc/mms/

[4] 商务部重点流通企业监测系统 http：//qyscyxs. mofcom. gov. cn/espc/mme/

[5] 商务部应急商品数据库系统 http：//yjscyxs. mofcom. gov. cn/

>> 课后思考

1. 为什么信息系统需要调试？
2. 为什么要给信息系统做整体评价？
3. 商家为什么要对客户数据进行发掘？
4. 商务部建立应急商品数据库系统的主要目的是什么？
5. 国家工商行政管理总局的主要职能是什么？
6. 谈谈一家你所熟悉的连锁企业信息系统的现状。
7. 简述你对我国连锁企业信息化建设方向的预测与展望。

>> 案例分析题

我国零售业软件能力有待提高

我国的连锁零售业虽然经过了十多年的发展，在物流和信息系统方面都作了大量的投入；但是，配送难、信息管理难却始终是制约连锁经营发展的两大“瓶颈”。

有专家认为，因为市场的激烈竞争，要求我们不断适应市场的变化：善变者强盛，应变者得以生存，乏变者则亡。

然而，我国绝大多数连锁零售企业使用的软件不具备应变能力，无法支撑企业在市场竞争中的这个最关键的需求。软件开发公司缺乏对连锁零售业市场竞争的现状、对策的研究，没有专业地研究这个行业的发展趋势和出现的新问题、新热点。例如，激烈的市场竞争要求我们必须强化物流功能，将“迟钝物流”转变成“快捷物流”，而我们的软件却无法支持。虽然，我国的连锁经营技术在十多年来发展很快，物流配送技术也发展迅速。但是，我们的软件开发商忽视了软件能力的整体提升。

电子货币“nanaco”和“Edy”

2008 年 4 月，日本超市集团“永旺”公司分别推出电子货币“nanaco”和“WAON”。虽然现有的电子货币已在部分便利店使用，但流通业界“两强”的加入无疑会进一步推动电子货币的普及。

东京都内的约 1500 家 7－11 便利店也开始用“nanaco”结算业务，2008 年 5 月扩大至全国约 11800 家店铺。关东地区一都六县的“永旺”旗下 93 家“Jasco”超市和“MAXVALU”超市以及新潟县的 3 家店铺也提供“WAON”的服务，为此，2008 年度内全国的 23000 家店铺使用“WAON”。

JR 东日本公司的“Suica”、首都私营铁路及巴士公司的“Pasmo”、NTTDoCoMo 公司的“iD”等现有的电子货币已经在部分便利店和超市使用。

电子货币大多采用充值方式，消费限度额设定为数万日元，便于在单价较低的便利店等使用。“nanaco”和“WAON”的特点在于，可以根据消费金额积累相应的点数。

“永旺”等单独推出电子货币的目的之一是为获得正确的顾客购物信息。公司一位负责人满怀期待地表示，“希望通过此举在商品开发、进货以及开店计划等方面灵活运用相关数据，从而更好地应对顾客需求”。

日本7－11便利店于2009年10月起在日本国内约1.2万家连锁店内使用BitWallet公司旗下的电子货币“Edy”。日本7－11一直在使用Seven&I控股的“nanaco”，和“Edy”一样，它也是预付式的电子货币，但是近年来“Edy”的发行量大幅上涨，为了保障消费者购物的便利性，7－11决定引入“Edy”。

在7－11店内，可向“Edy”内存款，也可用其付款。这加大了电子货币结算，可提高店内工作效率。

问题：

1. 试探讨制约我国零售业软件发展的因素。

2. 通过日本7－11店的电子货币情况，你觉得我国连锁店应该在哪些方面加以改进？

附录
APPENDIX

英语缩写词汇

POS（Point of Sales）销售点实时管理系统

EDI（Electronic Data Interchange）电子数据交换

EOS（Electronic Ordering System）电子订货系统

CAD（Computer Aided Design）计算机辅助设计

CAM（Computer Aided Manufacturing）计算机辅助生产

MIS（Management Information System）管理信息系统

MRP（Material Requimment Planning）制造资源规划

DSS（Decision Support System）决策支持系统

OA（Office Automation）办公自动化系统

ERP（Enterprise Resource Planning）企业资源规划

CAO（Computer Assisted Ordering）计算机辅助订货系统

ADC（Application Data Center）数据自动收集系统

SOA（Service – Oriented Architecture）面向服务的体系结构

WMS（Warehouse Management System）仓储管理系统

TMS（Transportation Management System）运输管理系统

CRM（Customer Relationship Management）客户关系管理

RFID（Radio Frequency Identification）无线射频识别技术

VL（Virtual Logistics）虚拟物流

GPS（Global Positioning System）全球定位系统

GIS（Geographic Information System）地理信息系统

MIS（Management Information System）管理信息系统

DMS（Distribution Management System）配送管理系统

EPC（Electronic Product Code）电子产品编码

CCD（Charge-coupled Device）电荷耦合元件

ISO（International Organization for Standardization）国际标准化组织

ISM（the Institute for Supply Management）供应链管理协会

CSR（Consumer Satisfaction Research）顾客满意度

GSP（Good Supplying Practice）良好的药品供应规范

ADSL（Asymmetric Digital Subscriber Line）新的数据传输方式

IRM（Information Resources Management）信息资源管理

VL（Virtual Logistics）虚拟物流

B to B（Business-to-Business）企业对企业

B to C（Business-to-Consumer）企业对消费者

B to M（Business-to-Market）企业对消费者

BI（Business Intelligence）商业智能

ECR（Efficient Consumer Response）有效客户反应

EIP（Enterprise Information Portal）企业信息门户系统解决方案

参考文献

REFERENCES

[1] 宋文官，易艳红．连锁企业信息管理．上海：立信会计出版社，2006

[2] 郑光财、周志春，王建平．连锁企业物流管理．北京：电子工业出版社，2005

[3] 吴建国．连锁企业人力资源管理．上海：立信会计出版社，2003

[4] 萧野．便利店经营．北京：中国纺织出版社，2005

[5] 赵涛．连锁店经营管理．北京：北京工业大学出版社，2002

[6] 赵涛．便利店经营管理．北京：北京工业大学出版社，2002

[7] 孙前进．物流系统设计．北京：中央广播电视大学出版社，2009

[8] [日] 小林隆一．流通的基本．东京：日经文库，2008